I0884303

essai d'épistémologie réaliste

DANS LA MÊME COLLECTION

MATHESIS
Directeurs : Michel BLAY — Hourya SINACEUR

Elie ZAHAR

essai d'épistémologie réaliste

Avant propos
de
Alain BOYER

Ouvrage publié avec le concours du Centre national du livre

PARIS
LIBRAIRIE PHILOSOPHIQUE J. VRIN
6, Place de la Sorbonne, V^e^

2000

La loi du 11 mars 1957 n'autorisant, aux termes des alinéas 2 et 3 de l'article 41, d'une part, que les « copies ou reproductions strictement réservées à l'usage privé du copiste et non destinées à une utilisation collective » et, d'autre part, que les analyses et les courtes citations dans un but d'exemple et d'illustration, « toute représentation ou reproduction intégrale, ou partielle, faite sans le consentement de l'auteur ou de ses ayants droit ou ayants cause, est illicite » (alinéa premier de l'article 40).

Une telle représentation ou reproduction, par quelque procédé que ce soit, constituerait donc une contrefaçon sanctionnée par les articles 425 et suivants du Code pénal.

© *Librairie Philosophique J. VRIN,* 2000

Imprimé en France
ISSN 1147-4920
ISBN 2-7116-1470-0

Remerciements

Je voudrais ici remercier, pour leurs encouragements, mes collègues : Messieurs Daniel Andler, Jocelyn Benoist, Christian Bonnet, Jacques Bouveresse, Richard Bradley, Stéphane Chauvier, Pascal Engel, David Miller, Philippe Mongin, Philippe de Rouilhan et John Worrall, ainsi que Madame Sandra Laugier.

Mes remerciements vont également à Madame Hourya Sinaceur qui a généreusement accueilli ce livre dans la collection Mathesis, et avec laquelle j'ai eu des discussions fructueuses portant sur les thèses mises en avant dans le texte.

Je tiens finalement à exprimer ma profonde reconnaissance à mon ami et collègue Alain Boyer, auquel je dois d'avoir été invité à donner un cours au CREA en 1997; et avec lequel j'ai eu, pendant près de deux décennies, un long dialogue philosophique; nous en avons tiré – ensemble – des conclusions qui ont largement contribué au contenu du présent ouvrage ; étant bien entendu que les erreurs n'en sont imputables qu'à l'auteur.

AVANT-PROPOS

Elie Zahar est un philosophe des sciences bien connu, en particulier pour ses travaux sur la relativité[1] et sur l'œuvre d'Henri Poincaré. De formation mathématicienne, il a été dans les années soixante à la *London School of Economics* élève de Karl Popper puis de Imre Lakatos, dont il est devenu ensuite le collègue[2]. Il a dès lors développé une philosophie de la connaissance à la fois conforme à certaines des intuitions fondamentales de ses deux maîtres et originale par plus d'un aspect. L'un de ses premiers articles, rédigé avec Lakatos peu avant la disparition tragique de ce dernier en 1974[3], était consacré à la révolution copernicienne, et aux raisons qui pouvaient objectivement militer en faveur du « programme de recherche copernicien » au détriment du programme ptolémaïcien. Conscient des objections de Kuhn et de Feyerabend contre des visions trop rationalisantes de l'histoire des sciences, Elie Zahar se refuse cependant à voir en elle une suite erratique de paradigmes incommensurables, et dans les révolutions scientifiques des événements irrationnels. Il y a une rationalité immanente du progrès des connaissances. Son intervention majeure à cette époque fut de proposer une interprétation originale de la notion de « fait nouveau ». Popper avait caractérisé la corroboration d'une théorie par les faits en termes de différences de probabilités : plus grande est la différence (positive) entre la probabilité d'un événement étant donné une hypothèse et sa probabilité sans l'hypothèse en question, plus cet événement corrobore potentiellement l'hypothèse. Zahar montre que cette condition, dite de « sévérité » d'un test, est suffisante, mais qu'elle ne saurait être nécessaire : un événement connu peut corroborer une hypothèse, s'il n'a pas été utilisé

1. *Einstein's Revolution. A Study in Heuristics*, Open Court, 1989.

2. Il est avec J. Worrall le coéditeur de *Preuves et Réfutations*, trad. fr. Hermann, 1984.

3. « Pourquoi le programme de recherche de Copernic a-t-il supplanté celui de Ptolémée ? », in Lakatos, *Histoire et Méthodologie des sciences*, trad. ss dir. L. Giard, PUF, 1994, p. 147-184.

dans la construction de la théorie : on peut en effet alors arguer que cette corroboration n'est pas *ad hoc*, qu'elle n'a pas été recherchée, autrement dit que tout s'est passé comme si l'événement en question n'avait pas été connu. Sa prédiction est *objectivement surprenante*, si l'on peut dire. Une théorie marque un point si elle réussit à capturer un fait sans l'avoir visé. Cette conception conduit Elie Zahar, fidèle sur ce point à Lakatos, à mettre en avant l'*heuristique* utilisée par le scientifique pour élaborer sa théorie. Contrairement aux poppériens « radicaux », il attache une grande importance à la corroboration, même s'il se refuse à l'interpréter en termes bayésiens. La corroboration est en effet notre seul accès (faillible) à la vérité ou à la vérisimilitude de nos théories. Or il est crucial de pouvoir faire confiance à nos théories dans le domaine pratique et technologique. Doit-on appeller « inductif » ce lien entre corroboration et vérisimilitude ? *Quaestio disputata*...

Réfutant les critiques habituelles, Elie Zahar est en revanche fidèle à Popper en ce qui concerne le *Grundprinzip* de l'épistémologie de ce dernier, à savoir le critère de démarcation, la falsifiabilité. Critiquant Lakatos, il retrouve du reste l'intuition première de Popper[1], lorsqu'il montre que le « noyau dur » *(hard core)* d'un « Programme de recherche » est nécessairement *métaphysique :* toute théorie scientifique implique des énoncés « métaphysiques » (la falsifiabilité, comme la fausseté, ne se transmet pas systématiquement, et elle ne permet pas de définir le sens). Le Programme ne saurait être dit en tant que tel « scientifique » (empiriquement réfutable), *a fortiori* pas « par décision méthodologique », comme le voulait Lakatos. Mais Zahar n'est pas satisfait par la théorie poppérienne de la base empirique et la résolution poppérienne du fameux « trilemme de Fries », ou trilemme de la justification (qui remonte aux sophistes, à Aristote et encore plus clairement aux sceptiques[2]). Pour renforcer le falsificationnisme, il propose une conception *phénoménologique* des « énoncés protocolaires », plus proche de la conception de Schlick que de celle de Neurath. Cela l'amène à « injecter » de manière inattendue de la phénoménologie classique dans la méthodologie : Brentano et Husserl pour

1. Lakatos affirmait lui-même avoir emprunté son concept de « Programme scientifique de recherche » à Popper, qui parlait dans les années cinquante de « Programme métaphysique de recherche » (Lakatos, *op. cit.*, p. 137). Voir, de Popper, l'« Epilogue métaphysique » de *La Théorie quantique et le schisme en physique*, trad. Dissake, Hermann, 1996. L'originalité de Popper est bien entendu sa tentative de couplage du réalisme objectiviste et de l'indéterminisme propensionniste : cf. *L'Univers des propensions*, L'Eclat, 1992.

2. Sur le trilemme de Fries, voir en particulier de Popper *Les deux problèmes fondamentaux de la théorie de la connaissance* (1931-1932), tr. fr. C. Bonnet, Hermann, 1999 ; sur les sceptiques, voir Sextus Empiricus, *Hypotyposes pyrrhoniennes*, XV, Les cinq modes (d'Agrippa), Aubier, 1948, p. 190. Ce trilemme est on le sait au centre de la polémique entre le poppérien allemand H. Albert (qui parle de « trilemme de Münchhausen ») et K. O. Apel.

éviter Feyerabend, en quelque sorte. Le problème de Duhem-Quine s'en trouve compliqué, mais sans risque de régression à l'infini (il ne s'agit pas de réduire le transcendant à de l'immanent, dont on ne peut sortir déductivement, mais de bloquer le risque de conventionnalisme généralisé). Conséquences notables : l'intersubjectivité n'est plus qu'un réquisit souhaitable mais non strictement nécessaire de l'objectivité, et aucune réduction matérialiste de la psychologie à la physique ne nous permettra jamais de nous passer du langage de la « psychologie populaire », ne serait-ce que parce nous aurons toujours à tester nos théories physiques au moyen d'énoncés phénoménologiques. Les théories scientifiques devant demeurer à jamais testables, le monde vécu sensible est inéliminable. Frégéen conséquent, Popper voulait se débarrasser de tout psychologisme, mais c'est au risque de tomber dans un certain relativisme sociologique. Zahar n'en est pas moins matérialiste au niveau ontologique, et en cela il s'éloigne des conceptions « pluralistes » de Popper, dont il partage cependant le réalisme, essentiel pour lui à l'intelligence du projet scientifique de compréhension en profondeur de la structure de l'univers. De même, il n'est pas convaincu par la « troisième voie » proposée par Popper entre le psychologisme et le platonisme (la théorie des « trois mondes » et de leur interaction dynamique). Sa conviction est que le matérialisme et le platonisme sont non seulement compatibles, mais même nécessairement liés : pour un anti-idéaliste au moins, la matière n'est pas un pur chaos informe, elle est informée, et ces formes sont intrinsèquement mathématiques, ou « mathématisables » : tout est matière, mais la matière est écrite en langage mathématique. Elie Zahar défend également le réalisme en physique. Contre toute attente, c'est au grand Poincaré qu'il emprunte une conception réaliste sophistiquée, ce qu'il a appelé le « réalisme structurel ».

On le voit, ce n'est pas simplement d'une « introduction à la philosophie des sciences » qu'il s'agit dans ce qui suit, mais d'une philosophie de la connaissance ouvrant sur une théorie du sens, une théorie du sujet et une ontologie.

Alain Boyer

Professeur de philosophie à l'Université de Paris-Sorbonne

Les *Leçons* qui suivent avaient été données par E. Zahar au C.R.E.A. (École Polytechnique) en 1996. Y sont adjointes deux appendices complémentaires.

CHAPITRE PREMIER

LE PROBLÈME DE LA DÉMARCATION

Le problème d'une démarcation stricte entre la métaphysique d'une part, et nos connaissances fiables de l'autre, n'est pas nouveau. Nous connaissons tous le passage célèbre de l'Introduction de Kant à ses *Prolégomènes :*

> Mon intention est de convaincre tous ceux qui jugent bon de s'occuper de métaphysique qu'il est absolument nécessaire qu'ils interrompent provisoirement leur travail, qu'ils considèrent tout ce qui s'est fait jusqu'à ce jour comme non avenu et qu'avant tout ils commencent par soulever la question de savoir si décidément une chose telle que la métaphysique est seulement possible. Si c'est une science, d'où vient qu'elle ne peut s'accréditer de manière universelle et durable comme les autres sciences ? Si ce n'en est pas une, comment se fait-il qu'elle ne cesse de tout faire pour avoir l'air d'une science et qu'elle nourrit l'intelligence humaine d'espérances aussi incessantes que toujours insatisfaites ?

Que les membres du Cercle de Vienne aient compté Kant parmi leurs ancêtres ne devrait donc point nous étonner; mais comme la plupart des philosophes modernes, les néopositivistes ne croyaient plus à l'existence de principes synthétiques a priori : pour eux, une proposition était ou synthétique a posteriori ou analytique, donc a priori (nous verrons qu'ils firent l'erreur de tenir les mathématiques pour une vaste tautologie). Plus précisément : le Cercle de Vienne soutenait qu'une proposition synthétique n'est signifiante que si elle s'avère empiriquement décidable; c'est-à-dire si elle est en principe vérifiable et falsifiable. (Elle ne peut bien sûr pas être à la fois vérifiée et falsifiée.) Popper se rendit vite compte qu'aucune loi universelle et contingente ne pouvait être prouvée expérimentalement. En fait, pour nous être utile, une théorie doit nous permettre de prédire ; ce qui n'est possible que si elle est universelle, du moins pour ce qui est de sa variable temporelle; elle doit donc rester en principe invérifiée par l'expérience. L'empirisme logique avait donc exclu non seulement la métaphysique mais aussi la science de tout discours rationnel. On ne peut néanmoins parler de savoir scientifique – même conjectural – que si nos hypothèses peuvent – d'une manière ou d'une autre – entrer en contact avec l'expérience. D'après ce que nous venons de dire, ce contact ne peut prendre que la forme d'un conflit, d'où le critère falsificationniste de Popper: toute proposition à la fois non contradictoire et empiriquement réfutable doit être regardée comme scientifique. Notons tout d'abord qu'il ne s'agit pas là d'un critère de signification : toute formule syntaxiquement bien formée, synthétique et expérimentalement infalsifiable, c'est-à-dire toute thèse métaphysique, a non seulement un sens mais elle peut aussi animer tout un programme de recherche. On peut vraiment dire que Popper a redonné à la métaphysique – mais non pas à n'importe laquelle – toute sa dignité. Remarquons ensuite que Popper atténue les exigences du Cercle de Vienne puisqu'il ne réclame que la réfutabilité, et non plus la décidabilité empirique totale des hypothèses physiques. Il s'ensuit qu'une critique de la falsifiabilité est une attaque contre l'empirisme dans tout son ensemble, qu'il soit de nature néopositiviste ou poppérienne.

C'est pour cela que nous avons décidé de nous concentrer sur le schème falsificationniste, $H, q \vdash p$, c'est-à-dire $H \Rightarrow (q \rightarrow p)$, comme quintessence du rationalisme empiriste (H est une hypothèse ou une conjonction de lois, q décrit des conditions aux limites et p exprime une prédiction.)

La critique de ce schème vise ses trois aspects essentiels; à savoir :

a) la structure de l'hypothèse; ce qui a donné naissance aux problèmes de l'ajustement des paramètres et à ceux de Duhem-Quine et de la distinction entre les principes analytiques et les propositions synthétiques;

b) la nature de l'inférence $\vdash$; d'où la question de savoir si une logique déviante ne serait pas plus appropriée à la physique que ne le sont les règles d'inférence classiques;

c) le statut de l'énoncé de base $(q \rightarrow p)$ ou plutôt celui de sa négation $(q \wedge \neg p)$; d'où le problème de la fiabilité de la base empirique.

Il nous semble, répétons-le, que la problématique des sciences de la nature est en grande partie résumée par le schème poppérien : $H \Rightarrow (q \rightarrow p)$.

Thomas Kuhn émit une critique globale de l'empirisme qui, à première vue, paraissait bien fondée. Il soutenait non seulement que tout paradigme engendre une suite potentiellement infinie d'hypothèses mais aussi qu'il définit ses propres critères d'évaluation méthodologique. C'est le paradigme qui détermine quelles questions peuvent être légitimement posées et quelles solutions jugées acceptables; il se réserve en outre le droit d'ignorer certaines difficultés, les tenant pour de simples anomalies dont le programme s'occupera à une date ultérieure. C'est pour cela qu'aucun résultat empirique n'est initialement en mesure de falsifier ou de faire rejeter un paradigme. De toute façon, ce dernier est, au départ, très ambigu, et des expériences sont effectuées non pas pour le tester mais pour calculer la valeur de certains paramètres. Les énoncés factuels sont enfin imprégnés de théories; renoncer à un paradigme reviendrait donc, dans certains cas, à rejeter les résultats mêmes qui ont servi à l'infirmer.

Les paradigmes contiennent donc, comme parties intégrantes, les stratagèmes conventionnalistes bannis par Popper, et dont Hans Albert expose le rôle pervers au moyen de sa notion de « stratégie immunisante ». C'est d'ailleurs pour cela que Popper associe à son critère de réfutabilité une décision méthodologique; celle de toujours accepter le verdict négatif de l'expérience, donc de ne jamais recourir à des procédés *ad hoc*. Nous nous proposons néanmoins de montrer que dans bon nombre de situations, ce volontarisme poppérien n'est d'aucun secours, car malgré son style tout en métaphores, Kuhn tire certaines de ses conclusions de considérations objectives tout à fait valables.

CHAPITRE II

L'AJUSTEMENT DES PARAMÈTRES

Nous venons de voir que le schème explicatif (hypothético-déductif) s'écrit sous la forme : $H \Rightarrow E$, H étant une hypothèse universelle et E la proposition singulière ($q \rightarrow p$). Kuhn s'est rendu compte que loin de découler logiquement de H, E sert souvent à déterminer certaines constantes figurant dans H. Ni Reichenbach ni Popper ne semblent avoir tenu compte de cet aspect, pourtant rationnel, de la pratique scientifique. Ces deux philosophes, comme d'ailleurs la plupart des membres du Cercle de Vienne, distinguent le contexte de la découverte de celui de la justification. La méthodologie devrait, selon eux, s'occuper du second aspect, reléguant ainsi le premier au domaine de la psychologie empirique : la philosophie ne devrait donc examiner que le statut des hypothèses déjà construites et, plus particulièrement, les relations objectives entre des énoncés factuels et des lois déjà mises en avant. Etant donné son anti-inductivisme en logique comme en psychologie, Popper répugnait de toute façon à concéder à l'observation un rôle positif dans la découverte de nouvelles hypothèses : les faits ne pouvaient que réfuter ou, le cas échéant, corroborer des théories toutes faites ; quant au processus de la découverte, il ne devait jouer aucun rôle dans l'évaluation objective des systèmes scientifiques. Mais alors que l'attitude de Popper, que nous critiquerons, n'en reste pas moins cohérente, celle de l'inductiviste Reichenbach l'est beaucoup moins. C'est que la plupart des inductivistes tentent de faire passer le calcul des paramètres pour un, plutôt pour *le processus inductif*. Expliquons-nous. Pour des raisons strictement logiques, nous savons qu'il est impossible de déduire une proposition à partir de l'expérience toute nue. Mais des considérations théoriques, voire a priori ou même métaphysiques, peuvent conduire le savant à avancer une conjecture de la forme $H(a_1, ..., a_n)$ où $(a_1, ..., a_n)$ sont des paramètres; c'est-à-dire des constantes qui doivent être fixées expérimentalement. Certains empiristes prétendent alors que ce calcul des paramètres équivaut à une induction pure et simple de H à partir de l'observation; ils oublient que le gros du travail, aboutissant à la détermination de la structure $H(a_1, ..., a_n)$, a déjà été fait grâce à une connaissance d'arrière-plan souvent théorique.

Quoi qu'il en soit, il faut bien admettre que l'expérience peut jouer un rôle essentiel dans le calcul de $(a_1, ..., a_n)$. Par exemple : ayant postulé que l'accélération est inversement proportionnelle à r^a, c'est-à-dire à une puissance de la distance, Newton aurait pu tirer la valeur de a de certaines lois expérimentales : par exemple, de la théorie de Képler ou même de l'observation qu'une particule placée à l'intérieur d'une sphère uniformément épaisse reste en équilibre sous l'effet des attractions gravitationnelles. Nous savons en outre qu'à partir de considérations a priori ayant trait à l'isotropie de l'espace, Kant établit que a devait être égale à 2 ou 3. Par conséquent, des spéculations métaphysiques peuvent nous aider à déterminer la valeur de certaines constantes numériques. Nous n'avons donc pas toujours à nous rabattre sur l'expérience. Reprenant la discussion du cas général, considérons une suite $e_1, e_2, ..., e_m$ de résultats empiriques. Comme $(a_1, ..., a_n)$ sont des quantités inconnues, nous ne savons pas si $H(a_1, ..., a_n)$ subsume $e_1, e_2, ..., e_i$; posant $a = (a_1, ..., a_n)$ et $E \equiv (e_1 \wedge e_2 \wedge ... \wedge e_m)$, nous pouvons supposer, sans perte de généralité, que $n=m=1$. Nous avons donc comme tâche de déterminer a de telle manière que : [α] $H(a)$ soit logiquement non contradictoire; et [β] $H(a)$ entraîne E; c'est-à-dire $H(a) \Rightarrow E$.

Au départ, les scientifiques prennent la vérité de E comme allant de soi, tout en acceptant – ne serait-ce que provisoirement – l'hypothèse $H(a)$. Ils postulent donc la conjonction $H(a) \wedge E$ et essaient d'en tirer des conclusions concernant les valeurs possibles de a. Dans la plupart des cas, ils arrivent à cerner un ensemble K_1 tel que $(H(a) \wedge E) \Rightarrow (a \in K_1)$. En d'autres termes : $(a \notin K_1) \Rightarrow (H(a) \rightarrow \neg E)$.

A moins que a n'appartienne à K_1, l'hypothèse $H(a)$ sera par conséquent réfutée par l'énoncé de base E. K_1 représente donc une condition nécessaire pour la compatibilité de $H(a)$ avec les faits d'expérience décrits par E. Mais les savants exigent non seulement que la proposition E soit conciliable avec l'hypothèse $H(a)$ mais aussi qu'elle en découle. Ils construiront alors une autre classe K_2 telle que : $H(a) \Rightarrow E$ dès que $\vdash a \in K_2$. Leur démarche suivante consiste à choisir une valeur numérique a_0 telle que $\vdash a_0 \in (K_1 \cap K_2)$. Comme $\vdash a_0 \in K_2$, nous aurons $\vdash H(a_0) \rightarrow E$, c'est-à-dire $H \Rightarrow E$; $H(a_0)$ impliquera donc E logiquement. Nous avons déjà dit que $(a_0 \in K_1)$ représente une condition de cohérence. Plus précisément : si $\vdash (a_0 \in K_2)$ mais

$\vdash(a_0 \notin K_1)$, il s'ensuivrait à la fois que $\vdash(H(a_0) \rightarrow \neg E)$ et que $\vdash(H(a_0) \rightarrow E)$; d'où $\vdash\neg H(a_0)$, c'est-à-dire que $H(a_0)$ serait logiquement ou mathématiquement contradictoire. Choisir a_0 tel que $\vdash a_0 \in K_1 \cap K_2$ revient donc à construire une hypothèse $H(a_0)$ qui subsume E tout en restant logiquement cohérente (ou du moins, on ose espérer que $H(a_0)$ est non contradictoire, puisqu'il n'existe aucune preuve fiable de la consistance de $H(a_0)$).

Selon Popper, E ne corrobore néanmoins pas $H(a_0)$ car E, étant connu avant la construction de $H(a_0)$, fait partie de la connaissance d'arrière-plan B disponible au moment où $H(a_0)$ a été avancée. Par conséquent: $p(E, B) = 1$. A fortiori $p(E, H(a_0) \wedge B) = 1$. Ce qui entraîne :

$$C(H(a_0), E, B) = \frac{p(E, H(a_0) \wedge B) - p(E, B)}{p(E, H(a_0) \wedge B) + p(E, B) - p(H(a_0) \wedge E, B)} = 0$$

où $C(H(a_0), E, B)$ est, selon Popper, une expression adéquate du degré de corroboration de $H(a_0)$ par E, étant donné l'arrière-plan B.

Malgré l'intuition méthodologique de Popper, qui est normalement très sûre, nous croyons devoir rejeter son argument en faveur de la notion $C(H(a_0), E, B)$ formulée ci-dessus. Par exemple : soit E la description des résultats de Michelson, de la série de Balmer ou de la précession du périhélie de Mercure. E aurait alors été bien connue avant que la Relativité restreinte, la théorie quantique de Bohr et la gravitation einsteinienne ne soient respectivement proposées. Dans chacun de ces trois cas, E aurait donc fait partie de l'arrière-plan B, et le degré de corroboration C aurait en conséquence dû s'annuler. Nous avons toutefois une conviction intuitive très forte que la proposition E confirme la théorie H dont elle découle; la raison en est que H n'a pas la forme $H(a_0)$ où a_0 est fabriqué pour que $H(a_0)$ entraîne E. En d'autres termes : ce qui importe, ce n'est pas la totalité de B mais seulement la partie qui en a été utilisée pour la construction de $H(a_0)$; où la construction se déroule selon le schème tout à fait rationnel exposé plus haut. Il s'ensuit que le contexte de la découverte d'une hypothèse H joue un rôle important dans sa « justification », ou plutôt dans l'évaluation méthodologique de H. *Grosso modo :* H est d'autant plus fortement corroborée par « l'évidence » qu'elle n'y a pas été adaptée d'avance.

Lakatos avait proposé de considérer chaque fait expérimental subsumé par une vieille théorie comme étant transmué en une nouvelle donnée par toute nouvelle hypothèse supplantant l'ancienne. Mais alors la distinction entre les énoncés utilisés dans la construction d'une loi et ceux qui ne l'ont pas été est complètement abolie; de sorte qu'une proposition empirique confirmera automatiquement toute théorie dont elle découle : ce qui est évidemment inacceptable. En bref : Popper prive une hypothèse du soutien que pourrait lui apporter un fait connu, alors que Lakatos regarde toute théorie comme étant corroborée par tous les énoncés empiriques qu'elle entraîne. La première position est trop sévère, la seconde excessivement libérale.

Notons : il ne suffit pas qu'un savant soit conscient de l'existence, ni même de l'importance de E pour que son hypothèse H devienne *ad hoc* par rapport à E; il faut en outre qu'il ait fait un *usage objectif* de E pour déterminer H. Après tout, Einstein était au courant des résultats de Michelson et même d'une description détaillée du mouvement de Mercure ; et ce bien avant la construction de ses théories relativistes ; celles-ci ne deviennent pas pour autant *ad hoc* par rapport à ces faits bien connus. Enfin, même si la théorie $H(a_0)$ a été ajustée pour entraîner E, elle pourrait tout de même être soutenue – mais à un degré amoindri – par l'énoncé de base E. C'est que cet ajustement, n'étant pas toujours possible, n'est pas pour ainsi dire garanti d'avance ; car il se peut, par exemple, qu'il n'existe aucun a_0 tel que $H(a_0)$ implique E de manière consistante. Comme $a_0 \in K_1 \cap K_2$, nous aurons ce cas de figure dès que $K_1 \cap K_2$ sera vide ; c'est-à-dire dès que $K_1 \cap K_2 = \varnothing$.

Il existe deux cas limites dans lesquels $K_1 \cap K_2$ s'annule ; à savoir ceux où $K_1 = \varnothing$ ou $K_2 = \varnothing$. Concernant $K_1 = \varnothing$, considérons un exemple fictif mais possible, dans lequel la vitesse a de la lumière est traitée comme un paramètre et où $H(a)$ dénote la Relativité restreinte. Soit E la loi de l'addition des vitesses, ou plutôt un cas particulier de cette loi. Nous savons que $H(a)$ entraîne : $v' = (v+u) / (1+uv / a^2)$, où : v' est la vitesse « absolue », c'est-à-dire celle prise par rapport à un système de coordonnées tenu pour fixe ; v est la vitesse dans un repère mobile ; et u la vitesse absolue du repère, v' étant choisie comme ayant la même direction que u. Donc, quel que soit a, $v' \neq v+u$ pourvu que $v>0<u$. Par conséquent : $H(a) \Rightarrow \neg E$, c'est-à-dire $(H(a) \wedge E) \Rightarrow (a \in \varnothing)$, où E est la proposition $v' = v+u$; ce qui entraîne $K_1 = \varnothing$. Remarquons que nous pouvons inférer $(\exists x)H(x) \Rightarrow \neg E$ à partir de $H(a) \Rightarrow \neg E$, puisque a ne figure pas du tout dans $E(\equiv (v' = v+u))$. $(\exists x)H(x)$, étant donc réfutable par E, constitue déjà une hypothèse scientifique, et ce dans la mesure où E peut être regardé comme un énoncé de base.

Remarquons toutefois qu'à proprement parler, la proposition E devrait avoir la forme : $E \equiv (v'_0 = v_0+u)$, où v'_0 et v_0 désignent les valeurs respectives des deux vitesses, absolue et relative, mesurées à un instant donné. Ces mesures étant toujours approximatives, la relation $v'_0 = v_0+u$ ne peut jamais être strictement vérifiée; ce qui signifie que notre exemple est quelque peu idéalisé. Il n'en illustre pas moins une possibilité logique, celle où $(\exists x)H(x)$ est une hypothèse scientifique déjà réfutée par une donnée observationnelle.

Tournons-nous maintenant vers $K_2 = \varnothing$. Cette équation représente le cas où $H(a)$, tout en étant peut-être compatible avec l'état de fait E, est neutre ou non pertinent vis-à-vis de E. Il s'ensuit qu'aucun choix de a dans $H(a)$ ne peut déterminer la valeur de vérité de E. Par exemple : soit E une théorie économique contenant un paramètre quelconque a, et soit E l'énoncé défini ci-dessus (rappelons que E est un cas particulier de la loi de l'addition des vitesses). Comme une hypothèse économique n'affirme rien concernant les phénomènes physiques, il n'existe aucune valeur de a telle que $H(a) \Rightarrow E$. D'où $K_2 = \varnothing$.

Par conséquent, $K_1 \neq \varnothing$ exprime une condition de consistance, et $K_2 \neq \varnothing$ celle de la pertinence de $H(a)$ vis-à-vis de E. Et le fait que le choix d'un a tel que $a \in K_1 \cap K_2$ ne soit pas toujours possible signifie que $H(a)$, même si elle est pourvue d'un paramètre indéterminé, prend déjà des risques au niveau de l'expérience. $H(a)$ a donc droit à un soutien empirique, quelque minimal qu'il soit, de la part de tout a tel que $a \in K_1 \cap K_2$.

Revenons à la question, tout à fait générale, de la falsifiabilité des hypothèses scientifiques. Kuhn a donc eu raison de faire remarquer que bon nombre d'expériences ne constituent pas de véritables tests : elles ont pour but, non pas de réfuter ou de confirmer une hypothèse déjà faite, mais de fixer certains paramètres. Ceci ne change cependant rien au critère de démarcation proposé par Popper.

Ci-dessus, nous avons supposé que $e_1 \wedge e_2 \wedge \ldots \wedge e_m \equiv E$ suffit pour déterminer les paramètres $a_1, \ldots, a_n$ de l'hypothèse $H(a_1, \ldots, a_n) \equiv H(a)$. Il s'ensuit qu'un nouvel énoncé factuel e_{m+1} pourrait en principe falsifier – au cas où $H(a_1, \ldots, a_n) \Rightarrow \neg e_{m+1}$ –, ou fortement corroborer la théorie $H(a_1, \ldots, a_n)$ – si $H(a_1, \ldots, a_n) \Rightarrow e_{m+1}$. Nous disons : « fortement », car $a_1, \ldots, a_n$ auront clairement, pu être calculés indépendamment de e_{m+1}. Du même coup, nous nous rendons compte que la corroboration est étroitement liée à la surdétermination : si m résultats d'expérience suffisent pour fixer toutes les constantes d'une théorie H, alors un ensemble de plus de m énoncés de base peut ou réfuter ou, le cas échéant, fortement soutenir H ; puisque, par hypothèse, n'importe quels m états de fait déterminent les paramètres, laissant ainsi aux autres la possibilité d'être soit contredits soit subsumés par la théorie H. Dans ce dernier cas, H aura été authentiquement corroborée.

CHAPITRE III

LE PROBLÈME DE DUHEM-QUINE

La question de la possibilité des tests empiriques se pose dans un autre contexte, appelé de nos jours « problème de Duhem-Quine ». Nous verrons qu'il s'agit là de toute une problématique remontant aux idées fondatrices de Pierre Duhem. Celui-ci fut frappé par le caractère cumulatif du développement des mathématiques. Par contre, les sciences physiques semblaient progresser par à coups, pour ne pas dire d'une manière tout à fait chaotique et imprévisible. Il se demanda si une conception continuiste de l'évolution de la physique était possible. Une précondition de cette approche gradualiste du développement des sciences lui parut être une séparation stricte entre la métaphysique et les sciences; ce qui posa, encore une fois, le problème de la démarcation.

> Il n'est aucun penseur qui ne souhaite à la science qu'elle médite un cours aussi paisible et aussi régulier que celui des Mathématiques; mais s'il est une science pour laquelle ce vœu puisse sembler particulièrement légitime, c'est bien la physique théorique; car de toutes les branches de connaissances, elle est assurément celle qui s'écarte le moins de l'Algèbre et de la Géométrie.
> Or mettre les théories physiques dans la dépendance de la Métaphysique, ce n'est certes pas le moyen de leur assurer le bénéfice du consentement universel.
> Si la physique théorique est subordonnée à la Métaphysique, les divisions qui séparent les divers systèmes métaphysiques se prolongeront dans le domaine de la physique. Une théorie physique, réputée satisfaisante par les sectateurs d'une école métaphysique, sera rejetée par les partisans d'une autre école. (*La Théorie physique*, p. 8-9)

Duhem ne propose pas de critère formel pour démarquer rigoureusement la science de la métaphysique. Mais il en dit assez pour que la définition poppérienne s'avère serrer de très près l'idée intuitive que Duhem se fait de l'ontologie. Celui-ci considère la métaphysique comme trop faible pour entraîner une théorie scientifique, mais en même temps comme assez forte pour exclure certaines lois empiriques. Soient M et S deux propositions respectivement métaphysique et scientifique. Selon Popper, S doit être empiriquement falsifiable, c'est-à-dire ($S \Rightarrow e$), où e peut en principe être réfutée ou vérifiée par l'expérience. Il s'ensuit que $M \not\Rightarrow S$; sinon, $M \Rightarrow S \Rightarrow e$; M pourrait alors être falsifiée par $\neg e$ et serait, par définition poppérienne, une théorie scientifique; et ce contrairement à notre supposition que M représente une thèse métaphysique. Par contre, il est tout à fait possible que $M \Rightarrow \neg S$, c'est-à-dire que M exclue une hypothèse scientifique S. Par exemple, le cartésianisme nie la possibilité de toute action à distance, entraînant ainsi la négation de la gravitation newtonienne. La métaphysique n'est donc pas trop faible – ou trop imprécise – pour bloquer certaines lois qui s'accordent très bien avec l'expérience. Duhem en conclut que la science doit être pratiquée indépendamment de toute considération ontologique, c'est-à-dire d'une manière autonome.

> Ne pourrait-on pas assigner la théorie physique à un objet tel qu'elle devînt autonome ? Fondée sur des principes qui ne relèveraient d'aucune doctrine métaphysique, elle pourrait être jugée en elle-même, et sans que les opinions des divers physiciens à son endroit dépendent en rien des écoles philosophiques diverses auxquelles ils peuvent appartenir. (*La Théorie physique*, p. 23)

Selon Duhem, toute hypothèse scientifique, telle qu'habituellement présentée par son auteur, possède deux composantes : une partie explicative ou métaphysique que nous désignerons par Exp. ; et une partie représentative, dénoté par Rep., et s'exprimant au moyen de relations mathématiques. Tout le contenu empirique découle logiquement de Rep. Nous venons de démontrer qu'Exp. – en tant que thèse ontologique – est loin de pouvoir expliquer ou entraîner Rep. ; Exp. pourrait même s'avérer incompatible ou difficilement conciliable avec Rep. Par exemple : la philosophie mécaniste de Descartes n'est pas vraiment compatible avec sa loi de la réfraction de la lumière.

Si l'on en croit Duhem, le savant devrait renoncer à toute visée explicative et s'en tenir à la composante représentative (Rep.) de ses théories. Nous reviendrons sur ce point litigieux dans notre discussion des problèmes posés par la base empirique. Il n'en reste pas moins que Rep. exhibe une évolution quasi cumulative au niveau de la formulation mathématique. Grâce au principe de correspondance, les anciennes équations de la physique, bien que logiquement incompatibles avec les nouvelles, peuvent en constituer des cas limites. Par exemple, lorsque certaines quantités deviennent négligeables, c'est-à-dire lorsqu'elles tendent vers 0, les anciennes relations tendent vers les nouvelles lois. Plus précisément : soient $\psi(\underline{x}) = 0$ et $\varphi(\underline{x}, \lambda_0) = 0$ l'ancienne et la nouvelle hypothèse respectivement ; où λ_0 est un paramètre dont la valeur, bien que très petite, est non nulle. Traitons λ comme une variable supplémentaire, et supposons que $\varphi(\underline{x}, \lambda) \to \psi(\underline{x})$ lorsque $\lambda \to 0$, $\varphi(\underline{x}, \lambda)$ étant une fonction continue de $(\underline{x}, \lambda)$. Par conséquent, $\varphi(\underline{x}, 0) = \psi(\underline{x})$. Il s'ensuit que, pour tout $\xi > 0$, il existe un η tel que $|\varphi(\underline{x}, \lambda)-\psi(\underline{x})| < \xi$, c'est-à-dire $|\varphi(\underline{x}, \lambda)-\varphi(\underline{x}, 0)| < \xi$, si $|\lambda| < \eta$. $(\underline{x}, \lambda)$ devra appartenir à un ensemble K x [-b, +b] fermé et borné ; d'où l'existence d'un η ne dépendant que de ξ, et valable donc pour tout point de K. Nous pouvons par conséquent poser $\eta = \eta(\xi)$.

Supposons enfin qu'il existe un nombre réel positif ξ_0 tel que : dans le domaine K, les prévisions empiriques de $|\psi(\underline{x})| < \xi_0$ sont indiscernables de celles de $\psi(\underline{x})=0$.

D'après ce que nous venons de démontrer : pour tout $\underline{x} \in K$, $(|\lambda| < \eta(\xi_0) \Rightarrow (|\varphi(\underline{x}, \lambda)-\psi(\underline{x})| < \xi_0)$.

S'il s'avère que $|\lambda| < \eta(\xi_0)$, et si nous tenons la nouvelle loi $\varphi(\underline{x}, \lambda_0)=0$ pour vraie, alors $|\psi(\underline{x})| < \xi_0$ pour tout $\underline{x} \in K$. En d'autres termes : La nouvelle théorie expliquera, et sera donc soutenue par la réussite empirique de l'ancienne hypothèse dans K.

Comme exemple, considérons la loi relativiste du mouvement telle que reformulée par Planck :

$$\vec{f} = \frac{d}{dt}\left(\frac{m\vec{v}}{\sqrt{1-v^2/c^2}}\right)$$

c'est-à-dire : $$\frac{m\vec{a}}{\sqrt{1-\lambda_0^2 v^2}} + m\lambda_0^2\, \vec{v}.\vec{a}\, \frac{\vec{v}}{\sqrt{(1-\lambda_0^2 v^2)^3}} - \vec{f} = 0$$

où : $\lambda_0 = (1/c)$, c = vitesse de la lumière, $\vec{a} = \frac{d\vec{v}}{dt}$ = accélération, $\vec{v}$ = vitesse du mobile. Cette relation s'écrit donc sous la forme :

$$F(m, \vec{v}, \vec{a}, \vec{f}, \lambda_0) = 0$$

Nous savons que, du moins par rapport à c, la quantité v est petite ; donc que dans la plupart des cas étudiés par la physique classique, $\lambda_0 = 1/c$ peut être tenue pour négligeable. Notons en outre que :

$$F(m, \vec{v}, \vec{a}, \vec{f}, \lambda) \to (m\vec{a} - \vec{f}), \text{ lorsque } \lambda \to 0.$$

Il s'ensuit que $(m\vec{a} - \vec{f}) = 0)$, c'est-à-dire la loi newtonienne du mouvement, constitue un cas limite de la nouvelle relation relativiste. Dans la mesure où la Relativité restreinte n'est pas obtenue par un simple ajustement de paramètres, nous sommes en droit d'affirmer qu'elle est soutenue par tous les résultats d'expérience découlant de lois classiques confinées à certaines valeurs bornées de v (ou plutôt de v/c).

Revenons au cas général. Notre reconstitution rationnelle justifie à nos yeux la thèse de Duhem selon laquelle les deux lois $\varphi(\underline{x}, \lambda_0) = 0$ et $\psi(\underline{x}) = 0$ subsument les mêmes faits dans le domaine K; en outre, la structure de $\psi(\underline{x}) = 0$ se trouve, du moins en partie, préservée dans celle de $\varphi(\underline{x}, \lambda_0) = 0$ puisque $\varphi(\underline{x}, \lambda) \to \psi(\underline{x})$ lorsque $\lambda \to 0$. Sur le plan syntaxique, la transition menant de $\varphi(\underline{x}, \lambda_0) = 0$ à $\psi(\underline{x}) = 0$ est quasi ampliative, simulant ainsi le progrès des mathématiques. Nous disons « syntaxique » pour parer à la critique de Feyerabend, d'après laquelle deux concepts portant parfois le même nom changent complètement de sens lorsqu'on passe d'une hypothèse à l'autre : en mécanique newtonienne, la masse $m = m_0$ représente la quantité de substance contenue dans un corps tandis que la masse relativiste

$$m = \frac{\mathrm{m}_0}{\sqrt{1 - v^2/c^2}}$$

est un simple coefficient de freinage dépendant de la vitesse. Remarquons que

$$\frac{\mathrm{m}_0}{\sqrt{1 - v^2/c^2}} \to m_0$$

lorsque $(v/c) \to 0$. Il y a donc continuité sur le plan syntaxique.

Quant à la signification des concepts, nous y reviendrons en montrant que seule la structure syntaxique d'une théorie peut en principe nous révéler les propriétés, ou plutôt les relations entre, les objets transcendants. Selon Duhem, une certaine continuité de structure constitue donc le seul point d'analogie entre le progrès des mathématiques et celui de la physique. Tournons-nous maintenant vers les différences profondes entre ces deux disciplines, telles que soulignées par Duhem lui-même. Celui-ci prétend que les théorèmes mathématiques sont des propositions synthétiques dont la certitude est due à deux facteurs. Premièrement, les axiomes, par exemple ceux de l'arithmétique et de la géométrie, sont d'une simplicité telles qu'ils en deviennent accessibles à une intuition directe. Deuxièmement, les règles d'inférence utilisées par les mathématiciens, étant strictement déductives, transmettent infailliblement la vérité des prémisses aux conclusions. Il s'ensuit que les vérités mathématiques sont établies une fois pour toutes; et les théorèmes, n'étant jamais révisés, ne font qu'augmenter en nombre.

Les néopositivistes, prirent les théorèmes mathématiques pour des vérités logiques, donc vides de tout contenu. Vu ce caractère présumé tautologique des axiomes de base, on ne pouvait plus parler d'un progrès véritable des mathématiques; mais, tout au plus, d'une prise de conscience purement psychologique de propositions somme toute triviales. Empruntant l'expression de Poincaré, la mathématique était censée se résoudre en une vaste tautologie; et toute ressemblance avec la physique serait donc illusoire.

Ce point de vue s'est cependant révélé intenable. La théorie mathématique la plus fondamentale, à savoir celle des ensembles, contient des axiomes, tels ceux du choix, du continu et de l'existence des classes infinies, qui sont indéniablement synthétiques. Ils se trouvent d'ailleurs falsifiés par certains modèles des autres postulats de la théorie ensembliste. L'approche duhémienne du statut des mathématiques s'avère donc beaucoup plus défendable qu'il n'y paraissait il y a cinquante ans: les postulats ne font qu'articuler les propriétés claires et distinctes de certaines notions fondamentales, telles celles d'ensemble et d'appartenance. Quant aux règles d'inférence, par exemple la généralisation et le *modus ponens*, elles restent strictement déductives.

Revenons à la question de savoir en quoi les sciences empiriques diffèrent des mathématiques. Les hypothèses physiques sont des propositions synthétiques extrêmement complexes, donc loin d'être évidemment vraies. De prime abord, les Principes d'inertie, de l'invariance de la vitesse de la lumière, de la gravitation conçue comme courbure de l'espace-temps et des interférences d'ondes de probabilité quantiques nous semblent absurdes. Galilée soutenait, à juste titre, que le savant devait aller à l'encontre de l'évidence de ses sens; et selon Planck, plus la science avance, moins elle est anthropomorphe et donc intelligible. Ne pourrait-on néanmoins pas prétendre que les lois de la nature, quelque contre-intuitives qu'elles puissent paraître, nous sont imposées par les faits? Après tout, Newton affirmait simultanément ne pas comprendre la gravitation et l'avoir tirée directement des phénomènes; et d'après Reichenbach, l'invariance de c est un fait expérimental que nous devons simplement accepter, même à notre corps défendant.

Sur ce point, l'opinion de Duhem est catégorique et, il nous semble, tout à fait juste: le physicien chercherait en vain à imiter, par le biais de l'induction, les méthodes de démonstration directe du mathématicien et, par celui de la réfutation, sa preuve par réduction à l'absurde.

A – *Démonstrations, Principe d'Induction et coupure épistémologique*

Le point de départ d'une démonstration mathématique directe est un ensemble d'axiomes évidents dont nous déduisons des théorèmes nécessaires. En induction physique, nous sommes de même supposés accepter des propositions factuelles reconnues infailliblement comme vraies; nous en inférerions ensuite une hypothèse générale tenue pour certaine. Nous allons maintenant procéder à une reconstruction rationnelle de la position de Duhem au sujet de l'induction.

Il existe au moins deux raisons pour lesquelles toute tentative d'induction d'une loi générale à partir des phénomènes doit, selon Duhem, nécessairement échouer. La première est la transcendance dite verticale de tout énoncé scientifique par rapport à l'observation. Soient $p'_1, p'_2, \ldots, p'_n$ des propositions strictement phénoménologiques, c'est-à-dire ayant trait aux actes de conscience d'un expérimentateur. $p'_1, \ldots, p'_n$, étant de simples rapports auto psychologiques, ne peuvent pas servir de base à une induction censée mener à une loi expérimentale portant sur des faits objectifs. Il nous faut donc faire correspondre respectivement à $p'_1, \ldots, p'_n$ des propositions $p'_1, \ldots, p'_n$ décrivant des états de faits transcendants, c'est-à-dire des entités appartenant à un monde extérieur à la pensée. Par exemple : si $p'_i \equiv$ (il me semble que le spot de ce que je prends pour être un galvanomètre se déplace), alors : $p'_i \equiv$ (le courant passe). Même si p'_i était vraie et reconnue comme telle, p'_i, étant dépendante d'une théorie, reste conjecturale. L'induction doit pourtant s'appuyer sur les p_i et non pas sur les p'_i.

Il nous semble que p_i peut être faillible de deux manières bien différentes. p_i pourrait, d'une part, dépendre de l'hypothèse même qu'il s'agit d'induire; ce qui signifie que cette hypothèse a déjà été envisagée – ne serait-ce que sous une forme embryonnaire – et que les énoncés $p_1, \ldots, p_n$ lui serviront de *tests faillibles*. D'autre part, p_i pourrait s'imprégner d'une théorie indépendante de celle que nous nous proposons de tirer de $p_1, \ldots, p_n$. Dans ce cas, le processus inductif, en tant qu'heuristique, est en principe possible, c'est-à-dire qu'il pourrait nous permettre d'arriver, au moyen d'une généralisation, à une nouvelle loi. Celle-ci s'appuierait néanmoins sur des énoncés $p_1, \ldots, p_n$, qui restent conjecturaux parce que dépendant d'une connaissance d'arrière-plan. Notre loi serait donc déjà faillible, et ce indépendamment du caractère douteux de toute généralisation.

Dans le cas de l'induction, la transcendance verticale donne donc naissance à une coupure épistémologique entre la *Lebenswelt* de chaque individu d'une part, et la science de l'autre. En définitive, seuls les énoncés objectifs $p_1, \ldots, p_n$, et non pas leurs homologues phénoménologiques $p'_1, \ldots, p'_n$, jouent un rôle dans l'évaluation des hypothèses.

Notons que cette critique ne touche que l'inductivisme : dans la mesure où un processus de généralisation est tenu pour possible, il doit reposer sur une suite $p_1, \ldots, p_n$ de suppositions douteuses. Le falsificationnisme, avec son schème strictement hypothético-déductif, n'est pas confronté à de telles difficultés : au lieu de prendre son point de départ avec $p_1, \ldots, p_n$, il pourrait, à la différence de la position poppérienne, se proposer d'expliquer, c'est-à-dire d'aboutir à $p'_1, \ldots, p'_n$, en passant déductivement par $p_1, \ldots, p_n$. Pour le falsificationnisme, il ne devrait exister aucune coupure épistémologique. Nous reviendrons sur ce point en parlant de la base empirique des sciences de la nature.

Il y a une seconde sorte de transcendance déjà remarquée par Hume et appelée, de nos jours, « transcendance horizontale ». Elle peut à son tour assumer deux formes. La première a trait à l'existence d'une infinité de manières de généraliser un nombre fini de données expérimentales. Il existe une autre source de sous-détermination. Nous supposons souvent, comme allant de soi, que nos résultats empiriques peuvent être représentés par un nombre fini de points, qu'il s'agirait ensuite de relier par une courbe continue; et nous savons qu'une infinité de courbes satisfait à cette condition. En fait, nous avons affaire non pas à des points isolés, mais à des régions rectangulaires dont la surface est d'autant plus grande que nos instruments sont moins précis. Par conséquent, nos courbes sont assujetties à la très faible contrainte de devoir intersecter un nombre fini de rectangles. Très souvent, il arrive que seule une théorie de haut niveau nous permette de sélectionner un graphe parmi beaucoup d'autres, tous possibles. Par exemple : la gravitation newtonienne cerne une seule trajectoire, quasi elliptique, de la planète Mars parmi toutes celles compatibles avec les résultats d'expérience de Tycho Brahé.

Ci-dessus, nous avons parlé d'une reconstruction rationnelle du point de vue de Duhem plutôt que de sa position telle qu'il l'a lui-même explicitée. Il faut noter que comme Popper après lui, Duhem ne s'intéresse pas du tout aux rapports auto-psychologiques, c'est-à-dire à ceux ayant subi une réduction phénoménologique. Il passe directement de l'acte perceptif à deux sortes d'énoncés singuliers, tous deux transcendants ; à savoir : une proposition p^* émise par le sens commun, et un énoncé scientifique p correspondant à p^*.

Par exemple : p^* signifie que le spot d'un certain instrument, appelé « galvanomètre », se déplace; et p nous dit que le courant passe. Duhem regarde p^* comme étant assurément vraie ou fausse, alors que p reste problématique. p est abstraite et symbolique, donc ni vraie ni fausse mais approchée; par conséquent, p ne vaut qu'autant que l'hypothèse qui la soutient.

Quant à p^*, elle ne contiendrait que des prédicats qui, ayant été au départ abstraits de l'observation, lui seraient simplement réappliqués. Il n'y aurait donc, dans ce cas, aucune marge d'erreur possible. Duhem situe donc la coupure épistémologique quelque part entre p^* et p, c'est-à-dire entre le sens commun et la science. Il nous semble que ce point de vue est erroné. p et p^*, faisant toutes deux référence à des états de faits transcendants et donc extérieurs à la conscience, peuvent être simultanément fausses. Popper a très bien vu que la science ne fait que prolonger le sens commun; elle n'est que « du sens commun écrit en gros caractère », et elle reste de bout en bout faillible.

Nous en concluons cependant – contre Popper – que tant que la science ignorera la phénoménologie, elle pourra se tromper tout autant à son niveau le plus élevé qu'à celui de l'observation la plus prosaïque. Elle restera donc vulnérable au scepticisme le plus outrancier.

B – *Preuve par l'absurde, réfutation empirique et expérience cruciale*

> Ceux qui assimilent la contradiction expérimentale à la réduction à l'absurde pensent qu'on peut en physique user d'un argument semblable à celui dont Euclide a fait un si fréquent usage en Géométrie. Voulez-vous obtenir, d'un groupe de phénomènes, une explication théorique certaine, incontestable? Enumérez toutes les hypothèses qu'on peut faire pour rendre compte de ce groupe de phénomènes; puis, par la contradiction expérimentale, éliminez-les toutes sauf une; cette dernière cessera d'être une hypothèse pour devenir une certitude. [...]
> [...] Or le physicien n'est jamais sûr d'avoir épuisé toutes les suppositions imaginables; la vérité d'une théorie physique ne se décide pas à croix ou pile. (*Op. cit.*, p. 286-289)

Nous invoquerons le critère de Popper afin d'étayer l'argument intuitif de Duhem. Rappelons que, d'après la démarcation poppérienne, toute hypothèse scientifique est une proposition synthétique universelle, falsifiable mais non vérifiable par l'expérience. Duhem affirme, sans justification, qu'aucune disjonction ($H_1 \vee \dots \vee H_n$) de théories scientifiques ne peut être reconnue comme devant être vraie; il cite simplement le fait – purement psychologique – que « le physicien n'est jamais sûr d'avoir épuisé toutes les suppositions imaginables ». Nous pouvons cependant facilement démontrer que toute disjonction ($H_1 \vee \dots \vee H_n$) d'hypothèses scientifiques constitue, à son tour, une théorie scientifique; qu'elle est en conséquence synthétique, universelle et invérifiable. Bornons-nous, sans aucune perte de généralité, au cas où $n = 2$. H_1 et H_2 étant des théories scientifiques et donc universelles, nous pourrons écrire : $H_1 \equiv (\forall x)B_1(x)$, $H_2 \equiv (\forall y)B_2(y)$; les variables x et y pouvant toujours être supposées distinctes. Il s'ensuit que $(H_1 \vee H_2) \Leftrightarrow (\forall x)(\forall y)\ [B_1(x) \vee B_2(y)]$, c'est-à-dire que $(H_1 \vee H_2)$ est universelle.

H_1 étant logiquement consistante, $(H_1 \vee H_2)$ le sera a fortiori puisque $(H_1 \vee H_2)$ est une assertion plus faible que H_1. Pour démontrer que $(H_1 \vee H_2)$ est scientifique, c'est-à-dire expérimentalement réfutable, soient a et b des énoncés de base tels que $a \Rightarrow \neg H_1$, $b \Rightarrow \neg H_2$. En jargon poppérien : a et b sont des falsificateurs potentiels de H_1 et de H_2 respectivement. Nous pouvons toujours supposer que a et b sont logiquement compatibles, c'est-à-dire que $a \wedge b$ est non contradictoire : vu l'universalité, par rapport au temps, de toute théorie scientifique, a et b pourraient par exemple décrire deux événements ayant lieu à des instants différents. Comme $(a \Rightarrow \neg H_1)$ et $(b \Rightarrow \neg H_2)$, il s'ensuit que $(a \wedge b) \Rightarrow \neg(H_1 \vee H_2)$. $(H_1 \vee H_2)$ est donc réfutable par deux événements qui peuvent en principe se réaliser, à savoir ceux décrits par a et par b. $(H_1 \vee H_2)$ est donc falsifiable. $(H_1 \vee H_2)$ n'est finalement pas vérifiable, puisqu'un résultat d'expérience vérifiant $(H_1 \vee H_2)$ vérifierait au moins l'une des deux hypothèses scientifiques H_1 ou H_2; ce qui, vu le critère de démarcation, est impossible.

Le savant n'est donc jamais en mesure de savoir, de manière tout à fait certaine, qu'une disjonction de théories empiriques doit être vraie; et ce indépendamment de sa puissance d'imagination.

C – *Réfutation empirique et problème de Duhem-Quine*

Tournons-nous maintenant vers la question de la falsification proprement dite d'une théorie scientifique. Il se peut que nous ne puissions jamais être tout à fait sûrs de la vérité d'une disjonction $(H_1 \vee \ldots \vee H_n)$; mais n'est-il pas certain, du moins dans beaucoup de cas, qu'une hypothèse isolée H_i a été définitivement réfutée par l'expérience ? Selon Duhem :

> La prévision du phénomène dont la non-production doit trancher le débat ne découle pas de la proposition litigieuse prise isolément, mais de la proposition litigieuse jointe à tout cet ensemble de théories; si le phénomène prévu ne se produit pas, ce n'est pas la proposition litigieuse seule qui est mise en défaut, c'est tout l'échafaudage théorique dont le physicien a fait usage; la seule chose que nous apprenne l'expérience, c'est que parmi toutes les propositions qui ont servi à prévoir le phénomène et à constater qu'il ne se produisait pas, il y a eu au moins une erreur; mais où gît l'erreur, c'est ce qu'elle ne nous dit pas. (*op. cit.*, p. 281)

Par exemple : pour tester son hypothèse qui prévoyait les phases de Vénus tout en falsifiant celle de Ptolémée, Galilée dut présupposer certaines lois de l'optique qui n'avaient pas encore été corroborées. De même, pour pouvoir conclure à l'existence des satellites de Jupiter et réfuter ainsi un principe aristotélicien, Galilée avait dû se fier à une théorie empirique du télescope qui n'avait pas encore été soutenue, de manière univoque, par l'expérience. Plus récemment : le décalage vers le rouge des raies spectrales, décalage prévu par la Relativité générale, s'est avéré découler non pas de cette hypothèse prise isolément mais aussi d'une supposition, en l'occurrence fausse, concernant la réfraction atmosphérique. En d'autres termes : cette loi de réfraction a dû être conjointe à la Relativité avant qu'on ne pût en tirer le décalage vers le rouge. Duhem a donc eu raison de nous faire remarquer qu'un test ne condamne pas une hypothèse unique, mais tout un ensemble théorique dont l'hypothèse fait partie. L'expérience nous informe que toute une conjonction de prémisses est erronée ; mais elle ne nous indique pas où se trouve l'erreur.

Quine a renforcé cette thèse en affirmant, pour des raisons qui seront examinées ci-dessous, que chaque épreuve met en cause la totalité de nos connaissances. Mais même sans cette attitude maximaliste, de graves problèmes se posent pour le point de vue falsificationniste. Lakatos montre que certaines conditions aux limites, par exemple la supposition que seul le champ gravitationnel agit dans une région de l'espace-temps, n'ont pas le caractère d'un énoncé singulier mais celui d'une hypothèse universelle, donc invérifiable. Il ne nous semble néanmoins pas que cette critique de la démarcation poppérienne soit bien grave. Nous pouvons toujours regarder les conditions initiales comme l'une des composantes du système théorique mis à l'épreuve. Lakatos maintient en outre que parmi les prémisses tacitement acceptées se trouve toujours une clause *ceteris paribus* (toutes choses étant égales par ailleurs) ; celle-ci serait formée d'un ensemble infini, ou indéfini, de propositions plus ou moins clairement articulées. Par conséquent, en cas de réfutation, nous ne saurions même pas en principe quelles propositions auraient pu être infirmées par l'expérience. A notre avis, cette critique repose sur un malentendu, pour ne pas dire : sur une grave erreur ; de surcroît, elle met en cause tout le schème hypothético-déductif. Dans la mesure où notre système scientifique est formulé dans un langage du premier ordre et où nos règles d'inférence sont strictement déductives, toute conséquence découlera d'un ensemble fini de prémisses. Ce résultat est garanti par le théorème dit de compacité. Nous sommes ainsi ramenés au cas, déjà décrit par Duhem, d'une conjonction finie de suppositions mise en défaut par un fait d'expérience.

Soit $H_1 \wedge H_2 \wedge \ldots \wedge H_n$ cette conjonction. Posons $H_1 \equiv A$ et $(H_2 \wedge H_3 \wedge \ldots \wedge H_n) \equiv B$, et supposons que $(A \wedge B)$ est empiriquement réfutée. Le problème de Duhem-Quine se réduit donc à la question : pouvons-nous en principe avoir une raison objective, bien que non révocable, de supposer que *A*, plutôt que *B*, est faux (ou l'inverse) ? En d'autres termes : $(A \wedge B)$ ayant été réfutée, dans quels cas serait-il rationnel de modifier *A* plutôt que *B* ? Lakatos nous enjoint de changer soit *A*, soit *B*, soit *A* et *B* à la fois, pourvu seulement que le nouveau système marque des progrès empiriques. Inutile de dire que ceci constitue non pas la solution du problème, mais le but que celle-ci devrait atteindre.

Duhem, puis Popper, ont proposé la solution suivante. Supposons que $A \wedge B \vdash e$, mais que *e'*, au lieu de *e*, ait été vérifiée, *e* et *e'* étant empiriquement décidables tout en s'excluant mutuellement ; c'est-à-dire $\vdash (e' \rightarrow \neg e)$. $(A \wedge B)$ se trouve donc réfutée. Supposons en outre que *A* soit une théorie fondamentale ; en d'autres termes : *A* a, par le passé, joué un rôle essentiel dans plusieurs systèmes qui ont tous été fortement corroborés par les faits ; nous pourrions alors – mais ce n'est pas obligatoire – décider de changer *B* en B_1. Supposons enfin que $A \wedge B_1$ se trouve, elle aussi, falsifiée par l'expérience ; que $A \wedge B_2$ soit, à son tour, mise en défaut ; et ainsi de suite. Nous aurions alors une suite de conjonctions : $A \wedge B, A \wedge B_1, A \wedge B_2, \ldots, A \wedge B_n$ dont chacune peut être tenue pour fausse. Duhem et Popper se déclarent prêts à en conclure qu'il serait alors raisonnable de considérer *A* plutôt que *B* comme ayant été effectivement réfutée. Ni l'un ni l'autre de ces deux auteurs n'explique cependant ce qu'il entend au juste par « raisonnable ». Au moins Duhem a-t-il la candeur d'admettre la nécessité de recourir au bon sens scientifique qui, étant l'apanage de l'esprit de finesse pascalien, résisterait à toute tentative de formalisation. Par contre, Popper donne l'impression de vouloir cacher son jeu. C'est que la solution décrite ci-dessus nous semble reposer sur le genre de raisonnement probabiliste qui, d'habitude, lui répugne. Essayons d'en donner une reconstruction qui, tout en étant simplifiée et même simpliste, n'en reste pas moins très instructive.

Considérons la suite des $(n+2)$ propositions $(A, B, B_1, \ldots, B_n)$. Si nous voulons que *A* puisse être vraie, nous devons accepter que $A, B, B_1, \ldots, B_n$ soient toutes fausses puisque $(A \wedge B_i)$ a été réfutée pour tout $j = 0,1, \ldots, n$. Ceci détermine une seule séquence de valeurs de vérité possibles pour $(A, B, B_1, \ldots, B_n)$, à savoir $(1,0, 0, \ldots, 0)$. Par contre, si nous étions prêts à tenir *A* pour fausse, nous aurions 2^{n+1} suites $(0,1/0,1/0, \ldots, 1/0)$ compatibles avec les résultats d'expérience. Les chances que *A* soit fausse sont donc de 2^{n+1} contre 1. Ce résultat fournit un « *rationale* », c'est-à-dire un soutien rationnel objectif, à la stratégie de

Duhem-Popper ; d'où la nécessité, soulignée par Popper, de répéter un test pour que la réfutation ou, le cas échéant, la corroboration ne soit pas due à des effets accidentels. Notons que ce raisonnement présuppose l'indépendance mutuelle des hypothèses $A, B, B_1, \ldots, B_n$; une condition qui n'est pas toujours satisfaite.

Il se peut, par exemple, que $B, B_1, \ldots, B_n$ aient toutes un noyau N en commun ; c'est-à-dire que $B_i \Rightarrow N$ pour tout j ; et que $(A \wedge N)$ soit réfutée par la série des expériences $e'_1, e'_2, \ldots, e'_n$. N aurait alors autant de chances que A d'être fausse.

Malgré cette solution qui, on le voit bien, repose sur le principe de l'exclusion du Malin Génie, plusieurs questions continuent de se poser au sujet de la conjonction $(A \wedge B)$. Du temps de Duhem, la logique classique n'était ni mise en cause ni même complètement formalisée ; ses schèmes ne figuraient donc pas explicitement parmi les prémisses d'un enchaînement déductif menant à des prévisions empiriques. Entre-temps, la logique a été enrichie et axiomatisée ; de sorte que A, ou B, pourrait bien exprimer un principe analytique. Serions-nous dans un tel cas justifiés d'exempter A de toute réfutation empirique ? ou, suivant Quine, devrions-nous tenir A pour faillible et maintenir même qu'il n'existe pas de distinction objective entre l'analytique et le synthétique, donc que notre système formalisé $A \wedge B$ devrait affronter l'expérience pour ainsi dire en bloc ?

Nous aurons donc à étudier le problème de la démarcation entre, d'une part, les principes analytiques comprenant les axiomes logico-mathématiques, et de l'autre, les propositions synthétiques parmi lesquelles figurent les hypothèses scientifiques. Un autre cas très important pour la physique est celui où A est une théorie géométrique. Nous devrons débattre de la question de savoir si A reste, même dans ce cas, falsifiable ; ou si, comme le prétendait Poincaré, A serait, malgré son caractère clairement synthétique, inaccessible au verdict de l'expérience.

CHAPITRE IV

LA DISTINCTION ENTRE L'ANALYTIQUE ET LE SYNTHÉTIQUE

Commençons par expliquer pourquoi la distinction entre l'analytique et le synthétique nous semble être un bon point de départ pour discuter du conflit qui oppose le relativisme à l'absolutisme philosophique. Les propositions analytiques sont, premièrement, supposées être parmi celles dont la vérité ne fait aucun doute. Si les principes analytiques pouvaient être mis en cause, par exemple s'avérer dépendre d'un contexte ou d'un milieu culturel particulier, alors toute thèse, quelle qu'elle soit, pourrait en principe être révoquée en doute. Nous avons deuxièmement vu qu'étant donné leur caractère présumé indubitable, les prémisses analytiques sont censées ne jamais tomber sous le coup d'un test expérimental. Plus précisément : soit e une conséquence empirique d'un nombre fini : H_1, ..., H_n d'hypothèses; en d'autres termes : soit $(H_1 \wedge \ldots \wedge H_n) \Rightarrow e$. Si e était réfutée il s'ensuivrait qu'au moins l'une des prémisses H_1, ..., H_n doit être fausse, et nous ferions alors face au problème de Duhem-Quine expliqué ci-dessus. Dans la mesure où la vérité des propositions analytiques est prise comme allant de soi, nous pouvons restreindre notre discussion aux prémisses synthétiques de la déduction, limitant ainsi la portée du problème; c'est-à-dire que nous pourrons ignorer les propositions analytiques figurant parmi les : H_1, H_2, ..., H_n. Sinon, toute assertion deviendrait révisable; ce qui non seulement rendrait le problème de Duhem-Quine pratiquement insoluble, mais mettrait en question les axiomes de la logique et des mathématiques.

Au lieu de donner une définition générale des termes « analytique » et « synthétique », commençons par citer un exemple banal. Nous examinerons ensuite certains aspects de ce cas concret pour essayer d'arriver à une définition générale de la notion d'analyticité. Nous devons donc choisir un exemple qui, d'une manière tout à fait univoque, soit ou analytique ou synthétique. Considérons l'assertion : « Tous les célibataires sont non mariés » qui, du moins de l'avis de certains philosophes anglo-saxons, représente l'essence même de la proposition analytique; c'est-à-dire de celle dont la vérité ne dépend que du sens de ses termes. Selon le dictionnaire, « célibataire » signifie : personne non mariée. Remplaçant « célibataire » par son sens verbal, nous obtenons la proposition : « Aucune personne non mariée n'est mariée » qui est une vérité triviale, et donc a priori, c'est-à-dire logiquement indépendante de tout état de fait.

Il semble donc que toute proposition analytique soit a priori. La réciproque, affirmée par les membres du Cercle de Vienne, avait été niée par Kant. Selon celui-ci, le déterminisme scientifique, les postulats d'Euclide, les lois de conservation de la matière et de la quantité de mouvement seraient des principes synthétiques a priori. Toutes ces thèses kantiennes ont été infirmées par le développement de la physique moderne. Par contre, les axiomes de la théorie des ensembles et plus particulièrement ceux de l'arithmétique pourraient bien être le dernier bastion du synthétique a priori kantien.

La question reste de savoir s'il existe des propositions nécessaires a posteriori. Kripke y répond affirmativement. Commençons par admettre que nous pourrions nous rendre compte a posteriori de la vérité de certaines propositions analytiques. Il est tout à fait possible qu'on ne sache que $2^9 = 512$ que grâce à l'emploi d'un ordinateur. Il se peut que je ne me rende compte du caractère tautologique de la formule $(A \rightarrow (B \rightarrow C)) \rightarrow ((A \rightarrow B) \rightarrow (A \rightarrow C))$ qu'en calculant certaines valeurs de vérité. Les propositions en question n'en cessent pas pour autant d'être en droit *(de jure)* analytiques, c'est-à-dire vraies dans tous les mondes logiquement possibles.

Bien sûr, la thèse de Kripke va bien au-delà de ces truismes. Selon lui, l'équation : « Hesperus = Phosphorus » est à la fois a posteriori et objectivement nécessaire. Il nous semble que ce point de vue dépend d'un autre principe, accepté lui aussi par Kripke; à savoir que des noms tels que Hesperus et Phosphorus sont des « désignateurs rigides », c'est-à-dire qu'ils dénotent le même objet dans tous les mondes métaphysiquement possibles. Etant vraie dans tous ces univers, la relation « Hesperus = Phosphorus » serait donc nécessaire, mais nous ne pourrions le savoir qu'a posteriori, par exemple en entreprenant certaines recherches empiriques.

A notre avis, il existe une alternative qui, ne faisant appel à aucune notion douteuse de possibilité métaphysique, est beaucoup moins mystifiante que celle de Kripke. Hesperus et Phosphorus ne sont pas, à proprement parler, des noms mais des descriptions définies ayant des sens frégéens très différents. « Hesperus » et « Phosphorus » signifient respectivement « Étoile du Soir » et « Etoile du Matin ». « Hesperus = Phosphorus » prend donc la forme : $(\iota x H(x) = \iota x P(y))$. Procédant à une traduction russellienne, nous obtenons, premièrement :

$$(\exists x)[(\forall z)(H(z) \leftrightarrow (z = x)) \wedge (\mathrm{x} = \iota y P(y))],$$

puis

$$(\exists x)(\exists y)[(\forall z)(H(z) \leftrightarrow (z = x)) \wedge [(\forall v)(P(v) \leftrightarrow (v = y)) \wedge (x = y)]$$

qui s'avère être logiquement équivalente à

$$[(\exists x)(\forall z)(H(z) \leftrightarrow (z = x)) \wedge (\forall z)(P(z) \leftrightarrow H(z)))].$$

Or cette dernière formule, loin d'être nécessaire, est en fait synthétique a posteriori. L'erreur découle de notre conviction intuitive – mais erronée – que toute identité $A = B$ est soit analytique soit fausse.

Il existe tout de même un cas réfractaire à cette analyse : à savoir celui où « *A* » et « *B* » sont des noms propres distincts. Par exemple : « *A* » = « Cicéron », et « *B* » = « Tullius ». Un nom peut avoir un référent mais on peut difficilement maintenir qu'il possède en outre un sens ou une signification frégéenne. Il s'ensuit que l'équation « $A = B$ » ne peut être vraie que si « *A* » et « *B* » désignent directement le même objet; ce qui semble avoir pour conséquence que « $A = B$ » et « $B = B$ » constituent la même assertion. Nous avons pourtant la conviction profonde que « $A = B$ » est informatif alors que « $B = B$ » ne l'est pas. C'est qu'en lisant un texte, nous nous plaçons au niveau non seulement de la langue-objet mais aussi du métalangage ; « $A = B$ » nous apprend alors qu'un même objet est désigné par deux signes distincts, « *A* » et « *B* » ; tandis que « $A = A$ » ne fait que nous rappeler une convention d'univocité adoptée tacitement et une fois pour toutes ; à savoir que le même signe dénote toujours le même objet, quelle que soit sa position dans une phrase. C'est pour cela qu'au départ, Frege mit en avant la thèse selon laquelle « $A = B$ » porte non seulement sur les individus dénotés par « *A* » et « *B* », mais aussi sur les symboles « *A* » et « *B* » eux-mêmes. Ce point de vue, quelque erroné qu'il puisse être, nous révèle un fait psychologique très important : la lecture d'une formule ne vise pas seulement les référents de celle-ci, mais aussi la suite de signes qu'est la formule. En tant que phrase de la langue-objet, « $A = B$ » ne nous dit pas que « *A* » ≠ « *B* » puisqu'elle ne fait strictement aucune référence aux signes « *A* » et « *B* ». Néanmoins, le fait syntaxique que « *A* » ≠ « *B* », qui est pour ainsi dire exhibé par la formule « $A = B$ », nous permet d'affirmer que dans la mesure où « *A* » et « *B* » sont des constantes primitives, « $A = B$ » n'est pas nécessaire, parce que dépendante des référents contingents de « *A* » et de « *B* ». Encore une fois, l'analyse kripkéenne se révèle superflue.

Nous avons donc le tableau suivant :

	A priori	A posteriori
Analytique	√	(Kripke)
Synthétique	(Kant, pour les maths)	√

Revenant maintenant à notre exemple concret, acceptons, ne serait-ce que provisoirement, la définition suivante : une proposition analytique doit être vraie et sa vérité ne doit dépendre que du sens de ses termes. Par conséquent :

(α) « Aucun célibataire n'est marié » se réduirait, par définition, à :

(β) « Aucune personne non mariée n'est mariée », ce qui a la forme : $(\forall x)[(P(x) \wedge \neg M(x)) \rightarrow \neg M(x)]$.

Cette dernière formule représente une vérité logique, c'est-à-dire qu'elle est vraie indépendamment du sens de ses éléments descriptifs.

Les principes logiques étant non seulement des cas particuliers mais aussi les exemples les plus importants de propositions analytiques, nous concluons paradoxalement que celles-ci peuvent à la fois dépendre et être indépendantes du sens de leurs termes. Ce paradoxe apparent est en fait dû à l'ambiguïté de la notion de signification, ou plutôt des référents des deux mots « sens » et « définition » *(meaning of meaning)*. Le sens verbal, ou de dictionnaire, d'un mot est l'expression plus ou moins complexe dont le mot constitue une abréviation. En passant de (α) à (β), nous remplaçons « célibataire » par sa signification verbale. Selon Popper, celle-ci ne fait qu'abréger une histoire trop longue *(it cuts a long story short)*. Tout mot possède un autre sens, à savoir l'entité, en général extra-linguistique, à laquelle le mot réfère. Nous le dénommerons : sens ostensif ou référent, parce qu'il est souvent – mais pas toujours – cerné par ostension. Une table est connue par ostension mais une particule logique, bien que possédant un sens ostensif, ne peut pas être montrée du doigt. Le sens ostensif des connecteurs est en fait partiellement fixé par des axiomes qui en déterminent l'emploi. Nous pouvons maintenant dire que la vérité des propositions analytiques pourrait dépendre du sens verbal, mais jamais du sens ostensif de leurs termes descriptifs.

Il nous semble qu'au départ la critique quinienne intervient au niveau du sens verbal des mots. Comment saurions-nous, par exemple, que « célibataire » signifie « personne non mariée » ? S'il en est ainsi, alors la phrase (α) sera analytique. Si, par contre, « célibataire » et « marié » étaient tous deux des prédicats primitifs, cette même phrase pourrait être falsifiée par au moins une interprétation et serait donc synthétique. Pour trancher cette question, nous pourrions consulter un dictionnaire; mais les dictionnaires souffrent tous d'un défaut fondamental : ils sont circulaires. Vu qu'une langue naturelle ne dispose que d'un ensemble fini de mots, au moins un élément figurant dans un *definiens* coïncidera avec un *definiendum* précédent. Un dictionnaire ne délimite donc pas le vocabulaire primitif d'une langue. Ces considérations, bien qu'intéressantes pour la linguistique appliquée, ne le sont pas pour la logique et la méthodologie de la science théorique. Celle-ci commence par faire le choix d'un vocabulaire primitif approprié, dont les référents n'ont même pas à être fixés par ostension. Certains concepts qui s'avéreront utiles par la suite sont ensuite introduits au moyen de définitions verbales, c'est-à-dire d'une manière purement nominale ; des hypothèses sont enfin formulées et des énoncés de base déduits, dont les termes, tous observationnels et donc définis par ostension, sont tels que ces énoncés deviennent en principe empiriquement vérifiables et falsifiables. Il s'ensuit que toute proposition peut être effectivement reformulée en fonction du vocabulaire de base ; elle sera alors, d'une manière objectivement univoque mais peut-être indécidable, soit analytique soit synthétique. Notons que cette univocité présuppose une logique fixe, c'est-à-dire des connecteurs ayant un sens ostensif inaltérable. Par exemple : (β) est une vérité logique à condition que le quantificateur universel, la conjonction, la négation et l'implication matérielle gardent leurs significations usuelles : et des schèmes tels que $\neg\neg p \rightarrow p$ ou $(\forall x)[\neg\neg M(x) \rightarrow M(x)]$ cessent d'être analytiques si la négation a son sens intuitionniste.

En d'autres termes : la vérité d'un énoncé analytique ne dépend pas du sens ostensif de ses termes descriptifs mais de celui de ses constantes logiques.

A ce stade, la critique quinienne prend une tournure radicale. Fidèle à son attitude globaliste, Quine prétend que toutes nos hypothèses, qu'elles soient analytiques, mathématiques ou contingentes, confrontent en bloc le verdict de l'expérience. En cas de réfutation, nous pourrions donc décider de rejeter une prémisse telle que (α), c'est-à-dire l'énoncé qu'aucun célibataire n'est marié. Nous avons déjà dit que cela reviendrait à renoncer à une définition verbale, selon laquelle « célibataire » serait une abréviation de « personne non mariée ». Nous pourrions tenir « célibataire » pour un prédicat primitif, enrichissant ainsi notre vocabulaire de base ; ce qui nous permettrait de nier (α) sans nous contredire. Cette thèse est à la fois triviale et non pertinente puisque la science n'use presque jamais de suppositions telles que (α). Quine va cependant bien au-delà de pareils truismes. Il soutient que nous sommes libres de rejeter une vérité logique telle que (β) ou, plus vraisemblablement, telle que le principe classique de la double négation, c'est-à-dire ($\neg\neg p \rightarrow p$). Ceci équivaudrait à rejeter le sens, non pas verbal mais ostensif de la négation classique. Nous aurions ainsi modifié notre logique et même, du point de vue platoniste, les référents de nos connecteurs usuels. Tout parallèle que Quine aurait voulu établir entre le rejet d'une proposition banale telle que (α) et celui d'un principe logique fondamental s'avère donc illusoire.

Nous pourrions de même être amenés à nier certains postulats mathématiques tels que l'axiome du choix ou l'hypothèse du continu. Dans ce dernier cas, il ne s'agirait pas d'une redéfinition verbale mais d'une assertion d'existence, à s'avoir celle d'au moins un cardinal entre $\aleph_0$ et $2^{\aleph_0}$. Employant la terminologie introduite ci-dessus, nous pouvons en droit affirmer que l'expression ιx[x est le plus petit cardinal entre $\aleph_0$ et $2^{\aleph_0}$] possède maintenant un sens ostensif, c'est-à-dire un référent, alors qu'elle n'en avait aucun auparavant.

C'est seulement cette thèse outrancière qui permet à Quine de pousser à l'extrême, pour ne pas dire d'exagérer, le problème de Duhem-Quine; c'est-à-dire de soutenir que certains résultats observationnels pourraient mettre en cause toutes nos connaissances à la fois. C'est que de par leur essence, la logique et les mathématiques sont communes à tous les systèmes scientifiques. Une modification de ces deux disciplines, occasionnée peut-être par des difficultés empiriques, auraient des répercussions dans toutes les branches de notre savoir. L'ensemble des conséquences logiques, et même des énoncés de base d'une hypothèse en apparence distante de celle qui a été réfutée, pourraient s'en trouver altéré. En d'autres termes: même le contenu empirique d'une telle hypothèse pourrait se ressentir de la mise en défaut d'une théorie portant sur un tout autre domaine.

Quine reconnaît naturellement que les mathématiques et la logique, prises isolément, ne sont pas testables. Mais il nous fait remarquer – d'ailleurs à juste titre – que l'expérience est en mesure de nous faire changer globalement nos systèmes scientifiques : qu'une modification de la logique pourrait bien être le seul moyen de préserver la simplicité ou la cohérence d'un système, dans un sens quasi esthétique de ces termes. Dans cet esprit, certains mathématiciens ont opté pour l'intuitionnisme, et certains physiciens pour une logique non distributive.

Quine s'arrête cependant au bord du gouffre. Dans ses écrits récents, il prétend que, vu ses métathéorèmes de complétude et de compacité, la logique classique du premier ordre est la seule à mériter le qualificatif de « logique ». De telles considérations a priori n'affaiblissent pourtant pas ses thèses radicales; elles nous rappellent plutôt les arguments de Poincaré en faveur de la géométrie euclidienne; à savoir que celle-ci, étant intrinsèquement la plus simple, ferait à jamais partie de toute hypothèse physique cohérente. Poincaré s'était néanmoins trompé.

Popper avait une tout autre raison de privilégier la logique classique : étant très forte, celle-ci maximise la base empirique, et donc aussi la réfutabilité et la critiquabilité des théories. Reste à savoir si ce critère méthodologique est compatible avec le but réaliste de donner à la science sa logique la plus appropriée, c'est-à-dire celle qui s'accorde le mieux avec la structure globale de ses théories fondamentales.

Appendice

Un système complet et adéquat pour le calcul classique des propositions (dont le *modus ponens* constitue la seule règle d'inférence) consiste en les schèmes suivants :

[a] $(A \rightarrow (B \rightarrow A))$
[b] $((A \rightarrow (B \rightarrow H)) \rightarrow ((A \rightarrow B) \rightarrow (A \rightarrow H)))$
[c] $((A \rightarrow B) \rightarrow ((A \rightarrow \neg B) \rightarrow \neg A))$
[d] $(\neg\neg A \rightarrow A)$
[e] $((A \wedge B) \rightarrow A)$
[f] $((A \wedge B) \rightarrow B)$
[g] $(A \rightarrow (B \rightarrow (A \vee B)))$
[h] $(A \rightarrow (A \vee B))$
[i] $(B \rightarrow (A \vee B))$
[j] $((A \rightarrow H) \rightarrow ((B \rightarrow H) \rightarrow ((A \vee B) \rightarrow H)))$

Comme ce système est complet (par rapport aux fonctions de vérité classiques), nous pouvons en tirer : $(\neg A \rightarrow (A \rightarrow B))$.

La logique intuitionniste consiste à remplacer [d] par [d'] : $(\neg A \rightarrow (A \rightarrow B))$. Mais alors, ni $(\neg\neg A A)$ ni $(A \vee \neg A)$ ne constituent des théorèmes de cette logique affaiblie.

CHAPITRE V

LE PROBLÈME DE LA BASE EMPIRIQUE

Nous avons vu que selon Duhem, les énoncés de base sont « imprégnés de théories » (*« theory-laden »*, disent les Anglo-Saxons). Par « dépendance théorique », dénotons désormais la manière – qui reste à élucider – dont un terme ou une proposition pourraient dépendre d'une hypothèse d'un niveau plus élevé. Comme le sens détermine la valeur de vérité d'un énoncé, la thèse de Duhem a pour conséquence que les rapports observationnels, tout autant que les lois qui les étayent, sont faillibles. De prime abord, ce point de vue est identique à celui de Popper. Mais alors que ce dernier considère les théories universelles comme des propositions susceptibles d'être vraies ou fausses, Duhem les tient pour des schèmes dont le seul but est de classifier les lois expérimentales ; et il n'explique pas comment ces « tiroirs » sont censés insuffler un sens à leurs conséquences empiriques. Bien sûr, les mobiles fidéistes de Duhem sont clairs : il voudrait faire intervenir le faillibilisme à la fois au niveau le plus élevé, qui est celui des hypothèses, et tout en bas de l'échelle empirique, c'est-à-dire au niveau des faits d'expérience. A l'opposé de Popper pour lequel la science n'est que du sens commun écrit en gros caractères, Duhem, tout en acceptant l'infaillibilité de la connaissance commune, la bannit du discours scientifique.

Il y aurait donc une rupture épistémologique lorsque l'on passe du domaine du sens commun à celui de la science proprement dite. Nous récupérons en précision ce que nous perdons en certitude ; et nous avons besoin de l'esprit de finesse pour pouvoir décider quelles théories garder comme hypothèses de travail, et quels énoncés de base accepter provisoirement comme vrais. Comme d'habitude, cet appel à l'intuition signe l'absence ou le refus d'une solution satisfaisante d'un problème épineux ;

tout ceci, afin de limiter les prétentions de la science pour laisser plus de place à la foi. En définitive, Duhem tient notre capacité de construire des théories se rapprochant d'une classification naturelle pour un don divin.

Duhem n'est pourtant pas le seul philosophe à croire à la dépendance théorique des énoncés de base. Quine y adhère aussi, par le biais de son naturalisme épistémologique : il accepte des propositions factuelles présupposant des hypothèses, qui sont à leur tour fondées sur des données empiriques (cf. *Theories and Things*, chap. 2). Quant à Lakatos s'il partage l'opinion de Duhem et de Popper selon laquelle *toute* proposition, étant imprégnée de théorie, est faillible ; il en conclut qu'aucune hypothèse ne peut être rejetée parce que *reconnue comme fausse*. Lakatos et Feyerabend peuvent donc en droit poser la question suivante : pourquoi la science accepterait-elle des propositions dites factuelles plutôt que des théories inconciliables avec celles-ci, dès lors qu'il s'agit, dans un cas comme dans l'autre, de conventions plus ou moins arbitraires ?

Le point de vue de Popper concernant la base empirique étant à notre sens le plus cohérent parmi toutes les propositions faillibilistes, ces dernières seront touchées par tout argument infirmant les thèses poppériennes. C'est pour cela qu'il suffira de procéder à une critique de celles-ci. Pour ce faire, il faudra que nous nous aventurions dans un domaine peu familier, à savoir la phénoménologie. Nous nous trouvons obligés de le faire non pas par désir de nous écarter des questions méthodologiques classiques, comme celles de l'induction et de la corroboration ; mais par la conviction que le falsificationnisme poppérien ne peut pas faire l'économie d'un complément phénoménologique.

La méthodologie poppérienne repose, nous l'avons vu, sur un critère de démarcation qui veut que seules les propositions universelles expérimentalement réfutables soient tenues pour scientifiques. Par conséquent : une théorie T sera dite scientifique si T s'avère logiquement incompatible avec au moins un énoncé b qui est empiriquement décidable. (Nous verrons que Popper ne prend ni la vérifiabilité ni la falsifiabilité de b à la lettre.) Nous avons donc $T \Rightarrow \neg b$; T serait définitivement réfutée si b pouvait, avec certitude, être reconnue comme vraie. Notons que, vu le problème de Duhem-Quine, T prend la forme d'une conjonction d'hypothèses et non pas d'une proposition isolée :

$$\frac{T \equiv (H_1 \wedge \ldots \wedge H_n)}{\neg b}$$

C'est au niveau de l'observation, c'est-à-dire de l'énoncé b, que se situe une critique fondamentale du critère de démarcation ; une critique qui vise la thèse conventionnaliste de la base empirique avancée par Popper lui-même.

Nous dirons, avec John Watkins, qu'une proposition *p* est de niveau 0 (ou nul) si *p* décrit, à la première personne, les données immédiates d'une conscience ou plutôt celles d'un seul acte de conscience. *p* pourrait être : « Je ressens de la douleur (en ce moment) », « Il me semble que je perçois une surface rouge », « Il me semble que ce que je prends pour être le spot d'un galvanomètre se déplace », « Je crois voir un troupeau d'éléphants roses », etc.

Nous tiendrons pour allant de soi que les valeurs de vérité de telles propositions sont logiquement indépendantes de tout état de fait transcendant, c'est-à-dire de tout événement ayant lieu en dehors de la conscience. C'est pour cela que les énoncés de niveau 0 sont parfois qualifiés d'immanents, d'auto-psychologiques ou de phénoménologiquement réduits. (Les différences entre ces qualificatifs ne seront d'aucune importance pour les arguments qui suivront.)

Avant d'entrer dans le détail des controverses, essayons de décrire, à grands traits, la position poppérienne. Suivant celle-ci, les énoncés de base qui servent à tester les hypothèses scientifiques ne sont pas en général, et ne devraient d'ailleurs pas être de nature auto-psychologique ; ils consisteraient plutôt en des propositions objectives, c'est-à-dire intersubjectivement décidables ; la décidabilité en question ayant trait, non pas à la valeur de vérité d'une assertion quelconque, mais à la possibilité pour plusieurs sujets d'arriver à un consensus concernant un jugement dit factuel. Vu leur référence à des objets transcendants et donc accessibles exclusivement par médiation théorique, de tels énoncés de base ne sont pas vérifiables ; leur acceptation provisoire résulte de conventions régies par des procédures bien définies. Celles-ci n'ont en elles-mêmes rien à voir avec la vérité des énoncés en question ; ce qui nous donne le droit de qualifier la conception poppérienne de *thèse conventionnaliste* de la base empirique.

John Watkins et moi-même sommes arrivés (indépendamment l'un de l'autre) à la conclusion que la thèse conventionnaliste est erronée et que les rapports auto-psychologiques devraient, du moins en principe, être explicables au moyen d'hypothèses scientifiques. Les propositions de niveau 0 ont donc un rôle important à jouer dans la méthodologie des sciences, tout autant physiques que morales. Nous avons dit : « indépendamment l'un de l'autre » non pas pour éviter une querelle de priorité, indigne et de toute façon très improbable ; mais pour indiquer que nos conclusions furent, dans une très large mesure, déterminées par des problèmes intrinsèques à la méthodologie poppérienne. De toute manière, il subsiste une différence fondamentale entre nos deux positions. Selon John Watkins, seules les propositions de niveau 1, c'est-à-dire celles décrivant des états de choses singuliers et objectifs, peuvent servir de tests aux hypothèses physiques; les énoncés de niveau 0 étant restreints aux domaines de la psychologie et de la psychobiologie. Les rapports auto-psychologiques n'appartiendraient donc pas en propre au domaine des sciences physiques; celles-ci pourraient cependant y faire appel, comme dernier recours, dans les cas litigieux.

Nous mettrons et avons d'ailleurs déjà mis en avant un point de vue beaucoup plus risqué que celui de John Watkins, à savoir que seules des propositions strictement immanentes peuvent en droit soit infirmer soit corroborer une hypothèse scientifique, quelle qu'elle soit (cf. Appendice II). Au départ, nous jouerons l'avocat du diable, en l'occurrence celui de Popper, en montrant que celui-ci avait des raisons solides de vouloir rejeter les énoncés de niveau 0 comme éléments de la base empirique. L'argument de Popper comporte les étapes [*A*] – [*E*] suivantes :

[A] Les propositions immanentes ne sont indubitables, ou plutôt incorrigibles, que dans un sens purement psychologique : nous sommes psychologiquement incapables de les révoquer en doute. Nous savons néanmoins fort bien que les sentiments de conviction, quelque profonds qu'ils puissent être, peuvent facilement nous fourvoyer; ils ne garantissent ni même ne probabilisent leurs objets.

> Encore une fois, j'admets que la décision d'accepter un énoncé de base et de s'en déclarer satisfait est causalement lié à notre expérience, spécialement à nos *expériences perceptives*. Mais nous ne tentons pas de *justifier* les énoncés de base au moyen de ces expériences. L'expérience *peut motiver une décision*, et donc l'acceptation ou le rejet d'une proposition, mais un énoncé de base ne peut pas être *justifié* par l'expérience – pas plus que par un coup de poing donné sur la table. (*L.D.S.*, p. 105)

[B] Les rapports auto-psychologiques souffrent du désavantage supplémentaire d'être de nature privée, c'est-à-dire d'appartenir à une seule personne; leur véracité n'est jamais sérieusement mise à l'épreuve puisqu'ils ne peuvent pas être soumis à des tests répétés. Aucun consensus touchant leur valeur de vérité ou leur acceptabilité ne peut en conséquence être réalisé.

[C] La psychologie est une science empirique qui examine – entre autres – les sentiments de certitude éprouvés vis-à-vis de certaines assertions; elle distingue les cas où ces sentiments nous induisent en erreur de ceux où ils sont plus ou moins justifiés. Tester les hypothèses psychologiques au moyen d'énoncés soutenus par des sentiments de conviction nous ferait tomber dans un cercle vicieux, puisque nous serions alors obligés de nous fier à des expériences évidentielles jugées fiables par la théorie mise à l'épreuve; mais il se peut que celle-ci soit testée précisément parce qu'elle est douteuse.

[D] Il est donc préférable de choisir, comme éléments de la base empirique, des propositions intersubjectivement testables; celles-ci devront être singulières et ne faire référence qu'à des entités publiquement observables: plus particulièrement à des objets physiques pouvant être inspectés, à des instants différents, par plusieurs expérimentateurs. Ces objets sont transcendants en ce qu'ils se situent en dehors de la conscience; et leur saisie présuppose certaines hypothèses invérifiables. Les énoncés de base seront ainsi doublement faillibles: d'une part, ils feront référence à des objets qui pourraient ou ne pas exister ou posséder des qualités différentes de celles présumées par l'observateur; car ce dernier les perçoit, pour ainsi dire, de l'extérieur. D'autre part, ces énoncés seront imprégnés de théories dans un sens qui sera expliqué ci-dessous. Pour le moment, il suffit de dire que toute proposition objective enveloppe des hypothèses universelles, et donc conjecturales; par conséquent, leur valeur de vérité ne peut pas être déterminée avec certitude.

[E] L'acceptation d'un énoncé de base *b* constitue donc une décision reposant sur une convention. Celle-ci n'est cependant pas arbitraire puisqu'elle se fonde sur un consensus et qu'elle tient compte des intuitions de plusieurs expérimentateurs. Selon Popper, nous devrions conclure à l'existence d'un consensus dès qu'il y a convergence entre les sentiments de certitude vécus par plusieurs observateurs à l'égard de *b*. Il ajoute que *b* est empiriquement vérifiable et falsifiable, c'est-à-dire décidable. Mais il ressort clairement du contexte que ces termes n'ont rien à voir avec la valeur de vérité de *b*; ils pourraient tout aussi bien être respectivement remplacés par « acceptable » et « rejetable ». Quant au caractère non arbitraire des conventions adoptées vis-à-vis de la base empirique, il a trait non pas aux conditions de vérité de certaines propositions, mais à l'uniformité de certaines procédures. Celles-ci comportent des éléments psychologiques très importants. Rappelons que les sentiments de conviction des expérimentateurs y jouent un rôle essentiel.

Pour cette raison, le consensus fonde le caractère objectif – c'est-à-dire intersubjectif – de *b* et non pas sa correspondance avec un état de fait qui serait directement constaté.

Remarquons que le point de vue de Popper ressemble de très près à celui de Neurath selon lequel les énoncés protocolaires peuvent être admis dans une liste, ou en être rayés, pourvu que la cohérence de tout un système soit préservée.

CHAPITRE VI

LA STRUCTURE DE L'ARGUMENT POPPÉRIEN

Dans ce qui suit, la clause [A] sera dénommée *Conception psychologiste des énoncés de niveau* 0, ou, plus brièvement, *Thèse psychologiste*. Celle-ci forme la clé de voûte de la position conventionnaliste concernant la base empirique telle qu'adoptée par Popper et par d'autres « réalistes ». Nous verrons en effet que les clauses [B] – [E] découlent logiquement de la proposition [A] prise en conjonction avec des principes obvies. Nous reporterons notre discussion de la thèse psychologiste aux sections ultérieures, nous contentant pour le moment d'examiner la façon dont [A] implique [B] – [E].

Rappelons que selon [A], les rapports auto-psychologiques ne sont soutenus que par un sentiment subjectif de conviction à leur égard.

[B] est une proposition tout à fait banale : par définition, un énoncé immanent n'appartient en propre qu'à l'individu qui l'accepte, et il n'est *assurément* reconnu comme vrai qu'au moment où son auteur l'affirme. Dès qu'un observateur compte sur sa mémoire, ne serait-ce que pour décrire ses états d'âme passés, il peut facilement se tromper puisqu'il a alors affaire à des événements inaccessibles à sa conscience immédiate ; en d'autres termes, il ferait alors référence à des entités aussi transcendantes que le sont, par exemple, les particules physiques. Ayant admis que les propositions immanentes, n'étant soutenues que par une simple intuition de certitude, sont faillibles, nous devons alors nous mettre en quête d'autres sortes d'énoncés de base; ceci dans la mesure où nous voulons que nos hypothèses puissent être soumises à des épreuves sévères.

[A] entraîne aussi [C]. La psychologie s'occupe en effet des sentiments évidents ; et elle serait certainement confrontée à un problème de circularité vicieuse si elle décidait de fonder sa méthodologie sur des énoncés garantis exclusivement par de tels sentiments.

Finalement [D] est aussi une conséquence – indirecte – de la thèse psychologiste. Trivialement, toute proposition est soit transcendante soit immanente ; où, répétons-le, « transcendant » signifie : référant à au moins une entité extérieure à nos opérations mentales. Si les propositions immanentes s'avéraient inappropriées au rôle de falsificateurs potentiels des théories scientifiques, nous serions obligés de recourir à des énoncés faisant référence au monde extérieur, c'est-à-dire à des propositions transcendantes.

CHAPITRE VII

EN QUEL SENS LES ÉNONCÉS OBSERVATIONNELS SONT-ILS THÉORIQUEMENT DÉPENDANTS ?

Duhem fut l'un des premiers épistémologues à souligner la dépendance théorique de tous les énoncés scientifiques, qu'il distingua rigoureusement des propositions singulières issues du sens commun.

> Une expérience de physique est l'observation précise d'un groupe de phénomènes; cette interprétation substitue aux données concrètes réellement recueillies par l'observation des représentations abstraites et symboliques qui leur correspondent en vertu des théories admises par l'observateur. [...] Il n'est pas exact que ces mots : « le courant passe » soient une simple manière conventionnelle d'exprimer ce fait : le barreau aimanté de tel galvanomètre est dévié. [...] Cet assemblage de mots n'exprime donc pas, en un langage technique et conventionnel, un certain fait concret; formule symbolique, il n'a aucun sens pour celui qui ignore les théories physiques; mais pour celui qui connaît ces théories, il peut se traduire en faits concrets d'une infinité de manières différentes, *parce que tous ces faits disparates admettent la même interprétation théorique.* [...] Entre les phénomènes réellement constatés au cours d'une expérience et le résultat de cette expérience, formulée par le physicien, s'intercale une élaboration intellectuelle très complexe qui, à un récit de faits concrets, substitue un jugement abstrait et symbolique. (*Théorie Physique,* chap. 4, Seconde partie, p. 221, 222, 226, 227, 230)

Ce long passage a été cité pour deux raisons. Il nous donne, premièrement, une vue synoptique de la position de Duhem au sujet des propositions factuelles de la science. Deuxièmement, il suggère deux notions bien différentes, pour ne pas dire inconciliables, de la dépendance théorique :

l'une est logique et donc objective, l'autre psychologique. Nous reviendrons sur ce point ci-dessous.

Rappelons que selon Duhem, les assertions concrètes du sens commun, par exemple : « Il y a un cheval blanc dans la rue », peuvent être indubitablement reconnues comme vraies ou comme fausses. De tels énoncés n'appartiennent cependant pas à la science proprement dite. Quant aux descriptions des faits scientifiques, elle sont précises, symboliques et théoriquement dépendantes. Duhem donne parfois l'impression de considérer ces propositions comme n'ayant pas de valeurs de vérité bien définies; d'autres fois, que celles-ci, bien qu'existantes, ne peuvent pas être effectivement déterminées. De toute façon, la précision croît aux dépens de la certitude; et le sens commun est séparé de la science par une coupure épistémologique (Cf. Appendice I).

Popper partage, en gros, la conception duhémienne de la base empirique; mais il souligne – à juste titre – la continuité entre la science et le sens commun, donc aussi la faillibilité de ces deux modes de connaissance. Dans la mesure où le mot « cheval » reçoit un sens transcendant, les propositions : « Il y a un cheval blanc dans la rue » et « Je vois un cheval blanc dans la rue » peuvent toutes deux être fausses; il se peut, après tout, que j'hallucine. Même si ma perception était véridique, « cheval » n'en serait pas moins un concept imprégné de théorie et présupposant l'existence d'espèces animales.

Revenons donc au concept de dépendance théorique qui, ayant été récemment suremployé en épistémologie, a besoin d'être élucidé. Comme nous l'avons déjà indiqué, la dépendance théorique est souvent tenue pour la notion selon laquelle les termes observationnels possèdent des *significations* imprégnées d'*hypothèses* scientifiques. Nous trouvons ce point de vue peu convaincant. Par définition, un système scientifique entraîne des conséquences empiriquement décidables; il doit donc comporter des concepts observationnels, que ceux-ci soient primitifs ou verbalement définis. D'après la sémantique tarskienne, la valeur de vérité du système se fonde sur le sens, ou plutôt sur les référents, de son vocabulaire primitif; et *non pas l'inverse*. La signification d'un terme observationnel peut donc difficilement présupposer la vérité d'une prémisse, quelle qu'elle soit. Dire du sens d'un terme quelconque qu'il dépend d'une hypothèse, c'est mettre la charrue devant les bœufs.

Ces considérations nous font déjà entrevoir la solution qui sera exposée dans cette section : à savoir que la dépendance théorique consiste en deux thèses distinctes, mais souvent confondues :

a) un principe logique selon lequel les termes dits observationnels seraient en fait des descriptions définies contenant des propositions universelles ;

b) une théorie psycho-cognitive d'après laquelle l'observation, en tant que processus psychique, dépendrait non pas directement d'une hypothèse, mais du fait que nous faisons inévitablement des suppositions théoriques.

Commençons par l'aspect logique. La phrase « le courant passe » a l'air d'une proposition singulière parce que « le courant » est instinctivement pris pour un nom propre ; alors qu'il s'agit en réalité d'une description définie enveloppant une théorie électrique de haut niveau. « Le courant » pourrait par exemple signifier *ce* mouvement d'électrons dans *cette* région soumise à un champ électromagnétique. De même, dans l'exemple favori de Popper : « Voici un verre d'eau », le mot « eau » pourrait représenter l'expression : cette substance résultant de la combinaison, due à des force cohésives, de deux atomes d'hydrogène et d'un atome d'oxygène. Les énoncés de base auraient donc la forme $P(\iota z H(z, \underline{x}_0))$, où P est un prédicat empirique, $\underline{x}_0$ désigne une location spatio-temporelle, et $H(z, \underline{x})$ est une formule contenant des théories de haut niveau.

Tout en possédant une syntaxe superficiellement singulière, les énoncés de base auraient donc, en profondeur, une structure théorique ; ils seraient, dans un sens objectif et précis, imprégnés de théorie et donc faillibles. Notons que, pour pouvoir affirmer $P(\iota z H(z, \underline{x}_0))$ avec certitude, il nous faudrait vérifier la proposition équivalente :

$$(\exists z)\,[H(z, \underline{x}_0) \wedge (\forall y)(H(y, \underline{x}_0) \rightarrow (y = z)) \wedge P(z)]$$

ce qui, vu la nature conjecturale de $H(z, \underline{x}_0)$ et l'occurrence dans la formule ci-dessus de quantificateurs universels, est évidemment impossible. Popper a bien vu la nécessité d'admettre que de tels énoncés constituent des hypothèses universelles, bien que « de niveau assez bas », c'est-à-dire modeste. S'ils soulèvent des doutes, leur structure théorique leur permettrait d'être soumis à de nouveaux tests ; nous pourrions les adjoindre à d'autres hypothèses pour en tirer des conséquences moins problématiques, c'est-à-dire concernant lesquelles les expérimentateurs pourraient plus facilement se mettre d'accord.

Afin d'échapper au psychologisme, Popper donne donc dans un sociologisme excessif. Même le qualificatif « bas » dans « niveau assez bas » est de peu de conséquence logique : dans les exemples ci-dessus, il n'est pas du tout évident que les hypothèses impliquées dans les énoncés dits de base soient d'un niveau plus modeste que celui des théories supposées être mises à l'épreuve. C'est précisément pour cette raison que nous devons marquer un désaccord avec John Watkins, lorsque celui-ci soutient que les propositions de niveau 1 doivent servir de tests pour les théories physiques : les énoncés mentionnés ci-dessus nous semblent intuitivement appartenir à un niveau beaucoup plus élevé que l'unité. Dans ces conditions, nous ferions donc face à un conflit purement logique entre deux hypothèses dont les niveaux sont comparables : un prétendu énoncé de base et une théorie qui est censée être testée; et c'est seulement notre attitude, donc un fait purement psychologique, qui déterminerait laquelle joue le rôle de falsificateur. Il nous semble qu'en *épistémologie* il n'existe qu'une seule démarcation légitime; à savoir celle séparant les énoncés auto-psychologiques de tous les autres, c'est-à-dire de toutes les propositions transcendantes.

Tournons-nous maintenant vers la thèse psychologique (b). Elle nous dit que toute observation dépend, dans une large mesure, des théories envisagées par l'expérimentateur. Celui-ci passe directement de certaines perceptions, dont il ne saisit pas consciemment tous les détails, à une description des causes présumées de ses vécus. Les aspects d'un objet perçu par un observateur dépendront des préjugés théoriques de celui-ci. Schopenhauer avait déjà soutenu – avec raison – que les animaux usent instinctivement du principe de causalité pour parer aux dangers qui les menacent. Il aurait dû ajouter que pour les animaux, les causes immédiatement infèrées sont toujours les mêmes dans les mêmes circonstances; alors que les êtres humains disposent d'un intellect plus souple, donc plus adaptable à l'environnement. Remarquons en outre que même si nous tenions, avec Mach, les éléments de sensation pour les objets véritables de nos perceptions, ces entités immanentes seraient loin d'être passivement appréhendées : chacune possède un aspect central sur lequel notre attention se focalise en fonction de certaines idées préconçues.

Par conséquent, l'attention et ce sur quoi elle est braquée varient avec nos croyances et, plus généralement, avec l'état de nos connaissances. En d'autres termes, les éléments de sensation – censés pourtant être tout à fait passifs – sont structurés par les actes de conscience qui les intentionnent.

Dans la citation ci-dessus, Duhem parle du savant *interprétant* ses expériences à la lumière d'une théorie. « Interprétation » nous semble être une appellation incorrecte ou plutôt inadéquate. Nous *n'interprétons pas* nos impressions sensibles; nous en *inférons immédiatement* ce que nous présumons être leurs *causes*, celles-ci étant dépendantes de nos prédispositions et de nos connaissances d'arrière-plan. Donnons quelques exemples. Michelson soutint avoir détecté un entraînement de l'éther. Il prit comme allant de soi que la lumière, étant un phénomène ondulatoire, présupposait un éther comme milieu porteur. Il ne lui restait alors que deux conclusions possibles : ou la Terre entraînait un tel un milieu dans son mouvement, ou il y avait glissement entre ces deux substances. Michelson ne pouvait donc « interpréter » ses résultats négatifs que comme étant dus à l'entraînement de l'éther. De nos jours, nous avons de très bonnes raisons de croire à l'inexistence d'un tel milieu. Par conséquent : Michelson ne pouvait pas observer un éther inexistant qui participerait au mouvement de la Terre. Étant donc faux, ses résultats expérimentaux paraissent confirmer la thèse de Duhem-Popper concernant la faillibilité des énoncés de base.

La découverte par Galilée des satellites de Jupiter illustre, elle aussi, la dépendance théorique des propositions factuelles. Dans sa pièce *La Vie de Galilée*, Bertolt Brecht falsifie un peu l'histoire des sciences. Lorsqu'on leur demanda de constater, au moyen d'un télescope, l'existence des satellites, les adversaires de Galilée auraient – selon Brecht – refusé d'effectuer cette expérience pourtant bien simple ; ils auraient décidé a priori que des objets tels que les lunes de Jupiter ne pouvaient pas exister. Cette histoire est probablement apocryphe ; mais même si les ennemis de Galilée avaient regardé à travers son télescope, ils auraient bien pu ne pas accepter ses conclusions ; leurs attentes théoriques les auraient peut-être empêchés soit de remarquer certains points lumineux soit de les « interpréter » à la manière de Galilée. En d'autres termes : il auraient avancé une tout autre explication causale des phénomènes ; ils auraient pu soutenir, avec quelque vraisemblance, que les points lumineux émanaient non pas de corps célestes jusqu'alors insoupçonnés, mais du télescope lui-même. Notons que Galilée avait ses propres préjugés, coperniciens bien sûr : vu son adhésion préalable au polycentrisme copernicien, il était prêt à conclure immédiatement à l'existence des satellites de Jupiter.

Des croyances théoriques différentes peuvent donc donner naissance à des énoncés transcendants qui, bien que présumés factuels, sont en fait inconciliables. Ne pourrions-nous pourtant pas maintenir que les « interprétations », c'est-à-dire les explications causales des *mêmes faits*, bien que différentes, partagent *un même noyau perceptif*, et ce indépendamment de toute attente théorique ?

Pour parer à ces objections bien connues, remarquons qu'au cours de ce débat, nous avons déjà renoncé à toute référence directe à des objets physiques pour nous rapprocher d'une description plus phénoménologique de nos expériences. Mais nous n'arriverons tout de même pas à établir une identité de contenu perceptif dans les exemples mentionnés ci-dessus. Nous avons déjà noté que l'attention et son point de mire sont conditionnés par nos idées préconçues. Sur la radiographie d'un poumon, un médecin remarque des détails qui échappent au profane. Celui-ci pourrait – tout au plus – reconnaître le contour des côtes sur un fond fait de différentes nuances de gris, alors que l'attention du spécialiste est attirée par une zone d'ombre indiquant la présence d'une tumeur ou de bactéries pathogènes. Même si nous nous en tenions à un langage purement phénoménologique, nous devons admettre que ces deux observateurs visent des objets intentionnels différents. Le médecin focalise une lésion qui constituera pour lui, et pour lui seul, la partie centrale de l'image mentale. Dans la mesure où le centre d'attention forme un aspect essentiel d'une entité intentionnelle, les deux ensembles d'éléments de sensations, celui du spécialiste et celui du profane, sont loin d'être identiques. Quant aux objets « réels » inférés comme causes des apparences, à savoir le poumon malade par opposition au poumon supposé sain, ils sont à l'opposé l'un de l'autre.

En bref : dans tous les cas de figure examinés ci-dessus, nous parlons de la dépendance directe d'un énoncé observationnel du contenu objectif d'une théorie ; alors qu'il s'agit en réalité d'une dépendance des *croyances* et, plus généralement, de *l'état d'esprit* d'un observateur. Cette remarque a l'air pédant, pour ne pas dire tout à fait banal ; mais elle sert à souligner le rôle essentiel que jouent les hypothèses psychologiques dans la déduction des énoncés de base ; ce qui place les sciences physiques dans la même catégorie que les sciences sociales. Celles-ci ont toujours su que la prévision de certains phénomènes dépend des connaissances du sujet, et plus particulièrement de celle de l'hypothèse censée être mise à l'épreuve. Il en va de même pour les sciences physiques.

Des conséquences méthodologiques très importantes découlent d'une telle dépendance théorique ; conséquences qui apportent de l'eau à mon moulin phénoménologique. Nous venons de voir que *l'assertion* de Michelson : *il y a (en un point de la Terre) un entraînement de l'éther*, est fausse. Cette proposition fut pourtant regardée comme ayant réfuté la physique classique. Nous avons donc là un conflit entre deux propositions dont nous savons, non seulement qu'elles sont faillibles, mais qu'elles sont très probablement toutes deux fausses. Il n'y aurait donc eu aucune raison valable pour que nous rejetions la science classique plutôt que l'affirmation de Michelson. En d'autres termes : par pur accident, nous avons eu la chance de nier une hypothèse incorrecte ; mais notre méthode n'était nullement rationnelle. Elle le devient beaucoup plus dès lors que nous considérons ce qu'aurait dû être l'affirmation, plus prudente parce que strictement phénoménologique, de Michelson ; à savoir : *il me semble* avoir observé un entraînement de l'éther par le mouvement terrestre. Cette proposition reste vraie, au sens absolu du terme. Mais pour déduire de tels énoncés – ou leurs négations, à partir de l'électrodynamique classique, il nous faudrait adjoindre à celle-ci des hypothèses auxiliaires, y compris certaines concernant les croyances et l'état psychique de l'expérimentateur. De cette manière, nous obtenons, comme prémisses, un système théorique augmenté et renforcé dont les composantes sont en conséquence moins susceptibles d'une réfutation directe. Ce système comprendra non seulement le noyau théorique qu'il nous importe de tester, mais toute une panoplie d'hypothèses psychologiques et psycho-physiques. Comme nous l'avons déjà dit, nous devons aussi invoquer des conditions aux limites contenant une description de l'état d'esprit de l'observateur. Inutile de dire que cette procédure accroît la complexité du problème de Duhem-Quine. Mais en retour, nous pouvons savoir, ou plutôt Michelson lui-même aurait su avec certitude, que la conjonction de toutes ses prémisses avait été *falsifiée* par l'éther *lui paraissant* être entraîné par le mouvement terrestre.

CHAPITRE VIII

CONSÉQUENCES DE [B] – [E] POUR LA CONCEPTION OBJECTIVISTE DE LA BASE EMPIRIQUE

Dans les derniers paragraphes, nous avons un peu anticipé sur des résultats que nous nous proposons, par la suite, de justifier. Revenons maintenant à la proposition objectiviste, plus particulièrement à celle de Popper, qui devient cohérente dès que l'on accepte la thèse psychologiste [A]. Nous venons en effet de voir que [A] entraîne [B], [C] et [D]. Quant à [E], elle ne fait qu'exprimer une stipulation ; à savoir celle que l'acceptation des énoncés de base doit résulter d'un consensus parmi des expérimentateurs qualifiés.

En tant que simple *stipulation*, [E] ne peut pas logiquement découler d'une proposition telle que [A]. Celle-ci pourrait néanmoins fournir un « *rationale* » pour l'adoption de [E].

Montrons maintenant que [B] – [D] entraînent des conséquences très graves pour la position poppérienne qui s'en trouve transformée en un scepticisme intégral. Dans toute cette section – à moins que nous ne disions le contraire – la thèse psychologiste sera présupposée, c'est-à-dire implicitement admise comme hypothèse de travail. Les énoncés de base, ou falsificateurs potentiels, seront tenus pour des propositions imprégnées de théorie ; et ce dans les deux sens, logique et psychologique, expliqués ci-dessus. Les falsificateurs potentiels sont donc falsifiables à ce double titre ; et ils ne seront acceptés qu'à la suite d'un consensus entre différents observateurs. Les énoncés de base sont en conséquence traités – ne fut-ce que provisoirement – comme des dogmes. Selon Popper, ces dogmes ne représenteraient néanmoins aucun danger puisqu'ils restent révisables. Mais lorsqu'on y regarde de plus près, on se rend compte qu'une telle révision signifie que l'énoncé de base en question, c'est-à-dire celui qui a été antérieurement accepté, pris conjointement avec une autre hypothèse, peut être rejeté à la suite d'un nouvel accord à propos d'une autre assertion. Aucune considération d'ordre épistémologique n'entre en jeu dans ce processus, qui pourrait être répété indéfiniment; c'est-à-dire que celui-ci ne fait intervenir aucune considération reliant la valeur de vérité de l'énoncé à l'acte d'observation ou à la concordance des points de vue concernant l'énoncé.

A en croire Popper, son empirisme ne diffère du conventionnalisme traditionnel qu'au sujet du type de proposition que ces deux philosophies se déclarent prêtes à accepter par convention : les conventionnalistes tiennent aux hypothèses de haut niveau, alors que Popper accorde une priorité méthodologique aux falsificateurs potentiels des théories. A part le fait que Duhem était conventionnaliste dans les deux sens du terme, cette remarque de Popper fournit une typologie, mais non pas une raison de préférer la position poppérienne à ses rivales. En fait, la conception poppérienne de la base empirique risque d'abolir l'asymétrie entre la vérification et la réfutation. Tout ce que nous serions en droit d'affirmer, c'est qu'une proposition appelée « théorie H » en confronte une autre qualifiée d'énoncé de base. Malgré ces étiquettes, tout ce que nous sommes en mesure d'asserter avec certitude, c'est que H et B sont logiquement inconciliables; c'est-à-dire $\neg(H \wedge B)$. La relation entre H et B est donc tout à fait symétrique. Popper maintient, nous venons de le voir, que B est une hypothèse de bas niveau; mais ce qualificatif ne nous aide en rien. Comme $H \Rightarrow \neg B$ et $B \Rightarrow \neg H$, les niveaux logiques de H et de B ne sont pas comparables, sauf dans un sens intuitif, voire imprécis. Ce qui est plus grave encore : rien dans l'analyse poppérienne – ni dans les exemples cités plus haut – ne nous permet de prétendre que les hypothèses dont B est imprégnée soient moins audacieuses que ne l'est H, et pourtant, nous regardons H et non pas B comme étant mise à l'épreuve. Tout ce que nous pouvons affirmer, sans justification et même sans raison aucune, c'est qu'au cours des quatre siècles derniers, la science a poursuivi une stratégie résolument empiriste; c'est-à-dire que les scientifiques sont arrivés à un consensus concernant des énoncés de la même forme que B plutôt que des propositions ressemblant à H; et ce sans être à même de démarquer rigoureusement la forme de B de celle de H. Pire encore : nous ne sommes même pas en mesure d'expliquer pourquoi cette stratégie a rendu possible de spectaculaires percées technologiques. Ces réussites sont supposées dépendre de la vérité approximative de certaines conséquences de nos hypothèses successives; mais la notion de vérité n'a jusqu'ici joué aucun rôle dans nos directives méthodologiques. Les progrès technologiques deviennent une suite de miracles inexplicables. La conception objectiviste de la base empirique aboutit à un scepticisme total touchant toutes les branches de la connaissance, à l'exception de la logique et des mathématiques; et nous ne pouvons faire de *H* qu'une critique qui, étant qualifiée de transcendante dans *Die beiden Grundprobleme der Erkenntnistheorie*, devrait être rejetée, car *H* est simplement confrontée à une autre supposition théorique *B* logiquement incompatible avec *H*. Des considérations douteuses d'intelligibilité intrinsèque mises à part, rien ne fait pencher la balance du côté de *B* plutôt que de *H*.

Nous savons que l'attitude faillibiliste vis-à-vis de la base empirique fournit à Feyerabend son argument le plus probant en faveur de l'anarchisme épistémologique. Comme il le dit dans *Against Method:* si l'hypothèse galiléenne n'est soutenue que par des résultats empiriques galiléens, tandis que l'aristotélisme repose sur des observations de nature aristotélicienne, alors Galilée ne pouvait gagner qu'une simple guerre de propagande contre les partisans du Stagirite. Les rapports observationnels de l'une des deux écoles rivales n'auraient pas été acceptés par l'autre, puisque toute expérience serait dépendante du paradigme sous-jacent. Il s'ensuit que pourvu qu'il soit défendu par une rhétorique persuasive, tout point de vue devient admissible; en d'autres termes: *anything goes*.

Rappelons que selon Popper, une conception phénoménologique des énoncés de base nous mènerait tout droit au psychologisme; mais du même coup, Popper se trouve obligé d'admettre le caractère sociologique de son attitude conventionnaliste. Sa conception de l'objectivité repose, nous l'avons vu, sur les deux notions de consensus et de répétabilité. Mais ne s'ensuivrait-il pas que des récits de rêves cesseraient alors de servir de tests pour les théories psychologiques?

Le rêve est un phénomène intrinsèquement subjectif; et sa répétition, même dans le cas d'une seule personne, pose des problèmes, à notre sens insolubles. Certains aspects d'un rêve peuvent sans doute se reproduire; mais on peut difficilement parler d'une répétition, au sens où une expérience peut être intégralement refaite d'une manière contrôlée. Quant à la condition d'intersubjectivité, on n'arrive même pas à concevoir comment un processus purement subjectif pourrait y être soumis. Par exemple : dans un laboratoire, plusieurs techniciens peuvent observer les mêmes cellules et tirer les mêmes conclusions à leurs sujet; mais il serait absurde de demander à ces mêmes techniciens d'observer – c'est à dire de vivre – exactement le même rêve. Popper ne voudrait pourtant pas dénier a priori le statut de science empirique à la psychologie !

Il existe une autre objection à la thèse conventionaliste, mentionnée par Popper lui-même; à savoir l'exemple d'un individu isolé, un Robinson Crusoë, qui émettrait des hypothèses dans le but de s'en servir pour survivre. La condition d'intersubjectivité ne pouvant, dans ce cas, être remplie, nous en venons à nous demander si Robinson fait ou non de la science. Popper concède qu'on devrait peut-être, dans ce cas bien particulier, identifier intersubjectivité et répétition, ou plutôt intersubjectivité et répétabilité par le même individu. Il ajoute cependant que le problème resterait mal posé si l'on considérait la science comme se réduisant à une suite d'hypothèses. Cela serait inadmissible : la science se caractérise non seulement par les lois qu'elle émet mais aussi par sa méthode qui présupposerait un contexte social. Or Robinson n'appliquerait pas les mêmes méthodes que nous ; sa science ne serait donc pas la nôtre parce qu'il n'emploierait pas la même notion d'objectivité que nous. Mais là est tout le problème : si nous faisons de l'intersubjectivité une partie intégrante de la méthode scientifique – comme le voudraient les conséquences [B] – [E] de la thèse psychologiste – alors Robinson ne peut plus, par définition, faire de science. Cette conclusion nous paraît intuitivement inacceptable.

Notons, pour commencer, que Robinson n'a pas besoin d'inventer des hypothèses complexes comparables à celles de la physique moderne ; il pourrait construire des lois empiriques décrivant certaines régularités observées dans son environnement physique. Ayant à user de ses conjectures pour survivre, il les soumettrait implicitement à des épreuves successives ; et nous osons espérer qu'il survivra à tous ces tests. Les découvertes de Robinson et ses succès ne tiendraient donc pas du miracle. Si, par contre, il lui arrivait de périr à la suite de son premier test, son hypothèse devrait de toute façon être qualifiée de scientifique, puisqu'elle aurait été réfutée, l'empêchant malheureusement de répéter l'expérience. Cette conclusion ne cesse pas d'être valable même si le test – que le résultat en soit positif ou négatif – ne peut en principe être effectué qu'une seule fois. Par conséquent, même la possibilité de faire répéter la même expérience par la même personne ne devrait pas être un réquisit de la méthode scientifique. La réfutabilité par un événement unique suffit. Comme son nom l'indique, la science *physique* se définit en fonction du rapport de l'homme à la *nature*. Celle-ci agit sur l'homme par l'intermédiaire de ses sens et de son cerveau, pour atteindre enfin le plan de la conscience. C'est à ce niveau-là que le contact avec la nature se fait, pour ainsi dire, sur le vif ; et c'est pour cela que les scientifiques adoptent instinctivement la conception phénoménologique des énoncés de base. Tant que Robinson met ses théories à l'épreuve et les corrige, puis les emploie pour maîtriser son environnement, il fait de la science empirique. Il est vrai que Robinson ne possède pas une méthode aussi efficace que la nôtre pour éliminer l'erreur : s'il est daltonien, il se peut qu'il périsse là où nous aurions plus de chances de survivre ; mais il se peut aussi qu'il développe une théorie de la fréquence ondulatoire lui permettant de distinguer indirectement toutes les couleurs. Il a besoin de plus de chance que nous, mais nous en avons besoin aussi. Le contexte social représente un moyen supplémentaire de dépister l'erreur, c'est-à-dire d'amenuiser le problème de Duhem-Quine; mais il n'est pas en principe indispensable. La méthodologie devrait, de toute façon, rester neutre par rapport à toutes ces contingences.

Considérons une dernière difficulté découlant de la thèse psychologiste, c'est-à-dire de [A]. Une conséquence de [A], à savoir [C], nous dit que la psychologie serait confrontée à un problème de circularité vicieuse si elle décidait de fonder sa méthodologie sur les sentiments évidentiels des expérimentateurs à l'égard de certains énoncés de base. Cet argument étant valide, il est clair que la sociologie doit faire face à une difficulté analogue vis-à-vis de la thèse conventionnaliste. La sociologie étudie – entre autres – la manière dont certains consensus ont lieu; elle essaie aussi de savoir si ceux-ci sont dus à des facteurs purement idéologiques ou s'ils sont en partie déterminés par des considérations objectives; plus particulièrement, par la croyance à certaines théories scientifiques au cas où le consensus porterait, par exemple, sur la question de l'immobilité de la Terre. La sociologie pourrait en outre s'occuper du problème de savoir dans quelles circonstances différents accords intersubjectifs s'avèrent logiquement conciliables. Mais si l'on en croit Popper, une hypothèse sociologique devrait à son tour être testée au moyen de propositions cautionnées par un consensus. Celui-ci peut bien sûr être déclaré bien fondé par une théorie sociologique; mais cette dernière, son caractère conjectural mis à part, pourrait bien être celle qu'il s'agit justement de tester et qui est donc mise en cause. D'autre part, elle pourrait, de manière paradoxale, impliquer que l'énoncé faisant l'objet du consensus n'est pas fiable. Nous ne pouvons donc, ni dans l'un des cas ni dans l'autre, user de la prétendue proposition factuelle pour réfuter ou pour soutenir l'hypothèse sociologique mise à l'épreuve. Popper était tout à fait conscient de ce paradoxe lorsqu'il écrivit :

> La connaissance est donc possible parce qu'il existe des énoncés de base "non problématiques" (l'analogue des propositions décrivant les éléments de perception qui sont intuitivement certains), c'est-à-dire des énoncés qui n'ont pas besoin d'être testés plus avant, et qui ne devraient pas être mis en question, une fois qu'un accord intersubjectif à leur sujet a été atteint. Nous devons noter, comme un fait méthodologique fondamental, que de telles propositions existent, que nous avons eu de la chance en prenant de telles décisions concernant des propositions expérimentales élémentaires, et qu'à cause d'elles nous ne sommes pas tombés dans des contradictions; un fait dont nous en pouvons naturellement pas savoir qu'il sera vrai toujours, et dans toutes les circonstances. (Pourquoi de telles propositions existent, pourquoi des objections n'ont

> pas été soulevées contre toutes nos décisions, et que celles-ci ne nous ont pas menés à des contradictions; cette question, comme toutes celles concernant la possibilité du savoir, est scientifiquement inadmissible; elle nous conduit à la métaphysique, au réalisme métaphysique et non pas à un réalisme de méthode.) (*D. B. G.*, p. 132)

En dépit de sa cohérence, la position de Popper nous paraît peu convaincante. Pourquoi exclure a priori la possibilité d'une science qui rendrait compte de la concordance entre les savants, par exemple en fonction d'une même constitution biologique et d'un environnement social quasi constant? Nous verrons que la réfutation de la thèse conventionaliste et l'adoption d'une conception phénoménologique de l'observation nous permettent – en principe – d'expliquer à la fois la fréquence des consensus et les sentiments de conviction à propos des faits d'expérience.

Répondant aux critiques d'Alfred Ayer, Popper montre – encore une fois – qu'il est conscient des difficultés confrontant la thèse conventionnaliste. Selon Ayer, nos expériences subjectives constituent non seulement des motifs ou des causes, mais aussi des raisons pour l'acceptation des énoncés observationnels.

> Rien de tout cela n'empêche mon « expérience observationnelle » de me fournir non seulement un motif mais aussi une raison pour accepter l'interprétation que j'en donne. [...] On doit noter qu'en maintenant que l'expérience peut soutenir des énoncés de base, je n'ai pas trouvé nécessaire de reformuler ceux-ci en fonction de propositions ne faisant référence qu'à mon expérience sensible immédiate *[present sense-data]*. La raison n'en est pas que je fasse – en principe – objection à de telles propositions, je ne suis même pas sûr qu'on ne puisse les tenir pour incorrigibles, au sens où elles ne laisseraient de marge qu'à de simples erreurs verbales. Je crois plutôt qu'on n'a pas besoin d'elles, du moins dans le rôle qu'on leur a assigné. (*The Philosophy of Karl Popper*, Schilpp ed., p. 689)

Notre critique principale de l'argument d'Ayer est qu'il refuse tout recours aux proposition de niveau 0. Il prétend que l'expérience confirme directement des énoncés de base transcendants. Mais une assertion se justifie soit directement par l'état de choses qu'elle décrit, soit par l'intermédiaire d'autres propositions dont elle découle logiquement. Les énoncés de base poppériens, décrivant des événements publics, ne peuvent pas avoir pour référents des expériences subjectives qui, de par leur nature, ne correspondent qu'à des rapports de niveau 0; donc qu'à ce que Ayer appelle des *« sense-datum statements »*, c'est-à-dire des descriptions d'éléments de sensations immédiates. De telles propositions seront désormais dénommées « énoncés perceptuels ».

Ayer devrait donc être compris comme soutenant que nos observations vérifient des propositions perceptuelles ; et que ces dernières justifient, à leur tour, certaines « interprétations » de nos expériences, c'est-à-dire des énoncés de base poppériens. Par « justification », Ayer entend quelque chose comme « soutien inductif fort », qui n'équivaut pas exactement à une vérification définitive.

Notons qu'Ayer, tout comme Popper, croit pouvoir faire l'économie des jugements perceptuels.

Vu son anti-inductivisme intégral, Popper aurait pu rejeter les thèses d'Ayer. Mais pour enrayer le scepticisme, il aurait du même coup dû accepter les propositions perceptuelles comme *« explananda »* dans son schème hypothético-déductif. En d'autres termes : Popper aurait dû regarder les descriptions des données perceptives comme des énoncés de base dont les négations seraient déductibles à partir d'un système scientifique renforcé, c'est-à-dire augmenté de prémisses psychologiques et psycho-physiques. Mais au lieu d'adopter ce point de vue compatible à la fois avec son faillibilisme et son anti-inductivisme, Popper choisit de céder aux arguments d'Ayer :

> Néanmoins, la plupart des organismes agissent en fonction d'interprétations de l'information reçue de leur environnement ; et le fait qu'ils ont survécu pendant de longues périodes montre que cet appareil fonctionne souvent d'une manière appropriée. Mais il est loin d'être parfait... Nos expériences ne sont pas seulement des motifs pour l'acceptation ou le rejet d'un énoncé observationnel, mais elles peuvent aussi être décrites comme des raisons, qui ne sont pourtant pas décisives. Elles constituent des raisons en vertu du caractère généralement fiable de nos observations ; elles ne sont pas décisives à cause de notre faillibilité. (*The Philosophy of Karl Popper*, Schilpp. ed., p. 1112-1114)

L'adhésion de Popper à la thèse d'Ayer selon laquelle l'observation nous fournit des raisons – non concluantes – pour l'acceptation des énoncés de base semble donc reposer sur l'argument suivant. Des états de faits transcendants donnent naissance à certaines expériences perceptives ; celles-ci peuvent à leur tour nous amener – causalement – à tenir certains énoncés pour vrais. Ces derniers ne réfèrent néanmoins pas aux expériences elles-mêmes, mais à leurs causes extérieures. Jusqu'ici nous n'avons eu affaire qu'à une chaîne purement causale : nous avons simplement réagi face à des processus ayant lieu dans un monde extérieur, auquel nous devons nous adapter rapidement pour survivre. C'est ici que l'argument de Popper prend soudain une tournure à la fois cognitive et darwinienne : dans beaucoup de cas, en vertu de la sélection naturelle, nos énoncés de base refléteraient, ne serait-ce qu'approximativement, leurs causes transcendantes; celles-ci constituent alors de véritables référents, c'est-à-dire des objets adéquatement décrits par les énoncés en question. Sinon, notre espèce n'aurait pas survécu assez longtemps pour que nous puissions en débattre aujourd'hui. Comme Ayer, Popper essaie d'éviter tout recours aux rapports auto-psychologiques; mais ce, aux dépens à la fois de son anti-inductivisme et de son anti-naturalisme. Entendons-nous : ce que dit Popper n'est pas faux mais, présupposant le darwinisme et étant en conséquence circulaire, son raisonnement ne constitue pas un *argument* en faveur de la fiabilité de la base empirique. Le darwinisme n'est crédible que parce que certains de ses aspects les plus marquants ont été fortement confirmés par les progrès de tout un programme de recherche; mais ce, seulement dans la mesure où la vérification des propositions factuelles soutenant la théorie darwinienne ne serait pas à son tour cautionnée par le darwinisme. Affirmer le contraire, ce serait tomber dans le genre de naturalisme admis, d'ailleurs honnêtement, par Quine. Dès le départ, celui-ci accepte la science moderne, donc aussi les énoncés de base reposant sur celle-ci. Par contre, dans *Die beiden Grundprobleme*, Popper insiste sur la nécessité d'éviter toute circularité. D'accord avec Leonard Nelson, il déclare qu'une *théorie* de la connaissance, conçue comme un système de propositions possédant des valeurs de vérité, est impossible; celle-ci nous ferait tomber soit dans un cercle vicieux, soit dans une régression à l'infini. Et en fait : accepter le darwinisme *comme vrai* pour montrer ensuite qu'il peut être soutenu par les faits ne servirait, tout au plus, qu'à établir la cohérence de cette théorie; ce qui est vraiment peu de chose. C'est pour cela que Popper a probablement voulu présenter sa méthodologie comme une suite de décisions plutôt que de principes ayant des valeurs de vérité; car aucune proposition synthétique transcendante ne peut être invoquée avant que ne soit fixée une méthodologie permettant de l'évaluer. En effet, tout argument en faveur d'une telle proposition ferait intervenir des principes cautionnés par une méthodologie prédonnée.

Les propositions de Popper, d'Ayer et de Quine peuvent être comparées au moyen du schème suivant :

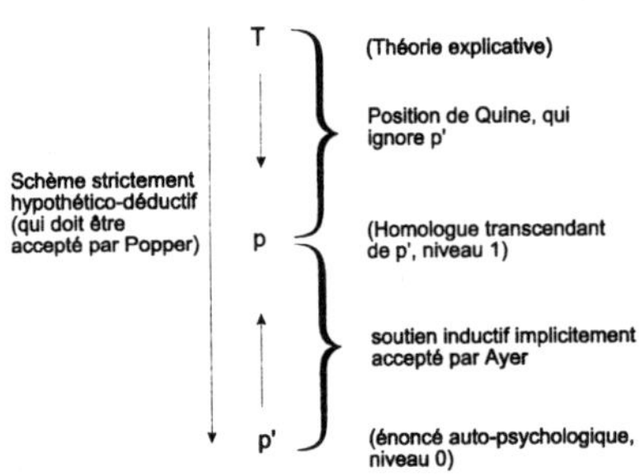

Quine, en naturaliste honnête, accepte la science T, et donc *p* aussi, tout en courant le risque de tomber dans une circularité vicieuse. Il élimine sciemment toute référence à *p*'. Ayer maintient que l'expérience perceptive confirme *p* inductivement; mais il croit pouvoir se passer de *p*'. Popper semble être d'accord avec Ayer; mais comme il est anti-subjectiviste, anti-inductiviste et aussi anti-naturaliste, on ne voit pas comment il pourrait, en droit, considérer *p* comme étant – *grosso modo* – fiable. Popper présuppose le darwinisme pour conclure que *p* peut corroborer ou, le cas échéant, réfuter T. Mais comment peut-on corroborer le darwinisme lui-même sans le présupposer?

Popper et Ayer avancent donc des thèses viciées par leur refus de tenir compte du statut épistémologique spécial des rapports auto-psychologiques. Ceux-ci ne se basent pas sur la science en tant que telle, mais sur des analyses phénoménologiques. Quant à la phénoménologie dont les principes étaient censés fonder ceux de la logique et des mathématiques, elle pourrait bien s'avérer être le dernier et irréductible refuge du synthétique a priori (cf. Appendice II).

CHAPITRE IX

RÉFUTATION DE LA THÈSE PSYCHOLOGISTE

Il faut avouer que Popper avait de bonnes raisons *historiques* d'adopter une thèse psychologiste concernant les énoncés auto-psychologiques. De toute façon, cette phrase nous fait l'effet d'un pléonasme. Comme l'a dit Popper dans le chapitre de *Die beiden Grundprobleme* consacré aux philosophies de Kant et de Fries, ce dernier se rendit compte que, sous peine de tomber dans un cercle vicieux ou dans une régression à l'infini, il nous fallait renoncer à l'idée de justifier toutes les propositions synthétiques vraies. En vue d'éviter le dogmatisme, Fries aurait donc accepté les énoncés perceptuels comme des affirmations auxquelles, de toute manière, nous ne pouvions nous empêcher de croire. Il s'agirait là d'un fait psychologique brut.

Franz Brentano essaya de rendre compte de la vérité des propositions de niveau 0 en termes non psychologiques. C'est pour cela qu'il développa une « *Evidenzlehre* », ou théorie de l'évidence immédiate. Il distingua la compulsion aveugle qui nous induit en erreur en nous portant à croire, même dans des cas d'hallucination, à l'existence de certaines entités tenues pour extérieures à la conscience, et l'évidence authentique qui est la marque objective de certains principes indubitables; par exemple ceux de la logique, des mathématiques, du calcul des probabilités et des énoncés auto-psychologiques; ces derniers étant appelés: descriptions de la conscience intérieure ou secondaire. Mais celles-ci, étant clairement contingentes, ne peuvent pas être établies sans recours à quelque vérité synthétique. Encore une fois, les pièges jumeaux du cercle vicieux et de la régression à l'infini font surface. Brentano envisagea deux solutions à ce problème.

La première consistait à donner une liste de propositions déclarées, par simple *fiat*, évidentes. Ceci revenait simplement à postuler ce dont on avait besoin; ce qui, comme le disait Russell, possède tous les avantages du vol vis-à-vis du travail laborieux, mais honnête. Selon la seconde solution, l'évidence pouvait être infailliblement reconnue par une intuition directe. Tout en étant une propriété objective de certains jugements, l'évidence ne pouvait être identifiée qu'au moyen d'un critère psychologique. Nous pouvons donc excuser Popper d'avoir pris toutes ces « *Evidenzlehren* » pour des variantes mal camouflées du psychologisme. Il nous semble cependant que le point de vue de Brentano peut être récupéré par une approche plus réaliste. Comme nous l'avons déjà dit, en essayant de bien fonder les énoncés de niveau 0, nous devons nous arrêter quelque part; mais ce « quelque part », devant être synthétique, peut toujours être remis en question. Alors pourquoi ne pas stopper la régression, comme Brentano le propose, au niveau des rapports auto-psychologiques eux-mêmes, les déclarant tout simplement évidents en soi?

Le stade auquel nous décidons de rompre la chaîne justificative ne devrait pourtant pas nous indifférer. Nous devons, autant que faire se peut, nous arrêter à un maillon relié, pour ainsi dire latéralement, à d'autres composantes d'un même système philosophique; par exemple: de celui de Popper ou de n'importe quel réaliste. En d'autres termes: bien qu'en définitive un principe injustifié doive être invoqué, celui-ci pourrait jouer un rôle essentiel dans d'autres composantes d'un même système, qui en deviendrait ainsi plus unifié.

Dans ce qui suit, nous nous proposons de montrer que la certitude des énoncés de niveau 0 repose sur une version intuitive de la notion de vérité-correspondance; et il est significatif que Brentano ait pensé à son « *Evidenzlehre* » au moment où il commençait à douter de l'approche correspondantiste de la vérité. Celle-ci étant devenue par la suite une assise fondamentale de la philosophie poppérienne, notre solution établira que la thèse phénoménologique de l'observation forme un complément naturel de la méthodologie de Popper.

En bref: notre solution consiste à montrer que nous nous assurons de la vérité des rapports auto-psychologiques non pas en les dérivant d'autres propositions plus évidentes, mais en ayant un accès direct à la fois à leur référents et à la signification de leurs éléments descriptifs. C'est seulement dans de telles situations – épistémologiquement privilégiées – que nous pouvons *constater* une relation de vérité-correspondance entre un état de fait et l'énoncé censé le désigner. Nous devons donc examiner quel genre de référent une proposition auto-psychologique peut, en principe, avoir. Ayer écrit:

> Continuant notre exemple, notre démarche sera de convertir la proposition : "Il me semble voir un étui à cigarettes" en "Je suis en train de voir un semblant d'étui à cigarettes". Et ce semblant d'étui à cigarettes, qui vit dans mon expérience, est un exemple d'objet perceptuel *(sense-datum)* – [...] l'expression doit être utilisée de telle manière que la perception de l'objet physique qui paraît en être dénoté reste en suspens ; il n'y a aucune implication que cet objet existe ou qu'il n'existe pas. [...] Ce qui apparaît comme le plus douteux, c'est la dernière démarche, par laquelle nous passons de "Il me semble percevoir un *x*" à "Je perçois un semblant de *x*", avec l'implication qu'il existe un semblant de *x* que je perçois. [...] Car dire de quelqu'un qu'il perçoit un objet perceptuel *(sensing a sense-datum)* est une autre façon d'affirmer que ses sens sont stimulés *(affected)* ; la manière dont il est ainsi affecté réapparaît comme une propriété de l'objet "perceptuel". (*The Problem of Knowledge*, p. 106, 111, 115, 118)

Dans ce passage, Ayer mentionne, en passant, l'un des problèmes ontologiques les plus ardus auxquels Brentano se soit jamais attaqué. Brentano avait commencé par souligner la structure intentionnelle de la conscience qui, selon lui, est toujours une conscience de quelque chose ; c'est-à-dire qu'elle se dirige vers des objets. De tels objets – nous le savons depuis Descartes – n'existent pas toujours indépendamment des opérations mentales qui les engendrent et les constituent ; c'est pour cela que Brentano les qualifia d'intentionnels. Il s'agit donc d'entités strictement immanentes, c'est-à-dire ne subsistant pas en dehors de la pensée qui les crée. Ceci ne veut nullement dire qu'aucun objet transcendant n'existe au-delà de l'entité intentionnelle correspondante ; mais uniquement que cette dernière est toujours présente, que le premier le soit ou non. Vu la continuité phénoménologique entre l'hallucination et la perception véridique, tous les objets intentionnels devraient appartenir à la même catégorie ; ils ne peuvent donc pas être matériels.

En vertu de la citation ci-dessus, nous pouvons, du moins dans le cas de l'observation empirique, identifier les entités intentionnelles de Brentano avec celles, perceptives, d'Ayer ; c'est-à-dire avec les « *sense-data* ». Mais peut-on parler en général, et de manière légitime, de l'existence d'objets intentionnels ? Notons que la réponse doit être affirmative si l'on veut que la proposition « Je vois un semblant de *x* » – par opposition à « Il me semble voir un *x* » – puisse être vraie.

Sur ce point, Brentano changea fréquemment d'avis. Au début, il accorda aux entités intentionnelles un genre d'existence qu'il appela, non sans ambiguïté voulue : inexistence dans la conscience (en allemand, *In-Existenz* n'équivaut pas à *Nichtexistenz*). Les objets perceptuels, c'est-à-dire les « *sense-data* », n'étaient pas supposés « exister » dans le sens ordinaire ou réaliste du terme puisqu'ils devaient appartenir au domaine privé d'un seule conscience. Il n'en reste pas moins qu'il s'agissait là d'entités pouvant servir de substrats à des propriétés phénoménales telles que la couleur, la senteur et la forme. Interposées entre les opérations mentales d'une part, et le monde extérieur de l'autre, elles pouvaient en principe refléter les attributs des objets transcendants; et ce, tout en n'existant qu'au sein de la conscience. Si cette thèse s'avérait tenable, alors nous pourrions identifier les énoncés de niveau 0 avec ceux de la forme : « Je perçois un semblant de *x* », *x* étant une description. Par conséquent, le référent de « semblant de *x* » sera un objet perceptuel ou *« sense-datum »*. Celui-ci étant une entité immanente, nous pouvons, si celle-ci existe, l'appréhender de manière directe, nous assurant ainsi qu'elle possède, ou ne possède pas, la propriété dénotée par *x*. Les propositions auto-psychologiques seraient donc entièrement décidables au moyen de certains vécus.

Brentano en arriva à douter de l'existence du domaine intentionnel qui, à la longue, lui parut trop abstrait. Il se rapprochait en effet d'une position empiriste hostile à l'existence d'objets immanents quelque peu éthérés. Par la suite, il se persuada que les entités idéales pouvaient engendrer des paradoxes logiques. Il craignait d'être contraint d'accepter l'existence de certains objets intentionnels logiquement impossibles, tels les cercles rectangulaires, qui seraient néanmoins des objets de pensée légitimes. Sur ce point, il s'était certainement trompé : bien sûr, rien ne nous empêche de conjoindre la circularité à la rectangularité et d'obtenir ainsi la classe vide; mais nous n'avons besoin ni de percevoir ni même d'imaginer des cercles rectangulaires. Le principe de non-contradiction n'est donc pas menacé par l'introduction d'entités idéales.

Brentano nous semble pourtant avoir eu un instinct sûr concernant l'inadmissibilité logique des entités intentionnelles. C'est que celles-ci sont à la fois plus riches et moins bien définies que les objets physiques, donc transcendants. Elles sont plus riches en ce qu'elles se présentent déjà imprégnées de théories. Un seul processus extérieur peut donner naissance à une infinité d'objets perceptuels *(sense-data)* différents; ce que nous avons dit plus haut au sujet des énoncés de base tels que conçus par Duhem et Popper peut être transféré à toute entité intentionnelle primaire. Nous avons déjà noté qu'un objet perceptuel possède un point central focalisé par l'attention de l'observateur; de sorte que les éléments de la même radiographie pourront être intégrés d'une infinité de manières différentes. Des objets bi-dimensionnels, tels qu'un tableau ou une image télévisée, sont immédiatement appréhendés comme ayant une certaine profondeur; et ce n'est que par un effort réflexif que nous arrivons à les voir comme des surfaces planes. Par contre, une photo prise de biais apparaîtra comme un assemblage bidimensionnel de couleurs et de formes; par la suite, celui-ci pourrait être reconnu comme représentant un corps matériel; et la nouvelle entité intentionnelle non seulement supplantera l'ancienne mais l'occultera complètement. Dans le cas d'un point lumineux sur un écran de radar, l'expert et le profane seront conscients d'une image plane à laquelle seul l'expert adjoindra instinctivement une information concernant un appareil volant; et ce n'est que par un effort de volonté qu'il refoulera ce supplément théorique pour retrouver une image purement visuelle.

Une entité transcendante pouvant donner naissance à un nombre indéfini d'objets perceptuels, admettre l'existence de ceux-ci provoquerait une hyper-inflation ontologique. Pire encore: les entités intentionnelles sont moins bien délimitées que leurs homologues physiques puisqu'elles ne possèdent que les propriétés intentionnées par nos opérations mentales. C'est qu'un *« sense-datum »* est un objet tel-que-perçu, c'est-à-dire quelque chose de purement phénoménal. Par exemple: nous voyons un oiseau tacheté comme ayant un nombre fini de mouchetures; mais celui-ci n'est pas perçu comme étant différent de, ou comme étant égal à 100. Si nous transformions cette phrase banale en une proposition portant sur un objet intentionnel, *nous violerions la loi du tiers exclu:* le semblant d'oiseau sera couvert d'un nombre de mouchetures qui, tout en étant fini, n'est ni différent de, ni égal à, 100. De ce point de vue, l'objet perceptuel ressemble à Hamlet dont on ne pourrait pas dire qu'il avait une taille égale à, ou différente de 1m75, puisque Shakespeare n'avait pas spécifié de taille bien déterminée pour son héros.

En d'autres termes: une entité intentionnelle sera privée de toute propriété, et donc aussi de sa négation, que ne lui aurait pas explicitement attribuée l'acte de conscience constituant. Husserl formula effectivement ce principe en affirmant l'existence d'une corrélation stricte entre la noèse d'une part, et l'objet intentionnel de l'autre. Par conséquent, toute proposition faisant intervenir des entités intentionnelles n'est qu'une méthode de description abrégée des opérations mentales sous-jacentes. Nous pouvons, bien sûr, décréter que même les objets perceptuels obéissent à la loi du tiers exclu; mais ils échapperaient alors au contrôle de la conscience, qui est pourtant censée les constituer; ils cesseraient donc d'être vraiment immanents. Nous pourrions, par exemple, être physiologiquement incapables de compter le nombre des taches dans le plumage d'un semblant d'oiseau. Tout moyen mécanique dont nous userions pour fixer un tel nombre modifierait l'objet intentionnel; et puis supposer, même dans des cas hallucinatoires où aucun objet réel n'existe, que l'entité intentionnelle n'en possède pas moins chaque propriété ou sa négation nous paraît absurde. Il s'ensuit que pour tout objet perceptuel x et tout prédicat P auquel x pourrait en principe satisfaire, $P(x)$ est vrai si et seulement si la noèse attribue P à x. Il est donc possible que ni $P(x)$ni $\neg P(x)$ ne soit vrai. Le principe du tiers exclu s'en trouverait ainsi violé. Sans tout à fait s'en rendre compte, Brentano avait donc de bonnes raisons de proposer, vers la fin de sa vie, une autre thèse ontologique à laquelle il adhéra jusqu'à sa mort en 1916.

Avant d'examiner cette théorie brentanienne, analysons un exemple concret. Considérons l'assertion « Je vois une maison rouge », tout en supposant qu'aucune maison physique ne se trouve en face de nous; nous sommes donc victimes d'une hallucination visuelle. Si nous donnons au concept « maison rouge » son sens réaliste habituel, notre proposition sera certainement fausse. Elle pourrait être tenue pour vraie si « maison rouge » venait à dénoter un objet intentionnel existant. Mais comme nous l'avons déjà dit, nous avons de bonne raisons de dénier toute existence légitime à une entité immanente isolée, c'est-à-dire détachée de l'acte de conscience générateur. La valeur de vérité de la proposition devient alors problématique. Heureusement, des énoncés comme « Je crois voir une maison rouge » et « Il me semble qu'il y a une maison rouge en face de moi » ont des valeurs de vérité indépendantes de l'existence, ou de l'inexistence, des états de faits transcendants. Et c'est tout ce qu'il nous faut pour assurer à la science une base phénoménologique.

D'après la solution définitive proposée par Brentano, tout acte conscient est du même type que celui décrit par : « Je crois voir une maison rouge ». La conscience est *« zweistrahlig »;* elle possède deux rayons directeurs. En d'autres termes, toute conscience a deux aspects indissolublement liés. Il y a, en premier lieu, une conscience primaire dirigée sur un objet, qualifié lui aussi de primaire, par exemple la « maison rouge »; mais aucune entité intentionnelle, en tant que phénomène pur, n'existe à ce premier niveau, et ce en quelque sens que ce soit; il n'y a tout simplement pas d'objets à la fois primaires et immanents. Seule l'activité intentionnelle existe; et toute proposition concernant les prétendus objets intentionnels est une façon commode de décrire les actes conscients eux-mêmes.

Quant au second aspect, il consiste en ce que l'acte primaire est toujours accompagné d'une conscience dite secondaire ou intérieure. Celle-ci accommode sur la primaire comme objet intentionnel. Quant à ce dernier, c'est-à-dire l'acte primaire lui-même, il existe nécessairement – dans le sens ordinaire de ce terme – et par son intermédiaire, la conscience secondaire vise l'objet primaire fictif, par exemple : la maison rouge en tant que phénomène pur. En d'autres termes : chaque fois que sur le plan primaire, je pense percevoir un objet, je suis secondairement conscient de cet acte. La conscience secondaire est enfin supposée être consciente d'elle-même, c'est-à-dire qu'elle est, elle aussi, bi-directionnelle : elle se replie sur elle-même tout en restant dirigée vers la conscience primaire.

En bref, selon la solution finale de Brentano, tout acte de conscience comporte :

a) Une activité primaire braquée sur un objet intentionnel qualifié de primaire, mais qui est inexistant (ceci n'entraîne ni n'exclut l'existence d'un objet extérieur à la conscience, c'est-à-dire transcendant).

b) Une activité secondaire visant la conscience primaire et, à travers celle-ci, l'objet primaire fictif. (L'acte primaire constitue un objet réel de la conscience secondaire.) Notons enfin que :

c) L'activité secondaire est aussi une conscience non positionnelle d'elle-même. Il s'ensuit qu'à partir du stade tertiaire, tous les actes se rabattent sur la conscience secondaire.

La solution de Brentano a beaucoup de points faibles, mais elle peut, à notre avis, être modifiée de manière à devenir acceptable.

Désormais, les propositions de niveau 0 seront toutes considérées comme étant de la forme « Il me semble voir un *x* », et non pas « Je vois un semblant de *x* » ; il s'agit donc de descriptions – faites par la conscience secondaire – d'opérations mentales primaires, et dont la valeur de vérité n'est pas liée à l'ontologie des objets intentionnels primaires, c'est-à-dire celle des semblants de *x*. Nous pouvons donc nous abstenir de discuter de celle-ci en débattant du statut des énoncés auto-psychologiques.

Remarquons ensuite que selon Brentano, tout acte mental, étant doublé d'une conscience secondaire, doit être réfléchi. Cette thèse est peu convaincante : elle exclut toute activité subconsciente ; et elle implique que les animaux, étant à proprement parler incapables de réflexion, sont de par ce fait dépourvus de conscience. Ces conclusions nous paraissent inadmissibles. Nous savons en outre, grâce à la mémoire, que nous ne sommes pas toujours conscients, d'une manière réfléchie, de notre environnement quotidien ; nous n'observons pas les choses tout en nous observant nous-mêmes ; nous percevons directement – c'est-à-dire sans prise de conscience secondaire – des objets primaires que nous tenons généralement pour réels. Il n'en demeure pas moins que par un effort de réflexion, nous pouvons faire de l'acte primaire lui-même un objet, à la fois immanent et existant nécessairement, d'une nouvelle activité consciente, qualifiée justement de secondaire. Celle-ci donne naissance à des énoncés tels que « Je crois percevoir l'entité X » qui font référence, d'une manière infaillible, à certaines opérations primaires.

Ayant admis qu'un niveau de conscience peut être atteint sans en impliquer d'autres d'ordre plus élevé, nous n'avons plus besoin de la supposition (c), sans doute introduite par Brentano pour arrêter une régression à l'infini : si tout niveau en présupposait un autre strictement plus élevé, il nous faudrait admettre la présence d'une infinité de strates dans tout acte de conscience; ce qui est évidemment absurde. Brentano arrête cette régression au second plan en identifiant le troisième, et donc tous les niveaux au-delà de ce dernier, avec le deuxième. Quant à notre solution, elle consiste à admettre que tout niveau d'activité consciente pourrait, mais ne doit pas nécessairement devenir l'objet réel et intentionné d'un nouvel acte de réflexion appartenant à un niveau supérieur. L'expérience quotidienne, se déroulant exclusivement sur le plan primaire, débouche sur des propositions de la forme « Voici un verre d'eau » ; celles-ci restent faillibles tant que l'on attribue à des concepts comme « verre » et « eau » leurs sens réalistes usuels. Tous les niveaux supérieurs intentionnent des objets qui, étant immanents, existent nécessairement et donnent lieu à des énoncés indubitables. Plus exactement : l'acte réflexif une fois effectué, son objet doit exister; de sorte que la description correspondante en devient incorrigible. Les tests scientifiques se font au niveau secondaire, au moyen d'énoncés de la forme « Il me semble qu'il y a là un verre d'eau (c'est-à-dire ce que je prends pour être un verre contenant ce qui me semble être un liquide composé de deux atomes d'hydrogène et d'un atome d'oxygène) » ou « Il me semble voir une maison rouge ». Notons que les opérations primaires dépendent des théories envisagées par l'observateur, mais que le rôle de la conscience secondaire se borne à une description de ces opérations. Quant à la réflexion philosophique, elle a lieu au moins sur le plan tertiaire, puisqu'elle étudie les relations entre les actes de conscience primaires et réfléchis.

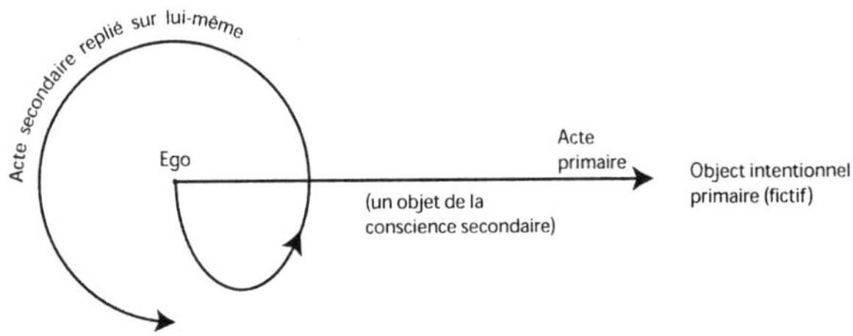

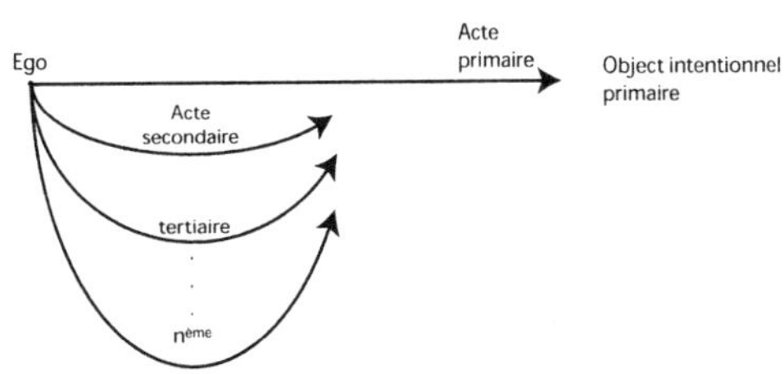

Avant de rendre compte de l'infaillibilité de la conscience secondaire, il nous faut dissiper le préjugé selon lequel seule une proposition peut en fonder une autre. Évidemment, chaque fois qu'une proposition *p* est déduite d'une autre, *q*, nous savons avec certitude que la vérité de *q* entraîne celle de *p*. Cela n'a rien de surprenant : par définition, toute déduction valide transmet la vérité des prémisses aux conclusions. D'après le préjugé en question, la réciproque de ce principe – même conçu sous forme inductive – serait, elle aussi, vraie ; donc le maximum que nous ayons le droit d'affirmer serait un transfert de vérité, mais jamais la vérité catégorique d'une assertion, quelle qu'elle soit. Naturellement, dès que nous souscrivons au principe de *vérité-correspondance*, nous cessons d'être en mesure de constater directement une telle correspondance entre une théorie réaliste de haut niveau et la structure qu'elle est censée décrire. Par définition, une réalité extérieure à la pensée est transcendante ; c'est-à-dire que, n'étant pas directement appréhendée, elle ne peut être connue que médiatement, ou par le biais d'hypothèses invérifiables. Cette conclusion ne s'applique cependant pas au rapport des énoncés auto-psychologiques à leurs référents immanents.

Les propositions auto-psychologiques possèdent deux propriétés qui leur confèrent un statut épistémologique privilégié.

(1) Elles décrivent des événements que les philosophes de langue allemande qualifient d'« *Erlebnisse* », c'est-à-dire de *vécus*. Comme leur nom l'indique, ces « *Erlebnisse* » nous permettent de nous y frayer un accès immédiat : nous pouvons confronter directement un vécu à l'énoncé de niveau 0 censé le dénoter, nous assurant ainsi de la valeur de vérité de celui-ci. Je peux, pour ainsi dire, mettre face à face la phrase : « Il me semble (ou il me semblait) voir une maison rouge », et un vécu présent ou passé ; alors qu'il m'est en principe impossible de saisir directement l'état de choses signifié par « Il existe un champ électromagnétique dans ce laboratoire ». Je ne peux pas me sortir de moi-même pour participer à l'état d'un tel champ. Mais notre accès privilégié aux référents des assertions auto-psychologiques n'en garantit pas encore l'infaillibilité : ces référents pourraient être des événements passés que nous nous remémorons, peut-être incorrectement. D'où la nécessité d'une seconde condition.

(2) Grâce à la conscience secondaire, c'est-à-dire la conscience de soi, nous sommes en mesure d'appréhender nos opérations mentales tout en les effectuant. Je peux avoir conscience de moi-même observant un objet primaire. Ceci élimine, ou du moins réduit considérablement, toute possibilité d'erreur dans le cas où, par exemple, je prétendrais percevoir une surface rouge ; pourvu, bien sûr, qu'une telle assertion soit émise

simultanément avec le vécu qu'elle décrit. C'est que, sans avoir à me fier à ma mémoire faillible, je compare directement un rapport portant sur mon état de conscience avec ce dernier.

Cette simultanéité garantit, en outre, que les significations de mes termes descriptifs sont celles intentionnées au moment où j'avance ma proposition. Une relation de vérité-correspondance peut ainsi être directement constatée. Ayer remarque à juste titre que les erreurs verbales restent possibles. Par « droite » nous entendons souvent « gauche », ou l'inverse. Je pourrais même affirmer voir une tache violette, où « violette » signifie maintenant pour moi ce que j'entendais précédemment par « rouge ». Ce sont là des erreurs verbales plutôt banales, mais il en existe de plus graves. Supposons que je sois en train d'observer une surface véritablement rouge ; qu'hier j'en aie vu une autre que j'ai *correctement* qualifiée de violette mais que je me rappelle *incorrectement* comme étant identique à ma sensation visuelle présente. Me souvenant de l'adjectif employé hier, j'affirme maintenant percevoir une surface violette. S'agirait-il là d'une erreur plus que verbale ? Nous croyons pouvoir répondre négativement à cette question en montrant que l'illusion d'une faillibilité fondamentale résulte d'une réduction phénoménologique erronée. Dans « Il me semble maintenant percevoir une couleur violette », nous ne devons pas subrepticement attribuer à l'adjectif un sens transcendant non voulu par l'auteur de l'énoncé. Ce que celui-ci veut vraiment dire équivaut à : il me semble (maintenant) percevoir une couleur me paraissant identique à celle que je me rappelle (maintenant) avoir vue hier. Ce rapport, qui est auto-psychologique dans les deux sens (1) et (2), est certainement vrai ; pourvu bien sûr que le verbe « se rappeler » ne soit pas un *« success word »*, c'est-à-dire ne veuille pas dire : se rappeler *correctement*. Car ce sens est vraiment transcendant, puisqu'il s'agit là d'une comparaison entre deux expériences : l'une présente et immanente, l'autre passée et donc hors de ma portée, c'est-à-dire transcendante.

Beaucoup d'auteurs – à l'exception de Brentano – ont confondu les deux aspects (1) et (2). Au départ, Brentano affrima même que nous étions incapables de nous observer tout en effectuant des actes de conscience primaires ; qu'il nous faudrait donc nous fier à notre mémoire faillible pour arriver à des conclusions phénoménologiques valables. Bien que Brentano ait par la suite changé d'avis quant à l'impossibilité de l'introspection immédiate, sa première thèse met au jour la distinction logique entre (1) et (2). Selon (1) : si nous voulons déterminer la valeur de vérité d'un énoncé non pas en le tirant d'autres propositions mais en le confrontant à son référent présumé, nous n'avons d'autre choix que de nous en tenir aux rapports auto-psychologiques, que ceux-ci décrivent nos expériences passées ou présentes; car nous ne pouvons appréhender directement que nos états de conscience. Quant à la condition (2), dans la mesure où nous voulons soit éliminer toute possibilité d'erreur soit en diminuer les risques, elle nous enjoint de nous restreindre aux descriptions de nos opérations mentales immédiates; car nous savons fort bien que la mémoire est faillible.

Appliquons ces résultats au falsificationnisme poppérien. Afin de tester une loi scientifique, il ne sert à rien d'invoquer ses conséquences transcendantes; car notre accès aux référents de celles-ci reste exclusivement théorique. En d'autres termes: nous ne pouvons jamais sortir du cercle vicieux des hypothèses en faisant appel à d'autres hypothèses d'un niveau comparable; c'est-à-dire en demeurant dans le domaine transcendant. Nous n'avons de *double accès* – présupposition de tout test – qu'aux propositions qui, d'une part, découlent d'un système scientifique et qui sont, d'autre part, susceptibles d'être décidées par un recours direct à leurs référents. Ces propositions ne peuvent être que les énoncés de niveau 0 décrits ci-dessus. Même si nous ne sommes pas tout à fait satisfaits quant à leur caractère incorrigible, la proposition (1) démontre clairement qu'ils sont les seuls à constituer la base empirique des sciences. Nous avons en outre montré que la certitude de tels énoncés se fonde, non pas sur notre sentiment évidentiel à leur égard, mais sur la possibilité de constater leur correspondance à leurs référents. La thèse psychologiste concernant les rapports auto-psychologiques est donc fausse.

CHAPITRE X

THÈSE PHÉNOMÉNOLOGIQUE, RÉFUTATION ET CORROBORATION

Selon la conception phénoménologique de l'observation, tout énoncé de base se ramène en dernière analyse à une proposition portant sur nos perceptions et qui pourrait donc être vérifiée ou falsifiée par celles-ci. Notons tout de suite que « se ramener » ne veut nullement dire « équivaloir logiquement ». Encore une fois, soit *p* l'énoncé : le courant passe ; et soit *p*' l'assertion, exprimée en termes phénoménologiques, que je vois le spot d'un certain appareil se déplacer. *p*' décrit donc un ensemble de perceptions correspondant à *p*, c'est-à-dire correspondant au passage d'un courant électrique. *p*' a donc subi une réduction phénoménologique éliminant toute référence à une réalité transcendant la conscience. Selon le point de vue phénoménologique, une expérience de laboratoire ne peut être signifiée que par une proposition de la forme *p*' ; elle pourrait donc décider la valeur de vérité de celle-ci d'une manière définitive. La thèse phénoménologique présuppose, en outre, l'existence d'une hypothèse psychophysique *A* telle que $A \vdash (p \leftrightarrow p')$; *p* est donc, non pas logiquement, mais matériellement équivalente à *p*'. Faisons remarquer que *A* contient, souvent implicitement, une prémisse concernant la santé mentale et physique de l'expérimentateur, par exemple, la supposition qu'il n'est pas daltonien.

Pour pouvoir tester un ensemble théorique T contenant *A*, il faut pouvoir tirer de T, et de certaines conditions aux limites e_1, une prédiction e_2. Par conséquent :

(1) $T \vdash (e_1 \rightarrow e_2)$. A e_i correspondra un énoncé phénoménologique $e'_i (i = 1, 2)$ tel que :

(2) $T \vdash (e_i \leftrightarrow e'_i)$; $i = 1, 2$. Par conséquent :

(3) $T \vdash (e'_1 \rightarrow e'_2)$

(En fait, il suffit de supposer que T $\vdash (e'_1 \rightarrow e_1)$ et que T $\vdash (e_2 \rightarrow e'_2)$, pour que (3) s'ensuive de (1)).

Nous voyons donc que T peut être falsifiée par une proposition décrivant un résultat que nous pouvons constater; à savoir $(e'_1 \wedge \neg e'_2)$. Selon Popper et Duhem, $(e_1 \wedge \neg e_2)$ pourrait déjà constituer un énoncé de base. Par contre, la thèse phénoménologique n'admet que des propositions de la forme : e'_1, e'_1 ou $e'_1 \wedge \neg e'_2$, comme rapports observationnels; elle présuppose aussi que sur le plan phénoménologique, la conscience est infaillible. (Elle pourrait peut-être se contenter de la supposition que nous avons moins de chances de nous tromper sur ce plan-là que sur celui des théories de haut niveau.)

La thèse phénoménologique renforce le falsificationnisme au prix d'une forte complication du problème de Duhem-Quine. La réfutation n'est plus une affaire de convention puisqu'on peut constater la vérité de $e'_1 \wedge \neg e'_2$, concluant ainsi que T est fausse. Ceci coupe court aux implications anarchistes que Feyerabend tire de la position poppérienne. En contrepartie, la thèse phénoménologique doit invoquer des hypothèses auxiliaires reliant certains processus physiques aux phénomènes perceptifs; ce qui rend le problème de Duhem-Quine plus difficile à résoudre.

Nous nous proposons maintenant de démontrer que la conception phénoménologique de la base s'accorde très bien avec la pratique scientifique. Il s'avère aussi que cette conception contient tous les moments valables de la thèse conventionnaliste tout en évitant ses inconvénients; elle entraîne plus particulièrement que la répétabilité et l'intersubjectivité exigées par Popper constituent des réquisits ayant trait au problème de Duhem-Quine sans pour autant faire nécessairement partie de la *définition* des énoncés de base. L'intersubjectivité – reformulée dans un sens nouveau – est donc une propriété souhaitable mais non pas une condition nécessaire.

Commençons par citer, à titre d'exemple, les résultats annoncés par D.C. Miller en 1926. Miller prétendit avoir effectué une variante de la fameuse expérience de Michelson-Morley et obtenu un résultat contredisant la Relativité restreinte. L'expérience fut répétée à plusieurs reprises, sans qu'aucun effet semblable à celui décrit par Miller ne fût observé.

D'après la thèse conventionnaliste, les énoncés de Miller, n'ayant aucune valeur objective, ne devraient pas être pris au sérieux par la science. Or Max Born, loin d'ignorer ces résultats, décida d'aller aux Etats-Unis inspecter l'interféromètre utilisé par Miller. Il en conclut que ce dispositif était loin d'être fiable. La thèse phénoménologique, par opposition à sa rivale conventionnaliste, est à même de rendre compte de la démarche de Born. Soient : q le résultat annoncé par Miller, q' l'homologue phénoménologique de q, R la Relativité restreinte, et A une hypothèse auxiliaire affirmant, entre autres, que les instruments utilisés par Miller étaient fiables.

Nous aurons donc :

(4) $(R \wedge A) \Rightarrow (q \leftrightarrow q')$; $R \Rightarrow \neg q$; donc :

(5) $(R \wedge A) \Rightarrow \neg q'$

La décision, prise par Born, de rendre visite à Miller s'explique rationnellement pourvu que q' soit considérée comme étant objectivement vraie. Il s'agissait pour Born de réfuter l'hypothèse auxiliaire A afin d'exonérer la Relativité R. Il est donc évident que le problème de Duhem-Quine joue un rôle crucial dans l'analyse des résultats expérimentaux ; en outre, que la répétition des tests et la concordance intersubjective ont pour but d'éliminer, autant que faire se peut, les effets aléatoires ayant pu falsifier les hypothèses auxiliaires.

Essayons de caractériser cette situation d'une manière plus exacte et plus générale, en nous référant exclusivement aux schèmes (4) et (5) ; c'est-à-dire en faisant abstraction du sens particulier de R, de q, de q' et de A.

Si $\neg q'$ est vérifiée, $R \wedge A$ est corroborée ; on peut par conséquent accepter $R \wedge A$ et donc $\neg q$, ne serait-ce qu'à titre provisoire. Dans ce cas, les scientifiques ne se donnent même pas la peine de formuler $\neg q'$ explicitement ; ils court-circuitent l'énoncé phénoménologique pour affirmer que q est fausse et que $R \wedge A$ a été confirmée. Ceci donne l'impression que $\neg q$ est tenue pour un rapport observationnel, même si $\neg q$ décrit en vérité un processus physique. La situation change cependant dramatiquement dès qu'une réfutation a lieu. On observe alors un double mouvement. On essaie d'une part de se replier sur le noyau phénoménologique q' garanti par l'expérience, et dont on ne doute pas ; mais on n'affirme plus q sans réserve ; car l'équivalence matérielle de q' (= Miller voit ce qu'il prend pour être un déplacement des franges d'interférence) et de q (= la vitesse de la lumière varie d'un repère à l'autre) découle maintenant de l'hypothèse falsifiée $(R \wedge A)$. D'autre part, on essaie d'expliciter toutes les suppositions faites au cours de la prévision de $\neg q'$; en d'autres termes : on essaie de déterminer toutes les composantes de $R \wedge A$. Cette opération – en principe toujours possible – s'avère souvent difficile dans la pratique. Elle est néanmoins essentielle puisqu'elle sert à déterminer toutes les hypothèses pouvant être incriminées par q' ; elle détermine ainsi l'étendue du problème de Duhem-Quine. Étant donné la force logique de la falsification, il est impérieux de répéter l'expérience pour essayer de savoir si des effets aléatoires n'auraient pas réfuté A.

Analysons, dans le détail, ce qui se passe dans une telle situation. Pour tout résultat q', A s'exprimera sous la forme : $A \equiv A' \wedge A_1$, où A' est une hypothèse auxiliaire ayant un caractère général ; alors que A_1 est une supposition singulière concernant la fiabilité des instruments utilisés dans une expérience particulière. Comme le souligne Lakatos, A_1 pourrait aussi comporter une clause disant que seuls les facteurs décrits par R entrent en jeu au cours de l'expérience en question. Par conséquent : $(R \wedge A) \equiv (R \wedge A' \wedge A_1) \equiv (R' \wedge A_1)$, où nous posons $R' \equiv (R \wedge A')$.

La répétition de l'expérience par différents observateurs, à des dates et en des lieux différents, revient donc à changer A_1 en A_2, puis en A_3, et ainsi de suite ; où $A_1, \ldots, A_n$ sont censés décrire des états de faits indépendants les uns des autres. Nous devons maintenant examiner deux possibilités :

(i) Chacune des n expériences aboutit à une réfutation, c'est-à-dire que $R' \wedge A_1, R' \wedge A_2, \ldots, R' \wedge A_n$ sont toutes fausses.

Usant d'un argument probabiliste, nous pouvons raisonnablement tenir R' pour réfuté.

(ii) $(R' \wedge A_1)$ est falsifiée alors que $(R' \wedge A_2)$, ..., $(R' \wedge A_n)$ sont toutes confirmées. Suivant l'exemple d'Einstein, nous pourrions, sans plus tarder, conclure que A_1 doit être considérée comme fausse. Mais, vu l'importance de l'enjeu, Born eut raison d'aller beaucoup plus loin qu'Einstein : il localisa l'erreur en réfutant, dans A_1, l'hypothèse concernant la fiabilité de l'interféromètre utilisé par Miller. Born avait donc accepté q' comme vraie. De toute façon, Einstein et Born étaient d'accord que Miller avait fait un rapport sincère et correct de ce qu'il croyait avoir observé.

Par conséquent : en cas de réfutation, la répétition de l'expérience permet de limiter les dégâts, de cerner l'erreur, mais non pas de conférer à un énoncé tel que q' un caractère objectif ; la vérité de q' est prise comme allant de soi.

Notons tout de même qu'en elle-même l'identification d'une hypothèse auxiliaire erronée ne constitue pas un grand progrès scientifique. D'un point de vue strictement logique, Born sauva la Relativité restreinte sans pour autant expliquer les résultats de Miller. En effet, même si l'on réussit à établir $\neg A$, $(R \wedge A) \Rightarrow \neg q'$ n'entraîne pas $(R \wedge \neg A) \Rightarrow q'$. q' reste donc inexpliqué. Par ailleurs, essayer *directement* de rendre compte de q' pourrait fourvoyer le chercheur : celui-ci pourrait ainsi être poussé en dehors du domaine de la physique et dans celui de la psychologie ; ou même être lancé à la poursuite de facteurs intrinsèquement aléatoires. La situation pourrait néanmoins se renverser. Plaçons-nous dans le cas de figure (ii) : supposons que q' réfute $R \wedge A$ ($\equiv R \wedge A' \wedge A_1$) mais qu'on ne soit arrivé ni à réfuter A directement, ni à répéter q' de façon à falsifier $(R' \wedge A_2)$, ..., $(R' \wedge A_n)$. Supposons en outre que, par une voie indépendante de q', c'est-à-dire de manière non *ad hoc*, on construise un nouvel ensemble théorique $R^* \wedge A^*$ qui explique à la fois q' et le fait que q' ne pouvait pas être réobtenue. $R^* \wedge A^*$ pourrait tenir compte de conditions météorologiques pouvant affecter certains résultats d'expérience; et $R^* \wedge A^*$ serait par ailleurs indiscernable de $R \wedge A$. Il se peut que l'on se rende compte *rétrospectivement* que des conditions météorologiques *inhabituelles, voire très rares*, avaient entraîné *q*' le jour où la première expérience a été effectuée. A notre avis, *q*' serait alors regardée comme ayant corroboré $R^* \wedge A^*$ tout en réfutant $R \wedge A$. *q*' représenterait donc un test crucial entre $R^* \wedge A^*$ et $R \wedge A$; et ce malgré le fait que *q*' décrit un événement unique. Par conséquent: bien que non reproductible, *q*' aura tout de même infirmé $R \wedge A$.

C'est que la corroboration a une portée logique bien plus faible que celle de la falsification, et qu'elle reste toujours provisoire. Alors que la réfutation est irréversible, le soutien apporté par *q*' à la théorie $R^* \wedge A^*$ n'empêchera pas cette dernière d'être falsifiée par des tests subséquents. Nous ne risquons pas gros en affirmant que l'événement unique *q*' corrobore $R^* \wedge A^*$. Il est, bien sûr, préférable qu'une confirmation puisse être répétée afin d'écarter, autant que faire se peut, la possibilité qu'elle ait été due à des facteurs aléatoires; mais la répétition ne joue pas un rôle aussi important dans ce cas que dans celui d'une réfutation.

En bref: si un résultat expérimental *q*' falsifie un ensemble théorique $R \wedge A$ et même si *q*' ne se répète pas, on doit en tenir compte. On peut, sans plus tarder, imputer *q*' à $\neg A$ (démarche d'Einstein), mais il est préférable de réfuter *A* directement (démarche de Born). Si *q*' réfute $(R \wedge A)$ tout en se reproduisant systématiquement, on est habilité à considérer l'hypothèse principale, qui pourrait bien être plus forte que *R*, comme fausse.

Dans le cas d'une réfutation, la répétition d'une expérience reste très importante, sans toutefois devenir absolument nécessaire; elle nous permet, dans la mesure du possible, de cerner l'erreur; c'est-à-dire de réduire la portée du problème de Duhem-Quine. Par contre, si *q*' confirme $R \wedge A$ et même si *q*' est en principe non reproductible, *q*' peut être tenue pour avoir corroboré $R \wedge A$. Remarquons tout de même qu'il est préférable de corroborer $R \wedge A$ au moyen d'expériences répétées.

Dans tout cela, il faut noter que c'est précisément le *caractère scientifique* de l'énoncé *auto-psychologique q*', considéré comme *vrai*, qui donne son *sens rationnel* à cette logique de la recherche.

CHAPITRE XI

LA CRITIQUE DE JOHN WATKINS

Une objection majeure faite à la thèse phénoménologique consiste à faire remarquer que ni les théories de Newton ni celles de Maxwell, d'Einstein ou de Schrödinger ne font référence aux états psychologiques de qui que ce soit. Il s'ensuit, selon John Watkins, qu'une théorie physique *B* ne pourra être confrontée qu'à des assertions de la forme $(e_1 \wedge \neg e_2)$. Rappelons que e_1 et e_2 sont des propositions de niveau 1, donc des énoncés décrivant des entités transcendantes. John Watkins souligne – à bon escient – que *B*, prise isolément, n'entraîne aucun rapport perceptuel. Nous nous proposons néanmoins de montrer qu'il a tort d'affirmer que *B* ne pourra jamais être assez renforcée pour devenir testable au moyen d'énoncés phénoménologiques. Ce processus de renforcement nous amènerait, selon Watkins, à avancer des hypothèses de plus en plus englobantes sans que nous puissions jamais atteindre notre but. Nous devrions, par conséquent, nous contenter des propositions de niveau 1 comme énoncés de base.

Le raisonnement de Watkins semble être le suivant. Soient e'_1 et e'_2 les homologues phénoménologiques de e_1 et de e_2 respectivement. Notre but, qu'il juge inaccessible, est d'enrichir *B*, c'est-à-dire de construire une théorie τ telle que : $\tau \Rightarrow B$, $\tau \Rightarrow (e'_1 \rightarrow e_1)$ et $\tau \Rightarrow (e_2 \rightarrow e'_2)$. Comme nous avons déjà B $\Rightarrow (e_1 \rightarrow e_2)$, nous obtiendrons $\tau \Rightarrow (e'_1 \rightarrow e'_2)$. τ pourrait alors être réfutée par $(e'_1 \wedge \neg e'_2)$, c'est-à-dire par une proposition décidable sur le plan phénoménologique. Les raisons pour lesquelles Watkins prétend que la condition $\tau \Rightarrow (e'_1 \rightarrow e_1)$ ne peut jamais être remplie sont illustrées par l'exemple suivant. Soit e'_1 un énoncé décrivant ma perception visuelle d'un palmier, ce dernier étant considéré comme un objet purement intentionnel et donc fictif ; et soit e_1 la proposition objective correspondante, c'est-à-dire celle affirmant l'existence d'un palmier réel dans une région spatio-temporelle. Notre problème est de pouvoir renforcer B de façon à légitimer l'inférence de e_1 à partir de la conjonction de e'_1 et de notre nouvelle théorie. Nous pourrions commencer par adjoindre à B une hypothèse grossière H_1 nous disant que chaque fois que nous sommes sûrs de percevoir un objet, celui-ci existe en tant qu'entité physique. Mais nous savons – du moins depuis Descartes – que H_1 est fausse.

Nous substituerons donc à H_1 une supposition H_2, plus faible mais moins grossière, ayant deux composantes : la première nous dit que, toutes les fois qu'une personne saine de corps et d'esprit croit percevoir un objet, celui-ci existe physiquement; d'après la seconde composante, toute personne qui se sent en pleine possession de ses facultés, trouve ses idées claires et distinctes, et ne se rappelle pas avoir abusé d'alcool ou de drogue, est saine de corps et d'esprit. Ces exemples sont, bien sûr, des caricatures; mais ils ont le mérite d'illustrer un processus menant à l'élaboration d'hypothèses auxiliaires H_1, H_2... de plus en plus affinées et de plus en plus faibles, et telles que : $(B \wedge H_n) \Rightarrow (e'_1 \rightarrow e_1)$ pour tout n.

Watkins objecte, à juste titre d'ailleurs, que les hypothèses H_1, H_2... sont toutes suspectes et qu'elles sont même très probablement fausses. Nous pouvons admettre qu'aucune de ces suppositions n'est du même acabit que la mécanique classique ou la Relativité d'Einstein. Les prémisses H_1, H_2... appartiennent à ce que les Anglo-Saxons appellent la folk-psychologie, ou plutôt à la folk-psycho-physiologie; mais de telles prémisses sont incontournables; nous les postulons, ne serait-ce que tacitement, chaque fois que nous passons de nos perceptions à l'existence d'objets réels, ou en faisant le chemin inverse. En outre, toute théorie scientifique de haut niveau, donc universelle, a de fortes chances d'être strictement fausse : même la Relativité, en tant que proposition déterministe ayant des événements ponctuels pour référents, donne, dans le domaine atomique, des résultats incorrects. Et la Mécanique quantique non relativiste est fausse, parce que non covariante. Quant à l'hypothèse H_2, elle est évidemment fausse aussi, puisque des gens sains de corps et d'esprit peuvent être victimes de mirages. Nous pourrions cependant modifier H_2 en y incorporant une clause excluant certaines conditions atmosphériques ou géographiques. Tout ceci ne fait qu'illustrer un truisme; à savoir qu'en écartant un nombre fini d'exceptions, nous pouvons toujours construire une hypothèse H_n, jusqu'ici irréfutée, et telle que : $H_n \Rightarrow (e'_1 \rightarrow e_1)$. Une opération symétrique conduit à une proposition H'_m satisfaisant à la relation : $H'_m \Rightarrow (e_2 \rightarrow e'_2)$. Par conséquent : $\tau \Rightarrow (e'_1 \rightarrow e'_2)$, τ étant le système $(B \wedge H_n \wedge H'_m)$.

Nous avons déjà reconnu que H_n et H'_m sont des hypothèses fragiles; et dans la mesure où celles-ci postulent des corrélations entre certains processus physiques d'une part, et des opérations mentales de l'autre, elles resteront inintelligibles. Comme l'a très bien dit E. Meyerson, le passage des processus cérébraux aux actes de la conscience représentera toujours un bond irrationnel que nous ne pouvons que constater, mais non pas vraiment comprendre. Si donc τ était réfutée par la vérification de $e'_1 \wedge \neg e'_2$, cette falsification pourrait bien être imputée à $H_n \wedge H'_m$. En d'autres termes : les hypothèses auxiliaires, plutôt que la théorie principale B, feraient les frais de l'échec du système. C'est bien ce qui, en fait comme en droit, arrive fréquemment ; et qui, du même coup, explique pourquoi les confirmations dramatiques, plutôt que les réfutations, jouent le rôle le plus important dans le progrès de la science : en cas de vérification de $e'_1 \wedge e'_2$, tout l'ensemble $(B \wedge H_n \wedge H'_m) \equiv \tau$ peut être considéré comme étant soutenu par l'expérience ; car nous tenons pour très improbable la supposition que des erreurs découlant d'hypothèses aussi disparates que B, H_n et H'_m se soient exactement compensées pour entraîner des résultats empiriques corrects. Encore une fois, pour écarter cette possibilité, nous invoquons ce qu'Alain Boyer appelle le Principe d'exclusion du Malin Génie.

Nous ne pouvons donc pas accepter la thèse que les énoncés perceptuels ne peuvent en principe pas constituer la base empirique des sciences. De toute manière, ce point de vue va à l'encontre de la position de Watkins lui-même ; car celui-ci voit dans les descriptions phénoménologiques des énoncés requérant une explication. Or, comment les expliquer sinon en les dérivant de certaines théories prises en conjonction avec des propositions décrivant des conditions aux limites ?

CHAPITRE XII

LA MÉTHODOLOGIE DES PROGRAMMES DE RECHERCHE SCIENTIFIQUES (MPRS)

Au lieu de faire un exposé synthétique de la Méthodologie des Programmes de Recherche Scientifiques, ou MPRS, commençons par analyser le complexe de problèmes dont MPRS est issue. Cela nous conduit immédiatement à poser la question : dans quel sens une méthodologie peut-elle s'avérer problématique? et de quelle manière pourrait-on la critiquer, voire la corriger?

A – *Histoire et Méthodologie de la science*

Nous avons déjà vu que Reichenbach croyait à une division du travail entre la science et la philosophie. Il démarqua rigoureusement le contexte psychologique et historique de la découverte de celui, logique, de la justification; seulement ce dernier concernerait la philosophie, qui ne devait s'occuper que de l'évaluation d'hypothèses déjà échafaudées: la méthodologie aurait pour tâche d'examiner la façon dont les lois scientifiques pourraient être légitimées ou infirmées par l'expérience; quant à l'heuristique, c'est-à-dire la genèse des théories, elle n'était pas censée avoir besoin, ni même être susceptible d'une reconstitution rationnelle. Qui plus est: toute réflexion strictement philosophique de la part du savant pourrait s'avérer désastreuse pour sa capacité créatrice.

Notons que cette distinction entre deux contextes jugés très différents est acceptée par Popper, qui n'use néanmoins pas du concept de justification mais de celui de testabilité empirique. Récusant, dans sa *Logique de la découverte scientifique*, tout naturalisme épistémologique, il tient la méthodologie pour une discipline purement normative. Celle-ci devrait donc étudier non pas ce qui est le cas mais ce qui devrait l'être. De toute façon, une discipline qui prétendrait se baser sur les méthodes effectivement appliquées par les scientifiques dépendrait d'une définition préalable de la notion de science, donc d'une stipulation; une telle discipline ne pourrait donc qu'être normative.

Même Lakatos se laissa parfois aller à prétendre que la méthodologie n'était en mesure d'offrir qu'une évaluation critique de conjectures déjà faites et non pas une méthode de recherche. Notons que ces points de vue séparatistes tranchent avec l'attitude d'Einstein. A plusieurs reprises, celui-ci affirma que les idées philosophiques de Hume et de Mach lui furent d'un grand secours durant l'élaboration de ses théories relativistes.

B – *Le problème de la fausse conscience*

La distinction faite ci-dessus entre « évaluation » et « règle heuristique » amena Paul Feyerabend à tirer des conclusions dirimantes au sujet de la philosophie des sciences : dans la mesure où la méthodologie est regardée comme un instrument d'évaluation, elle se réduit à un exercice futile : celui de décerner de bonnes ou de mauvaises notes à des hypothèses déjà faites, et que les scientifiques s'accordent à accepter ou à rejeter sans demander l'avis des philosophes; quant au cas où une méthodologie M serait utilisée comme règle directrice pour la construction de nouvelles lois, Feyerabend prétend pouvoir montrer que, pour tout M, il existe au moins une découverte scientifique qui aurait été entravée par l'application rigoureuse de M. Il s'ensuit que « tout est permis » *(Anything goes).* En d'autres termes : la méthodologie et même la logique devraient faire figure de simples servantes au service de l'homme de science qui, au moment voulu, utilise la méthode qui lui convient, quitte à l'abandonner ensuite au profit d'un autre procédé, qui sera à son tour éventuellement rejeté; et ainsi de suite.

A l'opposé de cette attitude quelque peu cynique, nous nous proposons de réfuter la thèse séparatiste concernant le rapport de la philosophie à la science. Nous devons naturellement commencer par admettre, avec Reichenbach, qu'un savant pourrait ne pas être en mesure de formuler, les principes philosophiques ayant effectivement guidé son activité scientifique; après tout, la philosophie n'est ni son métier ni peut-être de son goût.

Mais de même que nous appliquons certaines règles tout en étant incapables d'en donner une définition exacte, un scientifique peut suivre une méthodologie qu'il n'est pas à même de cerner, du moins dans toute sa généralité. Il existe en outre un problème de fausse conscience confrontant tout savant qui essaie, longtemps après l'événement créateur, de reconstituer le cheminement de sa propre pensée. Einstein nous donne le conseil suivant :

> Si vous voulez étudier chez l'un quelconque des théoriciens de la physique les méthodes qu'il utilise, je vous suggère de vous en tenir à ce principe de base : n'accordez aucun crédit à ce qu'il dit, mais jugez ce qu'il a produit. (« Sur la méthode de la physique théorique », 1930, dans : *Comment je vois le Monde*, p. 129)

Il existe des cas de mauvaise foi intellectuelle dans lesquels les scientifiques ont trompé leurs lecteurs. L'exemple le plus frappant en est celui de Newton qui prétendait ne jamais forger d'hypothèses. Pourtant, les axiomes concernant le caractère absolu de l'espace et du temps, présentés sous forme de postulats de la pensée, n'étaient susceptibles d'aucune déduction à partir des phénomènes ; et cela, Newton le savait bien puisqu'il admit que seules les distances et les durées relatives pouvaient être mesurées. Il établit en outre que les lois de sa mécanique, c'est-à-dire les seules qu'il envisageât sérieusement, revêtaient la même forme dans tous les repères galiléens ; elles ne pouvaient donc pas servir à fixer l'espace absolu. Postuler celui-ci revenait donc à admettre une hypothèse métaphysique. Un autre exemple de mauvaise foi est celui d'Ampère affirmant avoir induit ses lois à partir d'expériences que, de son propre aveu, il n'avait pas encore effectuées. Des cas plus intéressants de fausse conscience sont présentés par des savants ayant sincèrement cru qu'une certaine attitude philosophique les avait aidés dans leurs recherches, mais qui se sont trompés quant à la voie heuristique réellement empruntée. Avec sa clarté impitoyable, Pierre Duhem définit le problème de la fausse conscience en ces termes : il ne suffit pas, par exemple, qu'un physicien prétende sincèrement être réaliste pour que nous en concluions que le réalisme l'aida vraiment à faire certaines découvertes ; il faudrait, en outre, pouvoir démontrer, au moyen d'études logiques et historiques, que le réalisme fournit au savant le fil d'Ariane lui ayant permis de faire certains choix ou d'entamer certaines solutions.

Duhem maintient incidemment que dans ce sens précis, le réalisme ne joua presque jamais de rôle significatif dans les découvertes scientifiques ; seules l'analogie mathématique et des observations s'inspirant d'une théorie d'arrière-plan auraient, selon lui, mené le savant vers des hypothèses fructueuses. Il est intéressant de noter qu'Arthur Fine émet une thèse semblable concernant le réalisme d'Einstein que Fine tient pour avoir eu un contenu, non cognitif, mais purement psychologique (motivationnel). En fait, dans sa jeunesse soi-disant machienne, Einstein soutenait que tout concept scientifique pouvait être opérationnellement défini et que toute loi devait se réduire à un ensemble de relations entre certains vécus. Mais même dans sa Relativité restreinte, supposée pourtant être le type même d'une théorie phénoménaliste, l'invariance de c, c'est-à-dire de la vitesse de la lumière, est énoncée théoriquement avant que la convention de synchronisation des horloges ne soit fixée. D'ailleurs, une telle convention ne s'explique, comme fournissant la définition du temps relativiste la plus commode, que si l'invariance de c est déjà présupposée. La même convention pourrait en fait être adoptée dans la physique classique; mais elle aboutirait à une formulation compliquée des lois de Newton dont le contenu empirique n'en serait néanmoins pas altéré. Remarquons, encore une fois, combien Popper a eu raison d'insister sur le fait que les définitions scientifiques ne sont que des abréviations rendues commodes par le contexte théorique (cf. Zahar, 1989, chap. 4).

Quant au projet de réduire la Relativité générale à un système d'équations portant directement sur des éléments de sensations, il ne fut ni entrepris ni même sérieusement envisagé par Einstein qui le déclarait pourtant faisable (voir son Introduction à « The Meaning of Relativity »). Bien plus tard, en 1936, Einstein concéda que « les succès de la théorie de Maxwell-Lorentz ont inspiré une grande confiance dans la vitalité des équations électromagnétiques du vide, et ainsi tout particulièrement dans l'énoncé que la lumière se propage dans l'espace avec une certaine vitesse contante c ». L'invariance de c fut donc acceptée pour des raisons théoriques plutôt qu'expérimentales. Concernant la Relativité générale, Einstein écrivit :

> Ce progrès dans l'interprétation des fondements de la mécanique a cependant pour inconvénient – comme le montre un examen plus attentif – que les nouvelles coordonnées ne peuvent plus être interprétées comme des résultats de mesures à l'aide de corps rigides et d'horloges, comme elles pouvaient l'être dans le système originel, (système d'inertie avec un champ gravitationnel nul). (« La Physique et la Réalité », 1936, *Conceptions Scientifiques*, p. 49, 52)

En d'autres termes : la Relativité générale avait accru la distance entre l'observation et les prémisses théoriques. Ces citations soulignent aussi la différence, souvent considérable, entre une méthodologie intuitive ayant servi d'idée régulatrice au moment de la création scientifique, et la philosophie qu'un savant, avec un certain recul, formule consciemment ou qu'il prétend s'être remémorée. L'écart entre ces deux méthodologies est d'autant plus grand que l'homme de science se sent mis en demeure, longtemps après avoir fait ses découvertes, de clarifier sa position philosophique face à certaines critiques. Par exemple : il se peut que Newton n'ait affirmé avoir tiré ses lois de l'expérience que pour parer aux objections, faites par les cartésiens, à sa notion d'action à distance; et il ne faut pas oublier que Newton lui-même partageait les doutes des cartésiens quant à la nature du champ gravitationnel. Il existe toutefois un lien objectif entre la philosophie explicite de Newton d'une part, et sa méthodologie intuitive de l'autre : la première est une caricature, ou du moins une exagération, de la seconde.

Les caricatures étant plutôt faciles à comprendre, les historiens peuvent espérer tirer des leçons valables à partir des reconstructions rationnelles faites par les savants de leurs propres heuristiques. Par exemple : les lois de Newton, bien que non déductibles des phénomènes, restent plus étroitement liées à l'observation, donc plus réfutables, que leurs rivales; et lorsque celles-ci, comme par exemple la théorie cartésienne des tourbillons, sont plus rigoureusement formulées, elles s'avèrent incompatibles avec les faits, à moins d'être sauvées par des stratagèmes *ad hoc*. Pour les mêmes raisons, nous comprenons pourquoi Newton ne prit pas sa propre théorie de l'éther au sérieux; non pas parce qu'elle n'était pas déductible des faits d'expérience mais parce que, étant gratuite, elle n'entraînait aucune prévision nouvelle.

Nous pouvons donc nous attendre à des divergences bien plus fortes entre les positions philosophiques telles que formulées après, ou même avant coup, par les savants, qu'entre les jugements de valeur singuliers que ceux-ci portent sur certains épisodes précis de l'histoire des sciences. A en croire Lakatos, depuis l'avènement de la science grecque, tous ces jugements découlent d'une même méthodologie implicitement présupposée, à savoir MPRS.

C – *Énoncés de base méthodologiques*

De prime abord, l'approche de Lakatos paraît très différente de celle de Popper. Sans aucun doute, Lakatos admet aussi que l'un des buts de la méthodologie est l'évaluation des théories scientifiques. Il semble s'ensuivre que, la question de la cohérence mise à part, une méthodologie n'est pas critiquable et qu'en particulier, elle est irréfutable. Jugeant les contraintes logiques trop faibles, Lakatos exige de toute méthodologie qu'elle s'accorde avec des jugements de valeur singuliers portés par l'élite scientifique sur certaines découvertes et démarches de la pensée. L'élite et ses jugements sont pris comme des *données;* en d'autres termes : comme *les énoncés de base* de la méthodologie. S'il n'y a pas consensus, à ce niveau, parmi les savants et les philosophes, l'apriorisme devient inévitable; car tout système normatif consistant deviendrait alors acceptable, quelque intuitivement irrecevables que soient ses conséquences.

La position de Lakatos peut être rendue plus précise par le schéma suivant : son point de départ est constitué par deux ensembles disjoints : *A* et *B*, de démarches suivies au cours du développement de la pensée scientifique. L'ensemble *A* comprend des découvertes intuitivement jugées comme ayant contribué au progrès de la science, tandis que *B* contient des systèmes et des procédés regardés comme pseudo-scientifiques. *A* et *B* ne sont pas exhaustifs, c'est-à-dire qu'il existe un domaine intermédiaire *C* dans lequel l'intuition reste indécise ou fait même défaut. Par exemple : la physique newtonienne appartient certainement à *A* ; mais nous ne sommes pas sûrs que certaines théories des particules élémentaires représentent des réussites de la recherche scientifique ; ces théories appartiennent donc à la classe *C*.

Toute méthodologie devra inclure *A* et exclure *B* au moyen d'une définition du progrès ; il s'agit là d'une condition nécessaire minimale. La ligne de démarcation devra donc traverser *C*, c'est-à-dire qu'elle devra éclairer, voire rectifier, notre intuition concernant les cas ambigus. Reprenant l'exemple que nous venons de citer : si la mathématisation à outrance est prise comme un signe de progrès, toutes les théories des particules seront tenues pour des réussites ; si, par contre, l'on considère les mathématiques comme un simple instrument et la prévision de faits nouveaux comme la condition du progrès, ces mêmes théories pourraient représenter autant d'échecs. Lakatos a donc une conception dialectique du rapport entre une méthodologie formelle et l'intuition normative de l'élite scientifique.

Une question de circularité se pose immédiatement. En définissant ce que nous entendons par « l'élite » et donc aussi les deux classes *A* et *B*, n'employons-nous pas déjà – sur le plan intuitif – un système de valeurs que nous ne faisons que retrouver au niveau formel ? Ceci est tout à fait vrai, mais il ne s'agit nullement d'une circularité vicieuse ; car il n'y a aucune garantie que notre méthodologie, une fois explicitée, revête une forme unifiée. Bien sûr, nous pouvons toujours fabriquer un critère *ad hoc* départageant deux ensembles disjoints quelconques *A* et *B* ; mais il n'est nullement acquis que notre démarcation satisfasse à la condition de compacité requise pour toute définition. Nous avons en effet affaire à ce que les Anglo-Saxons appellent un problème de rigueur informelle ; notre définition doit réaliser un « équilibre réflexif », en d'autres termes : occuper une position optimale entre le réquisit d'unité et celui de rendre compte de nos intuitions ; c'est-à-dire subsumer la totalité des éléments inclus dans *A* tout en excluant ceux appartenant à *B*. Ce n'est qu'à ce prix qu'une méthodologie peut partitionner la zone grise *C* de manière convaincante.

L'élite scientifique une fois donnée, nous pouvons nous demander si tous ses membres souscrivent, ne serait-ce qu'implicitement, au même système de valeurs. Il est évident que l'historien ne peut pas se passer de reconstructions rationnelles puisqu'il lui est impossible d'être directement renseigné sur tous les détails nécessaires à son récit. Il existe en particulier un fait auquel il n'a en principe aucun accès immédiat; à savoir la méthodologie dont un savant use instinctivement lors de la construction d'une théorie ou d'un choix opéré parmi plusieurs programmes de recherche. Nous avons déjà dit que les scientifiques ont souvent décrit leurs propres heuristiques, mais qu'on ne pouvait pas toujours prendre leurs assertions au pied de la lettre.

Les reconstructions ne constituent donc pas un luxe mais une nécessité absolue. Une reconstruction ne peut naturellement être admise que si elle est conciliable avec les faits historiques reconnus comme vrais. Mais comment la question d'une compatibilité logique entre une méthodologie et certains états de fait peut-elle se poser ? Une méthodologie consiste en des prescriptions et des jugements de valeurs érigés en un système d'évaluation; elle ne devrait pouvoir être ni réfutée ni confirmée par des données historiques.

A toute méthodologie nous pouvons néanmoins faire correspondre la thèse selon laquelle certaines percées scientifiques se sont réalisées grâce à l'application des préceptes de la méthodologie en question. Il s'agit là d'un jugement, non pas de valeur, mais de réalité. Par exemple : à l'inductivisme nous enjoignant d'observer puis de tirer des lois à partir de l'expérience, correspond l'hypothèse que de grandes révolutions se sont réalisées grâce des scientifiques qui, ayant fait de nouvelles observations, en auraient ensuite induit des théories nouvelles.

Bien sûr, un historien ne devrait attribuer à un savant qu'une méthodologie conciliable avec les découvertes et les publications de celui-ci. La consistance avec les faits pourrait apparaître comme une contrainte rigoureuse mais elle est en réalité très lâche. Considérons un épistémologue ayant décrit une méthodologie *M* qu'un savant *S* est censé avoir implicitement adoptée. En d'autres termes : dans la plupart des cas, *S* aurait effectivement obéi aux préceptes de *M*, sans pour autant être capable de donner de *M* une caractérisation générale. Supposons que, dans certaines de ses publications, *S* soit allé à l'encontre de *M*. L'épistémologue peut toujours alléguer des facteurs externes, psychologiques, sociaux ou même physiologiques qui auraient provisoirement occulté l'adhésion véritable de *S* à *M*. La simple compatibilité avec les faits historiques est donc une exigence faible; ce qui explique pourquoi la notion de reconstruction rationnelle acquiert une très grande importance. Une reconstruction admissible sera dite rationnelle dans la mesure où elle n'est pas ad hoc; dans la mesure où elle minimise le recours à des facteurs externes qui ne sont pas étayés par des faits indépendants de l'épisode particulier étudié par l'historien; où le qualificatif « externe » signifie : non jugé admissible par la méthodologie en question.

Par exemple : dans MPRS, le rejet des coïncidences ou de l'existence d'un Malin Génie est légitimé par la méthodologie alors que toute considération politique lui reste externe. Le choix des problèmes étant en général dicté par des facteurs exogènes, les reconstructions ne peuvent pas, en dernière analyse, rester entièrement rationnelles; mais il y en a qui le sont plus que d'autres; et nous dirons d'une méthodologie qu'elle est infirmée par les faits si elle ne permet que des reconstructions irrationnelles de l'histoire. Mais toute méthodologie peut, de toute manière, être considérée comme définissant un principe de rationalité permettant d'expliquer, du moins en partie, le comportement des scientifiques.

Décrivons maintenant des méthodologies qui cadrent mal avec le développement des sciences. Nous avons déjà vu que l'inductivisme échoue pour des raisons à la fois logiques et psychologiques. Du point de vue logique, aucune proposition universelle ne peut, d'une manière valide, être inférée à partir d'un nombre fini de rapports observationnels. En outre : vu la transcendance verticale d'un énoncé objectif vis-à-vis de toute description phénoménologique, il est psychologiquement impossible de passer de celle-ci à celui-là sans présupposer, ne serait-ce qu'implicitement, des principes transcendants.

Quant au falsificationnisme, il est logiquement possible, mais il échoue pour des raisons historiques et, donc contingentes : il n'arrive pas à démarquer *A* de *B*. C'est que, de deux théories τ_1 et τ_2, τ_1 est tenue pour supérieure à τ_2 si τ_2, à *l'opposé* de τ_1, est expérimentalement réfutée. Dans ce cas, les lois de Newton s'avèrent aussi peu acceptables que celles de l'alchimie puisque ces deux systèmes sont, et ont toujours été, simultanément réfutés. Bien sûr, il y a longtemps que l'alchimie a été reconnue comme fausse; mais, de leur côté, les newtoniens n'ont jamais pu expliquer correctement le mouvement de la Lune ni, plus tard, celui de la planète Mercure. En d'autres termes : ils n'ont pas pu spécifier des conditions initiales cohérentes qui, en conjonction avec les lois classiques du mouvement et de la gravitation, déterminent, de manière satisfaisante, les trajectoires de Mercure et de la Lune. Nous pourrions bien sûr prétendre que, prise isolément, la théorie newtonienne n'est pas falsifiable puisqu'elle doit être adjointe à des hypothèses auxiliaires avant d'entraîner des énoncés observationnels; mais ceci la rendrait métaphysique, et donc en aucune façon préférable à ses rivales. La gravitation einsteinienne ne s'en tire pas mieux : n'étant pas quantisée, elle est inconciliable avec les phénomènes atomiques. Par conséquent, du moins à en croire Lakatos, tous les systèmes scientifiques naissent et meurent expérimentalement réfutés. Nous avons pourtant la conviction profonde que les travaux de Newton et d'Einstein ont marqué de grands pas en avant pour la science. Dans l'évaluation des théories, les confirmations dramatiques devraient donc jouer un rôle au moins aussi important que celui des réfutations empiriques.

Nous avons vu que le critère de démarcation de Popper est le moyen le plus satisfaisant de démarquer la science de la métaphysique; nous pouvons même dire qu'il cerne l'essence de ce que nous devrions entendre par une hypothèse scientifique; mais tout en étant présupposé par la science, il n'en constitue pas le moteur de progrès; c'est-à-dire qu'il ne fournit pas un principe de rationalité permettant d'expliquer toutes les décisions prises par les savants. Donnons un exemple.

Bachelard a dit de l'expérience de Michelson-Morley qu'elle a été l'un des tests réfutateurs les plus impressionnants de l'histoire de la physique. Einstein a pourtant toujours nié que les résultats obtenus par Michelson aient joué un rôle significatif dans la genèse de la Relativité. Un historien selon lequel Einstein aurait été un falsificationniste pur pourrait prétendre que celui-ci avait tout simplement menti au sujet de l'influence exercée sur lui par Michelson; ou que, vu son âge, Einstein avait oublié le cheminement initial de sa propre pensée. Il s'agit là d'un facteur physiologique allégué par Grünbaum. Holton a cependant montré que tout au long de sa carrière, et tout en admirant l'œuvre de Michelson, Einstein n'alla jamais jusqu'à admettre que la découverte de la Relativité fût liée, de quelque façon que ce soit, aux travaux de Michelson. Le falsificationniste en est réduit à l'hypothèse que, sa vie durant, Einstein avait systématiquement caché son jeu.

Cette supposition est logiquement inattaquable, mais elle cadre mal avec l'honnêteté bien connue du grand savant; celui-ci n'a en effet jamais hésité à reconnaître sa dette intellectuelle envers des physiciens et des penseurs tels que Mach, Foucault, Faraday, Maxwell, Hume, Lorentz et Eötvös. L'explication falsificationniste peut donc être conciliée avec les faits, mais au prix d'une hypothèse psychologique *ad hoc*, c'est-à-dire non testable indépendamment du silence d'Einstein au sujet de l'influence de Michelson. Alternativement, ce même méthodologue pourrait maintenir que tout en étant sincère, Einstein avait cédé à une impulsion qui, du point de vue falsificationniste, était irrationnelle ou plutôt non-rationnelle : il aurait cherché à substituer à une théorie non réfutée une nouvelle hypothèse spéculative, voire contre-intuitive. Mais alors que ce méthodologue devrait spécifier et confirmer certains facteurs psychologiques, c'est-à-dire externes, un historien qui attribuerait MPRS à Einstein n'a besoin d'aucune hypothèse *ad hoc :* le grand physicien s'était simplement rendu compte que les théories classiques postulaient, sur le plan des principes, une dissymétrie qui ne faisait jamais surface au niveau de l'observation. C'est comme si un Malin Génie – nous reprenons ici l'expression d'Alain Boyer – voulait systématiquement nous tromper quant à la structure profonde de la réalité. Or la Relativité est le moyen le plus cohérent de débarrasser à la fois la mécanique et l'électrodynamique de ce Malin Génie. Le rejet des hypothèses conspirationnistes faisant partie intégrante de MPRS, le comportement d'Einstein s'explique rationnellement, c'est-à-dire au moyen de facteurs strictement internes.

En outre, le falsificationnisme ne rend pas compte de l'aspect continuiste de la recherche. Par exemple : le jeune Popper adopte une attitude strictement darwinienne vis-à-vis du progrès de la connaissance. S'il se trouve qu'il y a adéquation entre une nouvelle théorie et certains faits, ceci ne résulterait pas d'une suite d'efforts rationnels et concertés de la part des scientifiques; ce serait l'effet d'une certaine surabondance. Une théorie dominante ayant été empiriquement réfutée, de nouvelles conjectures surgiraient en grand nombre, à la manière de mutations spontanées. La plupart de ces hypothèses seraient éliminées par l'expérience. Mais comme il y a eu une surproduction de théories, quelques unes survivront à leur conflit avec l'environnement.

Popper propose donc un schéma darwinien de l'évolution de nos connaissances : l'adaptation des théories aux faits serait en quelque sorte une illusion d'optique; celle-ci est le résultat d'un processus de sélection qui écarterait les conjectures défectueuses. Mais dans le fond, l'adaptation resterait un effet du hasard; il n'y a pas d'adéquation voulue entre les théories et la réalité. Seule la surabondance entraîne que certaines hypothèses échapperont à la falsification tout en expliquant les réussites empiriques des théories révolues. Le jeune Popper donne donc une explication darwinienne du développement de la science :

> Selon le point de vue déductiviste, il n'existe *aucune dépendance légale (Keine gesetzmässige Abhängigkeit)* entre ce que nous recevons du monde extérieur, entre les conditions objectives, et l'émergence des réactions. (Ou plutôt une *seule* forme de dépendance, à savoir celle, *sélective*, qui prive les réactions non adaptatives de toute valeur, et peut ainsi placer l'organisme devant l'alternative de produire quelque chose de nouveau, ou de succomber; ce qui n'illumine, en aucune façon, le moment inexpliqué.) (*D.B.G.*, p. 27)

En bref : comme nous l'avons déjà dit, il n'y aurait vraiment pas de véritable logique de la découverte scientifique, mais une psychologie de l'invention juxtaposée à une méthodologie évaluant des hypothèses déjà constituées. Remarquons en outre que la thèse darwinienne concernant le processus de la découverte est en parallèle avec la méthodologie falsificationniste, en ce que la réfutation empirique y joue un rôle analogue à celui de la sélection naturelle. Nous verrons cependant que cette thèse ne fait pas partie intégrante de la philosophie globale du Popper de la maturité ; les aspects les plus importants de celle-ci s'avèrent conciliables avec d'autres conceptions de la découverte scientifique. Si nous nous sommes attardés sur un examen de la position poppérienne des années trente, c'est pour illustrer la manière dont la méthodologie, et plus particulièrement celle attribuée à un savant, conditionne un récit historique. Un scientifique qui s'en tiendrait au falsificationnisme ne peut faire ses découvertes que grâce à des méthodes qui, du point de vue de sa propre méthodologie, seraient irrationnelles ou plutôt non-rationnelles. Comme l'a dit Popper lui-même, ce genre d'hypothético-déductivisme ne veut ni ne peut expliquer l'émergence du nouveau.

D – *Noyau dur et heuristique positive*

Bon nombre de philosophes, dont Lakatos nous semble être le plus important, ont suggéré qu'en dépit de la vieille orthodoxie il y avait une place pour une heuristique rationnelle dans la pratique scientifique. Lakatos explique le progrès de la connaissance en fonction de ce qu'il appelle la méthodologie des programmes de recherche scientifiques (MPRS). Tout programme se caractérise par un noyau dur et une heuristique positive, désormais désignés tout simplement par « noyau » et « heuristique » respectivement, qui donnent conjointement naissance à une suite d'hypothèses : $H_0, H_1, H_2, \ldots$

Le noyau est une conjonction N de principes partagés par tous les éléments du programme ; c'est-à-dire que $H_i \Rightarrow N$ pour tout i. L'exemple le plus frappant d'un tel N est fourni par les lois de Newton qui constituent le fondement indiscutable de la physique classique. L'heuristique consiste en un ensemble de directives issues peut-être d'une proposition métaphysique ; celle-ci sert de guide à la recherche en indiquant la manière dont une nouvelle théorie devrait être construite et dont le programme, pris intégralement, devrait parer à certaines réfutations empiriques. On voit combien cette approche s'apparente à celle de Kuhn, dont Lakatos s'est ouvertement inspiré.

Un exemple très important d'un programme de recherche est fourni par la Mécanique céleste; celle-ci traite des corps matériels comme d'agrégats différentiels denses; puis, compliquant graduellement ses modèles, elle vise à éliminer tout conflit avec les résultats d'expérience.

L'évolution d'un programme est donc simultanément régie par son heuristique et par son noyau; celui-ci est protégé par la décision méthodologique de ne jamais le tenir pour falsifié, même en cas de réfutation empirique. Par conséquent, toute hypothèse du programme devra obéir à deux contraintes : elle doit impliquer logiquement le noyau tout en se pliant aux exigences de l'heuristique. Au sein d'un même programme, une théorie consistante représentera un progrès si elle satisfait intuitivement à trois conditions : par rapport à ses prédécesseurs, elle doit entraîner des énoncés observationnels nouveaux; certaines de ces prévisions doivent en outre avoir été confirmées; enfin, la théorie est censée avoir une structure conforme à l'heuristique positive; plus précisément : une telle hypothèse ne devrait pas recourir à des qualités jugées occultes par la métaphysique sous-jacente. Par exemple : une théorie cartésienne ne doit postuler aucune action à distance.

Tragiquement, Imre Lakatos est mort avant d'avoir pleinement élaboré sa position philosophique. Dans ce qui suit, nous présenterons un point de vue qui, tout en s'écartant quelque peu de la philosophie de Lakatos et même en la contredisant sur quelques points, n'en défend pas moins l'esprit. En outre, ce point de vue s'avérera compatible avec l'attitude poppérienne, donc anti-inductiviste, vis-à-vis du progrès de la science.

Dès le départ, il faudra distinguer deux questions, très différentes mais souvent confondues : la première concerne la possibilité d'une reconstitution rationnelle de la découverte, par exemple par l'attribution à un savant d'une certaine méthodologie; la seconde est de savoir si une telle reconstitution joue un rôle quelconque dans l'évaluation d'une théorie *après* la genèse de cette dernière. Nous verrons dans quel sens Popper et Reichenbach ont eu raison de répondre négativement à la seconde question. Quant à la première, il s'agira pour nous de montrer que le processus de l'invention est beaucoup plus rationnel qu'il n'y paraît à première vue; qu'il n'est ni intuitif ni même inductif; mais que dans une très large mesure, il repose sur des raisonnements déductifs procédant de certains principes très généraux; et que ceux-ci servent de base non seulement à la science et à la métaphysique, mais aussi aux connaissances du sens commun. Les programmes de recherche sont constitués par les choix cohérents qu'ils opèrent parmi ces principes. Nous espérons ainsi pouvoir, premièrement, rendre compte de la continuité indéniable entre le savoir commun et la science; deuxièmement, montrer que l'heuristique fonctionne d'une manière non pas mystérieuse, mais tout simplement déductive, au niveau du métalangage.

Comme il est pratiquement impossible de donner de l'heuristique une définition à la fois générale et précise, nous préférons nous attaquer d'abord à des problèmes particuliers, pour en dégager ensuite des conclusions globales concernant la structure des programmes de recherche. En même temps, nous poursuivrons une tactique d'usure, consistant à amenuiser graduellement l'importance des moments soi-disant irrationnels dans le processus de la découverte scientifique.

E – *Explications non* ad hoc *des faits empiriques*

Nous avons déjà remarqué que le caractère *ad hoc* d'une théorie tenait à son incapacité à prévoir certains faits d'une *manière inattendue*. Nous devons maintenant examiner cette dernière notion d'un point de vue formel.

Lakatos cite le retour de la comète de Halley comme un fait nouveau ; et il faut admettre que tout type d'événement *nouveau*, au sens temporel de ce qualificatif, est inattendu. (Par un abus de langage, nous entendrons par fait inattendu un état de choses qui pourrait bien être connu d'avance, mais dont l'explication n'était pas anticipée.)

La réciproque de l'assertion de Lakatos est pourtant loin d'être vraie ; car identifier « inattendu » avec « nouveau », c'est-à-dire avec « non déjà constaté », conduirait tout droit au paradoxe. Comme nous l'avons expliqué, les théories d'Einstein ne seraient alors fortement soutenues ni par l'expérience de Michelson ni par la précession du périhélie de Mercure ; car celles-ci deviendraient des faits somme toute banals, parce que bien connus au moment où la Relativité fut proposée.

De même, ni les lois galiléennes concernant les projectiles ni les ellipses képlériennes, ni même les données expérimentales de Tycho Brahé ne corroboreraient la théorie newtonienne de la gravitation. Nous avons cependant la conviction aussi profonde qu'intuitive que ces faits soutiennent les théories correspondantes, car celles-ci n'avaient pas été fabriquées de manière à subsumer ceux-là ; et nous avons déjà expliqué comment l'introduction d'un nombre suffisant de paramètres pourrait forcer un schéma théorique à entraîner des énoncés observationnels posés d'avance.

(∗) Nous qualifierons donc un fait e d'inattendu relativement à une hypothèse H subsumant e, si la construction de H s'est objectivement faite sans recours à e.

Conformément à cette définition, tout fait *nouveau* e est inattendu par rapport à n'importe quelle théorie h entraînant e, puisque celle-là n'aurait pas pu être adaptée d'avance à celui-ci. La nouveauté au sens temporel de ce terme suffit donc, mais elle n'est nullement nécessaire pour qu'un fait soit inattendu. Un résultat nouveau pourrait avoir un impact psychologique beaucoup plus grand qu'un état de choses bien connu ; mais ceci n'a rien à voir avec le soutien objectif qu'un énoncé empirique fournit à une hypothèse.

La corroboration est donc une relation à trois arguments $\Gamma(\varepsilon, H, e)$, entre une heuristique ε, une théorie H et un énoncé observationnel e :

> $\Gamma(\varepsilon, H, e)$ est satisfaite toutes les fois que $H \Rightarrow e$ et que ε (souvent prise en conjonction avec d'autres principes) engendre H *sans faire usage de* e.

Supposons que $e \equiv (q \rightarrow p)$, q étant une description de conditions aux limites et p une prévision. Lorsque $q \wedge p$ est vérifié, ce n'est pas la conjecture H prise isolément, mais le couple (ε, H), qui se trouve confirmé. Il est donc tout à fait concevable que deux programmes différents P_1 et P_2, munis respectivement des heuristiques ε_1 et ε_2, donnent naissance à une même théorie H ; en outre, que $\Gamma(\varepsilon_2, H, e)$, mais non pas $\Gamma(\varepsilon_1, H, e)$, soit vraie.

Un premier exemple est celui où P_1 est le programme ptolémaïque tel que formulé par Tycho Brahé, P_2 le programme copernicien, H une description purement cinématique du mouvement des planètes par rapport à la Terre, et e un énoncé concernant l'élongation bornée de Vénus. H est une explication *ad hoc* de e dans le programme de Brahé, mais non pas dans celui de Copernic. Un exemple plus problématique consiste à prendre P_1 pour le programme classique de la physique, et P_2 pour celui, relativiste, d'Einstein ; H sera la loi de Fitzgerald concernant la contraction des corps en mouvement, et e les résultats obtenus par Michelson. Il s'avère, encore une fois, que $\Gamma(\varepsilon_2, H, e)$, mais non pas $\Gamma(\varepsilon_1, H, e)$, est satisfaite. Par contre, $\Gamma(\varepsilon_1, M, e)$ et $\Gamma(\varepsilon_2, M, e)$ sont toutes deux vraies, où M est le système des équations de Maxwell-Lorentz prises en conjonction avec les lois de transformation des coordonnées et du champ électromagnétique. (Notons que M fait partie à la fois du programme classique de Lorentz et de celui d'Einstein.) La *même* hypothèse peut donc se trouver au confluent de plusieurs programmes, qui s'avèrent néanmoins confirmés à des degrés *différents* par les *mêmes* faits.

Le nouveau critère de corroboration découlant de (∗) montre que les méthodes traditionnelles de la recherche historique sont encore plus vitales pour l'évaluation des hypothèses empiriques que ne l'avait suggéré Lakatos. L'épistémologue doit se pencher sur la correspondance privée du savant dont il retrace la carrière. Son but ne sera pas de revivre les états d'âmes de celui-ci, mais de dégager l'heuristique employée par le chercheur pour arriver à ses conjectures. En d'autres termes : le philosophe devra reconstituer rationnellement le programme sur lequel l'homme de science travaillait. Ce travail de reconstruction est nécessaire parce que seules les théories toutes faites, et non pas l'heuristique qui y a conduit, sont d'habitude publiées.

De prime abord, (∗) semble être une définition psychologiste de la corroboration. Nous avons cependant vu que l'ajustement des paramètres à certains résultats expérimentaux est régi par des procédures objectives, voire déductives; par exemple, nous pouvons en principe vérifier qu'une dérivation de $(a \in K_1)$ à partir de $(H(a) \wedge E)$ s'est effectivement faite selon les schémas du calcul logique du premier ordre et qu'elle fait vraiment intervenir la proposition E comme prémisse. Nous pourrions naturellement avoir besoin de déterminer, en fonction de faits connus, des entités autres que de simples paramètres réels, par exemple des matrices ou des opérateurs fonctionnels; mais le principe reste le même. De toute façon, il est préférable d'adopter une définition générale – telle que (∗) – plutôt que de nous en tenir au cas particulier du calcul des paramètres numériques.

Répétons que (∗) est censée avoir un sens objectif. Dans un certain sens, Popper et le Cercle de Vienne ont donc eu raison de différencier le contexte de la découverte et celui de la justification. Dans l'évaluation méthodologique des théories, ce n'est pas leur genèse en tant que telle, mais certaines considérations logiques qui sont importantes. Répétons-le : nous pouvons souvent démontrer mathématiquement que la présence d'un nombre suffisant de constantes indéterminées garantit l'existence d'une loi subsumant un nombre fini de résultats empiriques : c'est que nous disposons de moins d'équations que d'inconnues. Comme un théorème mathématique ne nous apprend rien au sujet de la réalité physique, les faits qui nous aident à forger une hypothèse ne peuvent donner à celle-ci qu'un soutien très faible; un soutien ayant trait à la cohérence de l'hypothèse plutôt qu'à sa valeur explicative.

F – *Le Principe de Correspondance*

Certains réquisits mis en avant par Duhem et Popper s'avèrent être des directives gouvernant la construction des théories; il n'est donc nullement étonnant que celles-ci satisfassent aux réquisits en question. Une approche rationnelle de l'heuristique pourrait donc dissiper – du moins en partie – l'air de mystère entourant les progrès « miraculeux » de la science. Considérons, par exemple, l'exigence qu'une nouvelle conjecture doive au moins expliquer les réussites empiriques d'une ancienne hypothèse. Ce réquisit réapparaît dans l'histoire des sciences sous la forme heuristique du Principe de Correspondance dont nous avons déjà parlé. Celui-ci fut explicitement mis en avant par Niels Bohr comme un outil pour la détermination des lois quantiques : celles-ci devaient tendre vers leurs homologues classiques dès que certaines conditions étaient remplies ; par exemple, dès que $h \rightarrow 0$, h étant la constante de Planck transformée en paramètre. Avant que la mécanique ondulatoire ne revêtit sa forme définitive, Bohr avait donc proposé un instrument heuristique qui avait déjà été évidemment employé – ne serait-ce qu'implicitement – bien avant l'émergence du programme quantique.

A première vue, il nous semble que le Principe de Correspondance n'a rien de sacro-saint. Après tout, une nouvelle loi est censée expliquer les conséquences confirmées d'une ancienne théorie, et ce sans avoir à être un prolongement continu de cette dernière. Pour parer à cette objection, nous mettrons en avant des arguments – d'ordre inductif – démontrant que la transition d'une loi à la suivante doit s'effectuer de manière continue. Lorsque les savants parlent du succès empirique d'une hypothèse, ils envisagent des faits tout autant virtuels que réels. Parlant avec Alain Boyer, nous dirons que les scientifiques considèrent l'ensemble fini des énoncés vérifiés comme un échantillon représentatif de tout un domaine continu formé autant par les faits présumés que par ceux déjà constatés. Ils se donnent donc pour tâche de rendre compte non seulement d'un nombre limité de résultats disparates, mais aussi de certaines régularités. Celles-ci sont regardées comme étant approximativement cernées par les lois existantes. Que les savants puissent se tromper ne change rien à notre argument. La seule méthode dont nous disposions pour capturer ces régularités comporte une condition de continuité par rapport soit à une théorie antérieurement donnée, soit à certaines de ses conséquences. Même lorsqu'il ne fait pas fonction d'outil heuristique, le Principe de Correspondance reste donc un réquisit essentiel à la recherche scientifique. Donnons un exemple : Newton n'était, au fond, mis en demeure d'expliquer que les données expérimentales de Tycho Brahé; mais même si Newton avait voulu construire une hypothèse tout à fait *ad hoc*, il lui aurait été pratiquement impossible d'y incorporer, les uns après les autres, tous les faits singuliers décrits par Tycho Brahé. Il tint naturellement les lois de Kepler pour une *interpolation correcte* des observations de l'astronome danois ; où « correcte » signifie : approximativement vraie. La réussite empirique que Newton se proposa d'expliquer allait donc bien au-delà d'un ensemble fini de conclusions empiriques.

Même la Mécanique quantique, tout en contrevenant à l'exigence de continuité formulée par Leibniz, satisfait, grâce aux théorèmes d'Ehrenfest, au Principe de Correspondance. Il semble donc que celui-ci, ne serait-ce que sous la forme d'un simple réquisit, est un acquis auquel la physique pourra difficilement renoncer.

G – *Métaphysique et Noyau dur*

Les deux principes de la correspondance et de l'adaptation des théories à des faits connus, tout en étant communs à tous les programmes de recherche, laissent une grande latitude dans le choix des hypothèses; ils ont pour but principal de préserver l'acquis empirique tout au long du développement de la science. Le processus de la découverte, comme le montre l'exemple de la modification relativiste de la loi du mouvement, fait entrer en jeu d'autres principes, telle la condition de covariance, qui font la spécificité d'un programme particulier, dans ce cas le programme relativiste. Il s'agit maintenant d'identifier la nature et les origines de ces principes supplémentaires.

Pour que le noyau d'un programme puisse être défendu contre toute réfutation expérimentale, il faut qu'il soit en lui-même infalsifiable, c'est-à-dire métaphysique au sens de Popper. Il s'agit là d'une conclusion que Lakatos n'a pas voulu tirer: il prétendait, en effet, que le noyau n'était irréfutable que par décision méthodologique. Mais aucun volontarisme ne peut sauver une proposition qui, prise isolément, entraîne déjà des conséquences empiriquement décidables; une telle théorie ne peut être que scientifique.

Le fait que le noyau doive être infalsifiable établit un rapport étroit entre la position de Lakatos et les idées de Popper concernant les programmes de recherche *métaphysiques*. Examinons donc, d'un peu plus près, le point de vue de celui-ci au sujet des propositions irréfutables.

L'un des aspects les plus marquants de la philosophie poppérienne est d'avoir substitué l'analyse des propositions à celle des concepts. L'épistémologie empiriste classique, par exemple celle de Hume ou de Mach, avait qualifié une entité de métaphysique si elle ne pouvait être ni perçue ni même opérationnellement déterminée; d'où la doctrine opérationnaliste souvent attribuée à Mach et puis à Bridgman. Une proposition ne serait en conséquence métaphysique, donc non signifiante, que dans un sens dérivé; c'est-à-dire dans la mesure où elle fait intervenir des concepts irréductiblement théoriques. Quant à Popper, il s'attaque directement aux propositions, les déclarant métaphysiques si elles s'avèrent infalsifiables par l'expérience, c'est-à-dire si elles ne possèdent aucune conséquence empiriquement décidable. Pour Popper, une assertion ne contenant que des prédicats observationnels pourrait, de par la nature et la disposition de ses quantificateurs, être tout de même métaphysique.

Par exemple : $(\forall x)(\exists y)(\exists t)P(x, y, t)$ est irréfutable, même si $P(x, y, t)$ signifiait : la substance y dissout x à l'instant t ; donc même si $(\forall x)(\exists y)(\exists t)P(x, y, t)$ voulait simplement dire que toute substance est soluble.

De prime abord, la différence entre ces deux approches paraît minime ou, pour parler anglo-saxon, « purement académique ». Elle s'avère néanmoins considérable ; car le critère poppérien démarque, d'une manière révolutionnaire, la science de la métaphysique tout en ne condamnant aucunement cette dernière.

Donnons un exemple précis. Mach regardait les hypothèses newtoniennes de l'espace et du temps absolus comme inadmissibles parce qu'usant de concepts « monstrueusement » abstraits. Mach échoua cependant dans sa tentative de bannir ces concepts tout en préservant le contenu empirique de la Mécanique classique. La raison en est très simple : d'un point de vue poppérien, il existe dans les théories classiques une très grande différence entre le rôle du temps et celui de l'espace absolu. Montrons, pour commencer, que la notion de temps absolu est indispensable à la déduction de lois non seulement falsifiables, mais dont la réfutation joua un rôle indéniable dans l'émergence du programme relativiste (surtout dans les cas de Lorentz et de Poincaré). Dans la transformation galiléenne, nous écrivons : $x' = x - ut$; puis, dérivant cette équation par rapport au temps, nous obtenons :

$$\frac{dx'}{dt} = \frac{dx}{dt} - u,$$

une relation tenue pour équivalente à $v' = v - u$, c'est-à-dire à $v = v' + u$. Nous supposons donc implicitement que :

$$\frac{dx'}{dt} = v' =_{def} \frac{dx'}{dt'} \text{ c'est-à-dire que } dt' = dt.$$

Cette dernière équation représente l'hypothèse du temps, ou plutôt de l'intervalle de temps absolu.

Par conséquent : la loi de l'addition des vitesses, qui fut plus tard mise à mal par l'expérience de Michelson, dépend essentiellement du caractère présumé absolu de la distance temporelle entre deux événements. (Nous insistons sur la notion de *distance* reprise par la Relativité sous forme d'un intervalle *spatio-temporel*). Il en va tout autrement du concept newtonien de l'espace absolu. Nous savons que les lois de la mécanique classique sont covariantes par rapport au groupe galiléen; elles ne distinguent donc pas l'espace absolu des autres repères inertiaux. La supposition que l'un de ceux-ci est privilégié, c'est-à-dire absolu, est une adjonction métaphysique au système newtonien en ce qu'elle n'en augmente nullement le contenu empirique. Le temps newtonien est donc beaucoup plus absolu que son homologue spatial.

Nous avons là deux notions traitées sur un pied d'égalité par l'épistémologie empiriste traditionnelle, mais clairement départagées par le critère poppérien: la proposition incorporant l'une des deux notions, à savoir l'espace, est métaphysique; alors que l'autre, c'est-à-dire l'hypothèse du temps absolu, s'avère scientifique. Remarquons que Newton lui-même était vaguement conscient de cette dissymétrie: dans le Corollaire V des *Principia*, il démontre que ses lois revêtent la même forme, que l'on regarde le repère sous-jacent comme étant au repos ou comme étant animé d'un mouvement rectiligne et uniforme dans l'espace absolu. Quant au temps, Newton avait tenu son caractère invariant pour allant de soi. En outre: bien que la notion classique d'un espace absolu soit superflue, celle d'un *ensemble* privilégié de repères inertiaux ne l'est pas.

Newton n'était en mesure d'expliquer l'aplatissement de la Terre aux pôles qu'en fonction d'une accélération de celle-ci par rapport à l'ensemble inertiel. La Relativité restreinte est donc, dans ce sens, tout aussi absolue que la physique classique; en effet, Einstein postule, lui aussi, l'existence d'un ensemble privilégié de systèmes inertiels, dont le groupe de transformations n'est cependant pas celui de Galilée mais de Lorentz.

Remarquons enfin que Newton avait de solides raisons *philosophiques* d'ajouter à son système l'hypothèse de l'espace absolu: pour que la loi d'inertie fût intelligible, il fallait que la quantité de mouvement, c'est-à-dire $m\vec{v}$, pût être considérée comme un état du mobile. La vitesse devait donc constituer une *propriété* d'un corps en mouvement; comme elle change d'un repère à l'autre en vertu de la loi d'addition des vitesses, un espace dans lequel le mobile assumerait son état de mouvement véritable devait être fixé; ce fut justement l'espace absolu.

Notons que de tels arguments métaphysiques, rejetés comme dénués de sens par le Cercle de Vienne, sont tenus pour signifiants par Popper. Selon celui-ci, la différence entre la physique et la métaphysique n'est plus le fossé séparant le sens du non-sens, mais une différence de degré entre le testable et l'irréfutable. Popper réhabilite donc la métaphysique; mais celle-ci n'est-elle vraiment justiciable d'aucune expérience?

Au cours des années quarante, s'étant rendu compte grâce à la définition tarskienne de la vérité que le réalisme pouvait se discuter en des termes grammaticalement corrects, Popper affirma l'existence de « programmes de recherches métaphysiques ». Par exemple : l'atomisme grec qui, au départ, avait été proposé comme une solution du problème philosophique de l'être et du non-être, finit par devenir une hypothèse scientifique. Mais que veut dire, dans ce contexte, le verbe « devenir » ? S'agit-il de la même hypothèse que celle des présocratiques ou d'une nouvelle conjecture similaire à l'ancienne ? En outre : dans quel sens une expérience corroborant directement une théorie appartenant à un programme peut-elle apporter un soutient empirique à la métaphysique sous-jacente ?

Popper ne répond pas d'une manière tout à fait univoque à ces questions. Il est cependant clair qu'un noyau dur étant nécessairement métaphysique, le succès global d'un programme peut raisonnablement être revendiqué comme soutenant indirectement son noyau, c'est-à-dire sa métaphysique. De même, les revers d'un programme doivent se répercuter sur sa métaphysique, qui se trouve ainsi responsabilisée par MPRS.

En d'autres termes : il ne suffit pas qu'une théorie métaphysique soit cohérente et conciliable avec les sciences pour qu'elle devienne crédible ; il faut en outre qu'elle fasse partie du noyau d'un programme ayant déjà fait ses preuves sur le plan empirique. Tout en gardant un esprit ouvert vis-à-vis de la métaphysique, nous devons donc être aussi sévères à son égard qu'à celui de la science proprement dite.

Par exemple : dans son ensemble, la science classique peut être regardée comme soutenant le déterminisme métaphysique. De même, si leurs prévisions se trouvaient vérifiées, les théories unitaires du champ pourraient confirmer la conception cartésienne, c'est-à-dire géométrique, du monde extérieur. Quant à la Mécanique quantique, dans la mesure où l'interprétation la plus cohérente de ses lois est irréductiblement statistique, elle corrobore l'indéterminisme. Rappelons toutefois que l'heuristique positive est le moteur essentiel du progrès scientifique. Pour que l'heuristique puisse être évaluée, il nous faut donc établir une relation entre celle-ci d'une part, et le noyau, c'est-à-dire la métaphysique d'un programme, de l'autre.

Nous nous proposons de montrer que les principes métaphysiques cautionnent certaines prescriptions ; et que celles-ci se traduisent par des métapropositions portant sur les hypothèses scientifiques.

Le noyau d'un programme, c'est-à-dire une certaine thèse ontologique, impose évidemment des contraintes à la forme qu'une théorie doit prendre pour avoir des chances d'être vraie. Par exemple : une loi physique ne devrait faire intervenir aucune qualité jugée occulte par le noyau du programme. Toute métaphysique possède donc un caractère prescriptif. Or, il est essentiel que de telles prescriptions puissent être interprétées comme des métaprincipes si l'on veut que l'heuristique opère d'une manière déductive; ce qu'elle ne peut faire qu'au niveau du métalangage. En tant que principe métathéorique, l'heuristique fournit alors des prémisses permettant de déterminer, ne serait-ce que partiellement, la gamme des hypothèses admissibles. Nous obtenons ainsi le schéma suivant :

> Métaphysique (noyau dur) → Prescriptions → Métaprincipes (heuristique positive)

L'heuristique doit donc pouvoir refléter certains aspects du noyau. Par conséquent, la distinction entre noyau et heuristique n'est pas aussi tranchée que le croyait Lakatos. Notons que le Principe de Correspondance est en fait le métaprincipe suivant : la nouvelle loi destinée à remplacer $\psi(\underline{x})=0$ est de la forme $\varphi(\underline{x}, \lambda_0)=0$, où $\varphi(\underline{x}, \lambda)$ est une fonction continue de $(\underline{x}, \lambda)$ telle que : $\varphi(\underline{x}, \lambda) \to \psi(\underline{x})$ lorsque $\lambda \to 0$. Dans la mesure où cette proposition concerne les lois et non pas directement des états de faits physiques, elle constitue une métathéorie.

Donnons deux autres exemples. Selon le noyau du programme classique de l'éther, l'univers physique est entièrement constitué par un milieu porteur de propriétés intégralement mécaniques ou électro-mécaniques; d'où la prescription que, pour être acceptable, une théorie doit expliquer les phénomènes exclusivement en fonction des propriétés de l'éther. Le métaprincipe correspondant nous dit qu'une véritable loi de la nature ne contient que les concepts de masse, de position spatio-temporelle et de charge électrique.

Le second exemple est celui de la Relativité restreinte qui est fondée sur la thèse de l'inexistence d'un repère inertiel privilégié; ce qui donne naissance à la prescription suivante : les hypothèses scientifiques doivent revêtir la même forme dans tous les systèmes de coordonnées admissibles. La métaproposition correspondante est que toute théorie vraie est nécessairement covariante au sens de Lorentz.

H – *Définition du Progrès Scientifique*

Nous avons maintenant tous les éléments nécessaires pour définir ce que nous entendons par « progrès scientifique ». Soient τ_1 et τ_2 deux hypothèses appartenant à deux programmes, P_1 et P_2, dont les heuristiques seront respectivement désignées par ε_1 et ε_2.

Notons que P_1 n'est pas nécessairement distinct de P_2; ce qui nous permettra de définir le progrès au sein d'un même programme.

(i) Nous dirons que (P_2, τ_2) représente un *progrès théorique* par rapport à (P_1, τ_1), si, pour tout énoncé observationnel *e déjà vérifié :* $\tau_1 \vdash e$ entraîne $\Gamma(\varepsilon_2, \tau_2, e)$. Nous requérons en outre l'existence d'au moins un énoncé observationnel b tel que $\Gamma(\varepsilon_2, \tau_2, b)$, mais non $[\Gamma(\varepsilon_1, \tau_1, b)]$.

(ii) (P_2, τ_2) sera considéré comme marquant un *progrès empirique* par rapport à (P_1, τ_1) dès que nous aurons, *en outre*, *vérifié* au moins une proposition b satisfaisant à (i).

(iii) Pour qu'il puisse être question d'un *progrès heuristique* de (P_2, τ_2) par rapport à (P_1, τ_1), il faut que τ_2 satisfasse à ε_2 alors que τ_1 va à l'encontre de ε_1. (Dans toutes ces stipulations, nous présupposons avoir convenablement défini ce que nous entendons formellement par un énoncé observationnel. Par exemple : e_1 et e_2 étant de tels énoncés, $(e_1 \vee e_2)$ ne sera pas admis comme élément de la base empirique).

Notons aussi que l'heuristique étant un métaprincipe portant sur la forme des lois, nous devrons concevoir certaines modifications du langage comme des changements de théorie; par exemple: de deux hypothèses empiriquement équivalentes, l'une, mais non pas l'autre, pourrait revêtir une forme covariante. Ceci nous permettra de parer d'une manière tout à fait naturelle, c'est-à-dire non *ad hoc*, à certaines critiques émises par David Miller et fondées justement sur différents choix du vocabulaire primitif d'une théorie donnée. Nous suivons ici l'exemple de Poincaré selon lequel les équations de Hamilton, bien qu'empiriquement indiscernables des lois de Newton, n'en constituent pas moins une théorie très différente de celles-ci (cf. Appendice I). Les concepts continuent donc de jouer un rôle essentiel dans la structure des hypothèses scientifiques : ils définissent des classes qui, du point de vue théorique adopté par le savant, constituent des espèces naturelles.

I – *Logique de la découverte*

Au moyen d'exemples tirés de l'histoire des sciences, nous nous proposons maintenant de montrer que la logique de la découverte n'est pas inductive; qu'elle ne ressemble pas non plus à la création artistique, parce qu'elle comporte une grande part de déduction. A l'opposé de Lakatos, nous ne croyons pas que l'heuristique possède un statut spécial, pour ainsi dire à mi-chemin entre la logique et la psychologie. Contre Popper, nous soutiendrons que le raisonnement déductif constitue l'élément le plus important du processus de l'invention.

On a souvent dit que la déduction elle-même contient des moments irrationnels, en ce que chaque démarche d'une preuve n'est pas toujours uniquement déterminée par les étapes précédentes. Nous répondrons à cette critique en deux temps. Premièrement : cette objection est tout à fait compatible avec notre but, à savoir celui de combler le fossé entre le processus, prétendu non rationnel, de la *découverte* des hypothèses, et la *déduction* des énoncés de base. Dans la mesure où notre thèse s'avère tenable, l'aspect prétendument non rationnel du contexte de la découverte cessera d'être différent de celui de la justification ; puisque « découverte » et « déduction » seront mises sur un pied d'égalité.

Deuxièmement : il ne nous semble pas que les mathématiciens produisent leurs démonstrations à la manière de mutations spontanées mais qu'ils réfléchissent sur le genre de raisonnement ayant des chances d'aboutir à un résultat fixée d'avance. Ils effectuent une sorte d'analyse de preuve semblable à celles si bien décrites par Lakatos dans *Preuves et Réfutations*. En d'autres termes : les mathématiciens usent d'un méta-raisonnement s'inspirant d'une analogie avec une démonstration déjà menée à bien dans un domaine avoisinant. Ils se font, au préalable, une idée globale d'une preuve, qu'ils parachèvent ensuite par l'insertion des démarches jugées triviales.

Les prémisses servant de base à la construction des théories physiques ressemblent aux métapropositions que nous venons de décrire. Elles incluent les Principes de Correspondance et du calcul des paramètres, dont le but principal est de préserver certains acquis, empiriques tout autant que théoriques. D'autres métaprincipes découlent de thèses philosophiques préexistant à la science proprement dite. Celles-là pourraient dériver de la connaissance commune ou même directement de notre constitution biologique. Elles seraient alors innées. Leur émergence pourrait recevoir une explication darwinienne, par le biais de certaines mutations qui seraient indépendantes de ce que Popper appelle les réceptions, c'est-à-dire de « l'input » du monde extérieur. Ce qui nous importe, c'est que de tels principes aient été disponibles en même temps, ou même avant que la science ne vienne au monde. Leur insertion dans le processus évolutionniste rend, à terme, la recherche scientifique possible, par la constitution de puissants principes heuristiques.

Ceux-ci sont appliqués à certaines théories pour en produire d'autres plus conformes à ces mêmes principes ; ces hypothèses sont ensuite confrontées aux faits ; après quoi le même cycle, ou plutôt la même spirale, se répète. Par conséquent : même si la conscience pouvait être expliquée selon un schéma darwinien, la conscience une fois donnée, l'action finale, c'est-à-dire celle dirigée vers un but précis, devient possible. Ce type d'action se manifeste de façon éclatante dans le domaine des sciences ; le développement de celles-ci suit alors une voie lamarckienne plutôt que darwinienne; ce qui explique d'ailleurs pourquoi le lamarckisme a, de prime abord, été ressenti comme étant beaucoup plus intelligible que son rival darwinien.

Il s'agit maintenant d'énoncer, aussi clairement que possible, certaines propositions métaphysiques ayant servi de base à la logique de la découverte.

Selon Emile Meyerson, la science tout entière est sous-tendue par le *Principe d'Identité*, qui consiste à nier la diversité des phénomènes en faisant découler ceux-ci de lois fixes régissant le monde physique; c'est là la forme légale du principe dont toutes les espèces animales ont besoin pour pouvoir survivre. Ce principe revêt aussi une forme causale selon laquelle la nature est peuplée de substances obéissant à des lois de conservation. L'esprit humain a tendance à hypostasier certains processus, c'est-à-dire à les transmuer en des substances dont la quantité totale reste constante. Il s'agit là d'une tendance innée amenant déjà l'enfant à croire à la persistance des choses matérielles. Ce postulat d'invariance, sous ses deux formes, légale et causale, tout en préexistant aux sciences exactes, n'en forme pas moins l'une des bases essentielles de celles-ci. Par exemple : Descartes transforma le mouvement, considéré jusqu'alors comme *l'archétype* du changement, en une quantité invariable. Au XIXe siècle, l'énergie fut définie dans le même sens. Enfin, Einstein fit de la matière conjointe à l'énergie le substrat de la réalité physique.

Le *Principe d'Unité*, formulé explicitement par Poincaré et par Einstein, est évidemment apparenté au Principe d'Identité : la nature ne saurait se scinder en des domaines *disjoints* obéissant à des lois *différentes ;* si nos théories faisaient état d'un tel schisme, il faudrait en conclure qu'elles sont tout simplement fausses; nous devons alors essayer de faire découler toutes nos lois d'une seule hypothèse unifiée; une première solution consisterait à laisser l'une de nos théories annexer les autres; c'est-à-dire à faire en sorte que les relations vraies dans un domaine s'étendent à tous les autres. C'est ce principe qui a conduit Einstein à la Relativité restreinte.

Nous pouvons aussi mentionner la thèse de la proportionnalité de l'effet à sa cause. Selon Meyerson, l'esprit humain voudrait même identifier la cause et l'effet, ce qui nous mènerait tout droit aux lois de conservation. Sans aller aussi loin que le voudrait Meyerson, nous supposons intinctivement que *l'effet* est une fonction croissante et continue de sa *cause ;* d'où leur proportionnalité locale.

Il y a aussi le principe philosophique de la raison suffisante, énoncé clairement par Leibniz, mais dont les présocratiques, Archimède, et des physiciens comme Stevin avaient implicitement usé pour démontrer la persistance de certains équilibres.

Nous rencontrons enfin des raisonnements reposant sur une notion intuitive de probabilité ; plus particulièrement sur le postulat que les coïncidences fortuites sont très improbables, et n'ont donc pas lieu, du moins au niveau des principes fondamentaux. Si l'on constate donc une concordance aussi répétée qu'inattendue entre différents types de phénomènes, en apparence indépendants les uns des autres, c'est qu'en vérité ils découlent tous d'une même source qu'il s'agit de découvrir. Le refus des théories conspirationnistes – de ce qu'Alain Boyer appelle la présence d'un Malin Génie – appartient au même ordre d'idées : une théorie postulant à la fois des causes profondes et certains facteurs compensatoires qui empêcheraient systématiquement ces causes de faire surface au niveau des phénomènes, devrait être rejetée : une compensation exacte et constante nous paraît intuitivement implausible, parce que très improbable. C'est cette même notion intuitive d'improbabbilité qui nous pousse à considérer une théorie comme fortement appuyée par les faits inattendus qu'elle capture ; il nous semble implausible qu'il s'agisse là d'un pur hasard n'ayant rien à voir avec la vérisimilitude de la théorie en question.

Rappelons que les principes énumérés ci-dessus sont aussi employés dans la vie de tous les jours ; et surtout qu'ils préexistent aux sciences exactes. Ils se trouvent, par la suite, explicités et rendus plus rigoureux par l'emploi de certaines techniques mathématiques ; mais leur continuité avec la connaissance commune reste indéniable. De toute manière, le désir de précision incarné par les mathématiques pourrait être lui-même inné, parce qu'adaptatif, et précéderait, lui aussi, l'émergence de la science proprement dite.

Tous ces principes servent de points de départ à des raisonnements déductifs débouchant sur de nouvelles hypothèses. Mais il faut aussi reconnaître que de tels enchaînements ne sont pas toujours sans failles ; ils contiennent des lacunes souvent comblées, hâtivement, par des considérations de simplicité ou de commodité. Il s'agit de ce que Lakatos appelle des lemmes cachés ; donc d'expédients provisoires, identifiés comme tels, mais qui jouent un rôle beaucoup moins important qu'on ne le croit et que, de toute façon, la science cherche à éliminer au cours de son développement. Leur présence ne justifie donc nullement la thèse que la découverte scientifique est faite de ces petits bonds discontinus plutôt que de chaînes de raisonnements déductifs régissant la construction des hypothèses.

APPENDICES

APPENDICE I

LE RÉALISME STRUCTUREL DE POINCARÉ ET SA LOGIQUE DE LA DÉCOUVERTE SCIENTIFIQUE

Résumé :

La position philosophique de Poincaré est aux antipodes de celle de Quine, d'après laquelle "exister" signifie : appartenir au domaine d'une variable quantifiable dans un langage du premier ordre. Selon Poincaré, seuls les universaux sont capables de simuler l'ordre ontologique, c'est-à-dire la structure du monde-en-soi. Les relations – très souvent d'ordre mathématique – qui sont communes à plusieurs lois systématiquement confirmées par l'expérience, reflètent des aspects réels de la chose-en-soi ; nous n'avons cependant aucune raison valable de supposer que chacun des termes intervenant dans nos hypothèses dénote isolément une composante bien définie du monde réel.

Poincaré est en outre l'auteur de l'argument anti-conspirationniste en faveur du réalisme structurel : il est infiniment improbable qu'une théorie unifiée s'écarte considérablement de la vérité tout en expliquant systématiquement les phénomènes, ou en établissant des rapports inattendus entre des faits jugés jusque-là disparates. En toute probabilité, une telle théorie possède un degré de vérisimilitude élevé.

1. *Réalisme structurel et Principe de Correspondance*

Le réalisme structurel de Poincaré se situe aux antipodes de la thèse de Quine selon laquelle "exister" signifie : appartenir au domaine d'une variable individuelle, donc quantifiable dans un langage du premier ordre.

Selon Poincaré, seuls les universaux, et plus particulièrement les relations intervenant dans des théories unifiées et fortement corroborées, reflètent l'ordre ontologique, c'est-à-dire la structure du monde-en-soi. Quant à la nature profonde des supports de ces relations, elle restera à jamais inaccessible à notre entendement. Il nous faut donc examiner la thèse de Quine qui suit de très près la sémantique tarskienne; comme on le sait, celle-ci s'applique en premier lieu aux langages du premier ordre, c'est-à-dire ceux où seules les variables individuelles peuvent être liées par les quantificateurs : $\exists$ et $\forall$.

L'ontologie de base de toute interprétation J d'un tel langage consiste en un ensemble D d'objets prédonnés. D constitue pour ainsi dire le champ de valeurs des variables individuelles. Tout nom propre appartenant au vocabulaire fondamental désigne un élément de D. Nous savons par ailleurs que les noms et les fonctions peuvent être éliminés par l'introduction de nouveaux prédicats. Il s'ensuit que seules les relations sont indispensables; elles correspondent à certains sous-ensembles des produits cartésien D^n, où n désigne le nombre des arguments du prédicat en question. D'après Quine, il existe une asymétrie irréductible entre les constantes individuelles et les prédicats : alors que les premières nomment certains éléments de D, les seconds ne dénotent pas d'attributs définis dans D; en d'autres termes, un prédicat à n arguments ne réfère pas au sous-ensemble de D^n que J lui fait correspondre. Rien de nous engage donc à admettre l'existence de tels sous-ensembles. C'est que nous ne disposons pas de *variables prédicatives* P nous permettant d'asserter l'existence d'un universel P possédant une propriété (du deuxième ordre). En d'autres termes : $(\exists P)\varphi(P)$ est inexprimable dans un langage du premier ordre. Quine en conclut que les sous-ensembles de D_n n'ont pas le même statut ontologique que les éléments de D. Si de surcroît nous acceptions sa thèse que la logique du premier ordre est, du fait de sa complétude, la seule digne de ce nom, nous devrions en conclure que seuls les objets – par opposition aux universaux – ont droit à l'existence; ou, tout au moins, que les premiers possèdent plus de réalité que les seconds.

Même si nous nous restreignions à la logique du premier ordre, ce principe – qui privilégie les individus par rapport aux prédicats – devrait nous paraître douteux. Il semble cependant l'être beaucoup moins que son contraire, qui constitue le réalisme structurel de Poincaré; à savoir que dans une hypothèse unifiée et confirmée par les faits, seules certaines relations décrivent correctement des aspects de la réalité objective, alors que les objets subsumés par ces relations restent en principe inconnaissables.

Bien que de prime abord très implausible, ce point de vue nous semble être essentiellement juste. Une difficulté majeure réside en ce que la sémantique classique paraît incapable d'interpréter les prédicats sauf par l'intermédiaire de leurs arguments. En attribuant une valeur de vérité à "R(a, b)" nous commençons par fixer les référents de "a" et de "b" pour nous demander *ensuite* si le couple <a, b> tombe ou non sous le concept R. Tout rapport R semble donc présupposer certains supports, tels les individus a et b. À en croire les tenants du réalisme structurel, nous pouvons néanmoins avoir de bonnes raisons de supposer que "R" décrit une relation vraie entre des objets dont les qualités intrinsèques nous restent cachées. Pour pouvoir tirer une telle conclusion, il nous faut, au préalable, disposer d'une théorie unifiée H, qui explique tout un ensemble de faits de manière non adhoc et dans laquelle R intervient de manière essentielle.

En l'absence d'une sémantique rigoureuse comparable à celle mise en avant par Tarski, nous ne pouvons défendre le réalisme structurel qu'en faisant appel à l'intuition ou à des exemples concrets; ce qui constitue en fait la méthode employée par Poincaré lui-même. Dans la plupart des cas, le prédicat R mentionné plus haut équivaudra à une relation mathématique qui, grâce au Principe de Correspondance, garde à peu près la même forme lorsque l'on passe d'une théorie, ou d'un paradigme, à l'autre. Par contre, les référents désignés par les arguments de R peuvent changer de manière dramatique, voire brutale, au terme d'une révolution scientifique. Voilà quelques exemples dont certains sont donnés par Poincaré lui-même, d'autres par mon collègue John Worrall dans son excellent article : "Structural Realism : the best of both worlds ?". Les hypothèses de Fresnel, de Maxwell et de Lorentz font référence à trois entités dont les essences nous paraissent inconciliables; à savoir, respectivement : un continu mécanique, l'éther électromagnétique et un champ sans support. Pourtant, les équations décrivant ces milieux *supposés* très différents sont presque les mêmes dans les trois cas; on en arrive donc à se demander s'il s'agit bien de trois entités distinctes. Un exemple encore plus dramatique est celui du changement subi par les lois de Newton lorsque l'on passe de la mécanique classique à l'hypothèse quantique. Alors que les équations de Newton : $p_x = m\, dx/dt$, $dp_x/dt = -\partial V/\partial x$ etc. établissent un rapport entre la force motrice et le mouvement d'une particule unique, les équations quantiques correspondantes démontrées par Ehrenfest, c'est-à-dire : $\langle p_x \rangle = md\,(\langle x \rangle)/dt$, $d(\langle p_x \rangle)/dt = -\langle \partial V/\partial x \rangle$, expriment des relations entre certaines attentes probabilistes. Mais grâce encore une fois au Principe de Correspondance, ces relations ont la même forme dans les deux cas, classique et quantique. Comme dernier exemple, citons les phénomènes électromagnétiques ondulatoires, qui furent au départ considérés comme les oscillations d'un éther sous-jacent mais qui pourraient bien s'avérer n'être que les ondes de probabilité des photons. Dans tous ces exemples, les arguments de certaines fonctions semblent avoir brutalement changé de référents, mais les relations elles-mêmes sont restées quasiment intactes d'une révolution à l'autre. Quant au contenu empirique de ces hypothèses successives – du moins la partie qui par le passé en a été expérimentalement corroborée – il n'a cessé de croître. Notons qu'il ne pouvait logiquement pas diminuer tant que le Principe de Correspondance était respecté. Cet aspect quasi-cumulatif de l'évolution des sciences, allié a leur succès extraordinaire en tant qu'instruments de prédiction, amena Poincaré à formuler ce que les Anglo-Saxons appellent le "*no-miracles argument*" : à moins de faire appel à une théorie conspirationniste fort improbable, nous devons conclure, à partir du progrès technique indéniable des sciences, que *les relations* communes aux théories systématiquement confirmées par l'expérience reflètent des aspects réels de la chose-en-soi ; nous n'avons cependant aucune raison valable de croire que *les termes* intervenant dans nos hypothèses dénotent des éléments distincts de l'ontologie de base.

Paradoxalement, le conventionnalisme de Poincaré s'avère plus réaliste vis-à vis des universaux que des individus ; de sorte que les difficultés sémantiques mentionnées ci-dessus resurgissent : comment pouvons-nous en droit affirmer la vérité d'une relation tout en ignorant ce que dénotent ses arguments ? Nous pouvons, bien sûr, affirmer que ces arguments possèdent des référents au sujet desquels nous ne savons rien au-delà de leur satisfaction du prédicat en question. L'inconvénient de cette thèse minimale, c'est qu'elle ne fixe même pas les types logiques des arguments. Par exemple : au cours de la transition entre la physique classique et la théorie quantique, on constate que la fonction hamiltonienne garde sa forme mais que ses arguments sont remplis non pas par des fonctions de nombres réels, mais par des opérateurs hermitiens, c'est-à-dire par des objets mathématiques du deuxième ordre. Nous nous trouvons donc obligés d'adopter une attitude radicalement agnostique par rapport à certaines quantités, tout en prétendant avoir de bonnes raisons de croire que les équations qui les lient représentent des structures réelles. Et nous avons dejà admis ne disposer à ce sujet d'aucune sémantique cohérente, sauf peut-être dans la théorie des catégories. Heureusement pour le "structuraliste" les mathématiciens construisent souvent des systèmes dans lesquels la ligne de mire se dirige non pas sur des objets subsumés par certains prédicats, mais sur les rapports entre les prédicats eux-mêmes. Par exemple : les ensembles, c'est-à-dire des propriétés d'individus, entretiennent les uns avec les autres des rapports que l'Algèbre de Boole étudie sans faire reférénce à aucun individu. De même, une topologie consiste en une famille d'ensembles dits ouverts ; ceux-ci possèdent des propriétés, et sont liés par des relations, qui peuvent être examinées abstraitement, c'est-à-dire indépendamment des points constituant l'espace topologique. Enfin, certains physiciens extraient une logique non distributive du treillis des sous-espaces d'un espace de Hilbert, et ce sans faire mention des vecteurs composant ces sous-espaces (ou plutôt : en faisant abstraction de l'appartenance des vecteurs aux sous-espaces). La théorie des treillis peut en fait être regardée comme une étude d'universaux ne faisant aucune référence aux individus qu'ils subsument. Bien sûr, de telles études peuvent à leur tour être exprimées au moyen de langages du premier ordre dont les variables parcourent des domaines d'objets ; mais ces objets représentent des universaux plutôt que d'authentiques individus. Par conséquent, même d'un point de vue logique, nous pouvons appréhender certains universaux sans passer par leurs éléments.

Ces considérations en appellent d'autres qui sont d'une importance capitale pour la philosophie des sciences de Poincaré. Une théorie est un réseau de relations du premier ordre établissant des connexions entre certaines entités physiques. En déplaçant le centre d'intérêt des objets vers certaines relations entre ceux-ci, Poincaré en vint à forger des stratégies heuristiques tout à fait générales ; c'est-à-dire des contraintes auxquelles toute relation du premier ordre, et par conséquent toute hypothèse scientifique, devaient être assujetties. Ceci n'a rien d'étonnant, puisque tout raisonnement heuristique est de nature métathéorique. Selon Poincaré, la découverte en physique est – grosso modo – gouvernée par trois principes heuristiques fondamentaux, à savoir :

(a) le Principe de Correspondance, dont nous avons déja discuté et qui est pris en conjonction avec les deux réquisits suivants :

(b) la covariance au sens de Lorentz,

(c) la déductibilité à partir d'un principe de moindre action et, plus particulièrement, la possibilité d'une formulation hamiltonienne des lois à construire. Si l'on en croit Poincaré, l'existence d'un Hamiltonien pour une loi donnée est équivalente à la réductibilité de cette loi à la mécanique. Ce qui importe ici, ce n'est pas la justesse – ou la fausseté – de cette thèse réductionniste, mais le rôle essentiel assigné à l'heuristique dès lors qu'il s'agit de construire une physique de principe. Comme son nom l'indique, celle-ci consiste en un système de théories de haut niveau dont la forme mathématique reflète des régularités d'un ordre très général. Telles sont les diverses lois de conservation dont la connexité avec les principes hamiltoniens est bien connue.

Par l'application des méthodes heuristiques que nous venons d'esquisser, Poincaré établit les lois de transformation relativistes du champ électromagnétique, corrigeant ainsi une erreur grave commise par Lorentz dans la détermination du transformé de la densité électrique. (Cette erreur découle du refus, ou plutôt de la répugnance de Lorentz à donner une interprétation réaliste du temps local, donc d'un concept dont il était pourtant l'auteur). Ce qui est plus important encore : Poincaré avait, bien avant Minkowski, décrit la structure du groupe de Lorentz dans un espace à quatre dimensions ; ensuite, sur la base de ce groupe et de ses invariants les plus simples, il construisit une théorie gravitationnelle covariante qui, grâce au Principe de Correspondance, admettait la loi newtonienne de l'inverse du carré comme cas limite (c'est-à-dire lorsque $v/c \to 0$). Nous sommes donc en droit d'affirmer que les méthodes hamiltoniennes préconisées par Poincaré, par opposition à l'approche newtonienne, permirent à d'autres scientifiques de génie, tels de Broglie et Schrödinger, d'opérer le passage de la physique classique à la mécanique ondulatoire. En outre, la combinaison des deux principes heuristiques mis en avant par Poincaré, à savoir les deux réquisits de l'existence d'un Hamiltonien et de la covariance au sens de Lorentz, conduisit Schrödinger, puis Klein, Gordon et surtout Dirac, à leurs équations relativistes pour l'électron. Plus exactement : à partir de 1925-1926, les physiciens se rendirent compte qu'une fois déterminée à partir du Lagrangien classique, la fonction hamiltonienne $H(q, p, t)$ devait être commuée en un opérateur hermitien d'après les règles suivantes : $q \to q^*$; $p \to -i\hbar\partial/\partial q$; $t \to t^*$, $E \to i\hbar\partial/\partial t$; où E représente l'énergie d'un système ; q et t sont respectivement les coordonnées spatiale et temporelle ; q^* et t^* les opérateure multiplicatifs correspondant à q et t ; c'est-à-dire que pour toute fonction f, $q^*(f) =_{def.} q.f$, $t^*(f) =_{def.} t.f$; et p est la quantité de mouvement conjuguée à q ($p = \partial L/\partial q'$). La transformation :

$$[H(q, p, t) = E] \to [H(q^*, -i\hbar\partial/\partial q, t^*)(\psi) = i\hbar\partial\psi/\partial t]$$

illustre magistralement la thèse de Poincaré, selon laquelle la structure de la fonction H est bien plus importante que la nature ou le type logique de ses arguments.

Il nous semble donc que tout comme Einstein, Poincaré doit être considéré comme le fondateur de la physique moderne.

2. *Interprétation ou réduction : les thèses de Duhem et de Poincaré concernant la structure des théories physiques.*

Tout le monde sait que Poincaré fut l'un des mathématiciens les plus créateurs du vingtième siècle, qu'il n'eut en conséquence ni l'occasion ni le temps nécessaires pour présenter ses idées philosophiques sous forme d'un système unifié. Le fait que ses écrits semblent parfois se contredire rend une reconstruction rationnelle de sa position absolument indispensable. Au premier abord, le réalisme structurel qu'il professe ressemble de très près à celui de Duhem. Mais ce dernier, à la différence du grand mathématicien, donna à sa philosophie de la science une forme cohérente – du moins en apparence. Nous espérons qu'une critique serrée de cette philosophie nous conduira vers une reconstruction adéquate à la fois du point de vue de Duhem et de celui de Poincaré.

Le réalisme scientifique, on le sait bien, doit faire face au problème posé par la fréquence des révolutions scientifiques. Bien qu'il puisse y avoir, entre deux hypothèses consécutives, une continuité syntaxique garantie par le Principe de Correspondance, le niveau sémantique semble présenter une suite de cassures brutales. Les référents d'une nouvelle théorie évincent ceux de l'ancienne avec lesquels ils paraissent n'avoir rien en commun. Par exemple : Lavoisier élimina le phlogistique au profit de l'oxygène; le calorique fut remplacé par la matière-en-mouvement; le continu mécanique de Fresnel fut supplanté par l'éther électromagnétique de Maxwell, qui céda sa place aux champs immatériels d'Einstein ; quant aux particules, elles étaient étaient censées être réductibles à des propriétés de champs, mais ces derniers pourraient, à leur tour, ne représenter que des ondes de probabilité liées à la présence de certaines particules (par exemple le photon); et ainsi de suite. Face à ces bouleversements successifs, on en arrive à se demander si les scientifiques peuvent en droit prétendre se rapprocher d'une connaissance adéquate de la réalité objective.

Selon Duhem, l'instabilité de la métaphysique risque de provoquer une discontinuité dans la science, qui devrait pourtant suivre une évolution quasi-cumulative. Duhem en fut ainsi amené à distinguer la partie représentative d'une hypothèse, c'est-à-dire une composante symbolique qu'il voulait à tout prix retenir, d'une partie explicative dépendant d'un système métaphysique et qu'il rejetait totalement.

La partie représentative, que nous désignerons par "REP", consiste en certaines relations formelles dont le seul rôle est de classifier, c'est-à-dire d'impliquer logiquement, les lois expérimentales confirmées par les faits. Quant à la composante explicative – dénotée par "EXP", – elle est censée fournir une interprétation réaliste des termes intervenant dans REP, donc dans une théorie de haut niveau. EXP prétend ancrer la partie représentative dans une réalité sous-jacente dont l'existence n'est garantie, selon Duhem, que par un système métaphysique arbitrairement choisi.

> Lorsqu'on analyse une théorie créée par un physicien qui se propose d'expliquer les apparences sensibles, on ne tarde pas, en général, à reconnaître que cette théorie est formée de deux parties bien distinctes; l'une est la partie simplement représentative qui se propose de classer les lois; l'autre est la partie explicative qui se propose, au-dessous des phénomènes, de saisir la réalité.

> Or, bien loin que la partie explicative soit la raison d'être de la partie représentative, la graine d'où elle est issue ou la racine qui alimente son développement, le lien entre les deux parties est presque toujours des plus frêles et des plus artificiels. La partie descriptive s'est développée, pour son compte, par les méthodes propres et autonomes de la Physique théorique ; à cet organisme pleinement formé, la partie explicative est venue s'accoler comme un parasite. (*Théorie Physique*, p. 43).

EXP souffre donc de deux inconvénients. D'un coté, loin d'entraîner de nouvelles conséquences testables, elle s'avère difficilement compatible avec la partie représentative qui fait la totalité du travail empirique. Nous venons d'autre part de montrer qu'à cause de ses prétentions sémantiques, EXP nous conduit à voir dans le développement de la science une suite chaotique de révolutions éliminatoires. L'abolition d'EXP représente donc un double gain. Il en résulte, d'une part, une augmentation de ce que Mach appelait l'économie de la pensée, et ce sans perte de contenu empirique. D'autre part, le développement des sciences peut dorénavant être adéquatement concu comme un processus continu au cours duquel, en vertu du Principe de Correspondance, la forme mathématique des lois est préservée, d'une manière exacte ou approximative. Nous nous trouvons ainsi confortés dans notre désir de voir l'ensemble de nos connaissances tendre asymptotiquement vers une classification naturelle ; c'est-à-dire vers un système unifié dont la structure interne reflète l'ordre ontologique sans pour autant en signifier les éléments terme par terme. Selon Duhem, nous avons une bonne raison de croire nous rapprocher d'une telle classification dès lors que nous disposons d'une théorie compacte dont les prédictions empiriques devancent l'expérience. Il est évident que cette thèse repose sur l'argument anti-conspirationniste ("*no miracles argument*") avancé par Poincaré pour étayer son réalisme structuel.

Malgre la justesse de son point de vue global, il me semble que Duhem se trompe lorsqu'il qualifie la composante EXP *d'interprétative*. Il accuse ainsi le réalisme de prétendre, au-delà de toute hypothèse, nous fournir un accès supplémentaire aux objets transcendants dénotés par les termes théoriques de H. C'est d'ailleurs ce en quoi semble consister toute interprétation d'un système formel. Selon Duhem :

> Expliquer, *explicare*, c'est dépouiller la réalité des apparences qui l'enveloppent comme des voiles, afin de voir cette réalité nue et face à face. (*Théorie Physique*, p. 2).

Nous devons admettre qu'il existe un domaine – celui de l'observation – dans lequel un accès direct aux référents de nos expressions linguistiques est possible. En testant une hypothèse, nous opérons – le plus souvent implicitement – une réduction phénoménologique ; puis nous comparons une proposition ainsi réduite, qu'elle porte sur nos sensations, sur nos états psychiques ou sur des objets intentionnels, avec un état de choses directement appréhendé (en d'autres termes : "*known by acquaintance and not by description*", comme dirait Russell). Dans ces cas exceptionnels – que l'on peut qualifier d'épistémologiquement privilégiés – nous sommes en état de mettre une proposition face à face avec son référent présumé, donc de déterminer sa valeur de vérité au moyen d'une correspondance directement constatée. Reconstruisant rationnellement la pensée de Poincaré, nous pouvons affirmer que ce dernier, contrairement à Duhem, identifiait les entités immanentes aux faits bruts et indubitables que la science devait sauver à tout prix. Quant au monde extérieur, il est saisi non pas par une appréhension directe, mais par une description théorique. Cela ne signifie nullement que la notion de correspondance entre une hypothèse de haut niveau et un état de choses transcendant soit dépourvue de sens; mais qu'une telle correspondance ne peut être ni réfutée ni vérifiée par une simple constatation; car il n'existe qu'une seule voie d'accès au référent de la proposition en question, à savoir la voie théorique. En disant ceci, nous ne faisons que répéter une vérité cartésienne fondamentale selon laquelle seul l'intellect, par opposition aux sens et à l'imagination, est en mesure de connaître le monde extérieur.

Duhem affirme – à tort – qu'un réaliste conséquent sera toujours tenté de doter ses théories d'une composante *interprétative*; qu'il doit donc nécessairement succomber à l'une ou à l'autre des deux erreurs suivantes : l'exigence que toute entité physique puisse être visualisée ou le réquisit que toute hypothèse soit en principe réductible à une théorie présumée intelligible, par exemple à la mécanique classique. Ce que les Anglo-Saxons appellent l'exigence de "picturabilité" – et qui fut explicitement rejeté par Poincaré – découle de notre désir de ne postuler en physique que des objets similaires aux entités intentionnelles dont nous avons une appréhension immédiate; c'est-à-dire qui sont connues "*by acquaintance*" et non pas par description. Que de tels noèmes nous soient directement accessibles n'a rien d'étonnant puisqu'ils sont engendrés par nos propres actes de conscience; d'où, par exemple, notre tendance à vouloir imaginer l'électron comme une sphère uniformément chargée et animée d'un mouvement bien déterminé dans un espace euclidien; ce qui, selon la mécanique ondulatoire, est une image peut-être utile mais certainement fausse.

À ce stade, il est commode d'introduire une distinction semblable à celle faite par Arthur Fine dans son livre *The Shaky Game : Einstein, Realism and the Quantum Theory*. Nous dirons d'une entité physique qu'elle est *détectable* si son existence peut être reliée, au moyen d'une théorie et d'une chaîne de causes et d'effets, à notre expérience perceptive;

elle sera dite *observable* si ses propriétés transcendantes sont en outre similaires à celles vécues par l'expérimentateur.

Rappelons que selon Brentano et Husserl, la conscience à la fois crée et se fixe sur des objets qualifiés d'intentionnels. Ceux-ci habitent la conscience et, tout en restant distincts de la noèse, ne présupposent ni n'excluent la présence de corrélats physiques réels. L'observation, par opposition à la simple détection, d'un processus physique a donc lieu lorsque ce dernier existe et ressemble à l'entité intentionnelle correspondante. Nous soutenons qu'aucun objet physique ne peut en principe être authentiquement *observé*. D'après la mécanique moderne, les particules élémentaires possèdent des propriétés qui sont non seulement absentes de tout acte de conscience, mais en outre incompatibles avec les qualités attribuées par la perception à l'objet intentionel. Celui-ci est saisi comme ayant une surface continue et continûment colorée, comme localisé d'une manière bien déterminée dans l'espace-temps, etc. Or la mécanique quantique dénie tous ces attributs aux composantes ultimes de l'objet macroscopique. Il n'est même pas sûr que la physique moderne puisse intégrer celui-ci à partir de ses constituants microscopiques. Il s'ensuit qu'aucune entité transcendante ne peut être *observée* mais seulement *détectée* au moyen de ses corrélats intentionnels ; c'est-à-dire par l'intermédiaire d'actes de conscience qui ne représentent pas, mais qui renvoient de manière purement causale à certains processus physiques.

Même la mécanique classique attribue aux corps matériels des propriétés qui non seulement ne leur appartiennent pas en tant qu'objets intentionnels, mais qui sont en fait inconciliables avec le phénomène même de la perception. Bien qu'un solide soit considéré comme un ensemble de points matériels séparés par des distances finies, il est perçu comme occupant, de manière continue, toute une portion de l'espace ; en outre, sa forme géométrique "réelle" n'est jamais visuellement appréhendée de manière adéquate : un objet carré est perçu comme un parallélogramme, un cercle comme une ellipse, etc. Enfin, les entités intentionnelles exhibent des *qualités secondaires* présumées absentes de leurs causes extérieures. L'objet perçu est donc loin d'être une copie conforme de la chose-en-soi. Tout ce que l'on est en droit d'affirmer, c'est que les qualités dites primaires des phénomènes "ressemblent" – d'une certaine manière – aux essences de leurs corrélats réels. Même si la mécanique classique avait été rigoureusement vérifiée, on aurait pu légitimement parler non pas de l'*observation*, mais de la simple *détection* de certains processus physiques.

Bien que présentée comme une exigence réaliste, la "picturabilité" est un réquisit anthropomorphique, voire idéaliste, qui tente d'assimiler l'objet transcendant à une entité intentionnelle et donc à un percept. C'est pour cela que Planck nous fait correctement remarquer que l'objectivité et l'anthropomorphisme tirent dans deux sens opposés. Quant à Poincaré, il avait déjà pris acte de ce conflit lorsqu'il écrivit :

> Tel philosophe prétend que toute la physique s'explique par les chocs mutuels des atomes. S'il veut dire simplement qu'il y a entre les phénomènes physiques les mêmes rapports qu'entre les chocs mutuels d'un grand nombre de billes, rien de mieux, cela est vérifiable, cela est peut-être vrai. Mais il veut dire quelque chose de plus; et nous croyons le comprendre parce que nous croyons savoir ce que c'est que le choc en soi; pourquoi? Tout simplement parce que nous avons vu souvent des parties de billard. Entendrons-nous que Dieu, en contemplant son œuvre, éprouve les mêmes sensations que nous en présence d'un match de billard? Si nous ne voulons pas donner à son assertion ce sens bizarre, si nous ne voulons pas non plus du sens restreint que j'expliquais tout à l'heure et qui est le bon, elle n'en a plus aucun. (*SH*, p. 175-76).

Ce passage fait mention d'une seconde erreur dans laquelle le réaliste pourrait être induit. Il s'agit de l'illusion que nous pouvons directement appréhender les objets postulés par des hypothèses dites intelligibles. Celles-ci nous sont tellement familières que nous nous imaginons être à même de toucher du doigt les entités qu'elles décrivent. C'est pour cela que selon Duhem, nous nous arrogeons le droit d'exiger de toute nouvelle théorie qu'elle soit en principe interprétable en fonction d'entités tenues pour concrètes. C'est ce qui fourvoie les savants britanniques à toujours vouloir se servir de modèles mécaniques pour donner un sens à leurs hypothèses.

Cette analyse nous paraît erronée. Bien qu'ayant l'air d'user de la notion *sémantique* d'interprétabilité, nous entendons par là le réquisit que nos hypothèses puissent en principe être *réduites* à une théorie présumée intelligible et confirmée par d'innombrables faits d'expérience; par exemple, à la mécanique classique. Mais quelque familiers qu'ils puissent nous paraître, les processus mécaniques n'en sont pas moins transcendants et donc connus exclusivement par description, c'est-à-dire au moyen de la syntaxe. Ce n'est pas l'intuition immédiate, mais une théorie de haut niveau qui nous permet de définir les objets de la mécanique. L'illusion que nous pouvons appréhender directement des entités extérieures à la pensée dérive – en partie – d'une terminologie employée dans certaines disciplines mathématiques, par exemple dans la théorie des modèles. Les figures euclidiennes sont tellement bien connues qu'en interprétant la géométrie sphérique en termes euclidiens, nous avons l'impression d'associer à certains concepts abstraits, tels ceux de courbure et de géodésique, des entités perceptuelles, par exemple des points et des arcs de grands cercles sur la surface d'une sphère. Nous oublions ainsi n'avoir affaire qu'à *deux systèmes formels A et B* ; et que nous ne faisons qu'injecter *A* dans *B* de telle façon que les axiomes de *A* deviennent des théorèmes de *B*. À aucun stade de cette opération avons-nous besoin d'aller d'aller au-delà des syntaxes de *A* et de *B*, même si notre métathéorie reste informelle. Cette dernière ne fait d'ailleurs référence qu'à des entités syntaxiques. En interprétant une théorie quelconque du premier ordre, nous avons ainsi l'illusion d'associer à des symboles vides de sens, par exemple à des constantes et à des lettres munies d'arguments, des objets concrets, à savoir : les éléments d'un domaine *D* et certains sous-ensembles des produits cartésiens D^n. Nous avons l'impression d'aller d'un système abstrait vers quelque chose de tangible, que nous pouvons pour ainsi dire saisir de nos mains. Nous ne faisons en réalité qu'utiliser une théorie formelle, à savoir celle des ensembles, pour en réduire une autre, tout aussi formelle. En aucun point de cette "interprétation" nous n'abandonnons le point de vue syntaxique, sauf peut-être au niveau du métalangage. Mais celui-ci, répétons-le, porte sur la syntaxe des systèmes formels *A* et *B* et non pas sur des des objets concrets ; ce qui n'exclut pas que nous ayons besoin de l'intuition pour cerner un système d'axiomes adéquat pour la théorie des ensembles. Mais une fois choisis, ces postulats deviennent *axiomatiques ;* c'est-à-dire qu'ils opèrent *formellement* au niveau de la pure syntaxe.

Quoi qu'en dise Duhem, la partie explicative d'une hypothèse *H* ne consiste pas en une interprétation des termes de *H* en fonction d'entités visualisables, mais en une tentative de réduction de *H* à une théorie de fond *N* dont l'intelligibilité est jugée exemplaire. Il serait sans doute déraisonnable, comme le souligne Duhem, de considérer une telle réductibilité comme une condition *sine qua non* que toute hypothèse scientifique devrait remplir. Mais chaque fois qu'une telle réduction peut être menée à bien – par le biais de la traduction d'une théorie dans une autre – il nous semble qu'elle signifie un progrès ; car elle ne diminue pas le contenu empirique de la théorie réduite pourvu que le vocabulaire observationnel de celle-ci ne soit pas modifié par la traduction en question. De toute façon, cette condition d'invariance devient un réquisit évident dès lors que l'on décide de ne tenir pour observationnels que les concepts phénoménologiques ; car ceux-ci ont des significations fixées une fois pour toutes. Il s'ensuit que le contenu empirique d'une ancienne loi pourrait même s'accroître si la théorie *N* – c'est-à-dire celle qui opère la réduction – n'est pas une extension conservative de l'hypothèse réduite.

Bien qu'étant au courant de toutes les tentatives de réduction de la physique aux lois de la mécanique, Duhem choisit fréquemment de confondre "interprétation" et "réduction". Il lui fut ainsi facile de démontrer que la composante explicative EXP d'un système scientifique – auquel il donna souvent le sens *sémantique* d'une *interprétation* – n'apporte rien de nouveau au contenu empirique d'une hypothèse : l'implication logique pouvant être tenue pour une notion purement *syntaxique*, il s'ensuit que l'interprétation sémantique d'une hypothèse ne modifie nullement la classe de ses conséquences logiques ; quant aux conséquences empiriquement décidables, nous venons de voir que leur signification est – de toute façon – fixée d'avance. L'interprétation des théories de haut niveau pourrait donc être considérée comme un exercice futile accolé "comme un parasite" à la science propre. Duhem en inféra qu'EXP, *même lorsqu'elle est conçue comme la partie réductive d'un système*, est empiriquement tout aussi inutile qu'une interprétation *stricto sensu*. Cette inférence nous semble logiquement invalide.

Ce que nous venons de dire constitue, il faut bien l'admettre, une reconstitution rationnelle, plutôt qu'un simple exposé de la position de Duhem. Ce dernier était évidemment conscient de l'existence de nombreux programmes entrepris dans le seul but de *réduire* la thermodynamique à la théorie atomique ; et il essaya par tous les moyens de montrer que de telles réductions, loin d'être simplement inutiles, avaient en fait nui à la science. Il affirma que les deux hypothèses, celle qui "explique" et celle qui est censée être "réduite", s'avèrent souvent n'être compatibles que grâce à des stratagèmes ad hoc. Par exemple : la loi cartésienne de la réfraction de la lumière contredit la philosophie mécaniste de Descartes ; les équations maxwelliennes du champ électromagnétique sont incompatibles avec l'existence de l'éther postulée par Maxwell, etc. Notons tout de même que Duhem ne s'oppose pas au réalisme en tant que tel – par exemple dans sa variante aristotélicienne – mais au mécanisme réductionniste qui représente à ses yeux une menace pour le dogme catholique. Ses objections sont cependant si globales qu'elles touchent sans discrimination toutes les explications réductionnistes ; et son antipathie à l'égard de toute forme de dynamisme rend compte de son évaluation erronée de toutes les hypothèses qui allaient dominer la science du vingtième siècle ; à savoir : les théories du champ de Maxwell-Lorentz, la Relativité d'Einstein, l'atomisme et le darwinisme. Dans son excellent article "Physique de croyant ? Duhem et l'autonomie de la science", Alain Boyer analyse la différence à la fois cruciale et très subtile qui sépare les deux notions d'*explication* et de *classification naturelle*. Il montre que l'idéal d'une classification naturelle, même renforcé dans un sens réaliste, nous conduirait à regarder la thermodynamique classique, plutôt que l'atomisme ou la théorie des champs, comme paradigmatique pour toutes les sciences. Il est donc peu surprenant que Duhem ait rejeté l'œuvre de Maxwell, de Boltzmann et d'Einstein au profit de celle de Mach ou d'Ostwald.

En bref : selon Duhem, lorsque *certaines* explications sont conçues comme des *interprétations,* elles s'avèrent superflues; lorsque *d'autres* sont tenues pour d'authentiques réductions, elles peuvent devenir nuisibles. Il en déduit – d'une manière à notre sens illégitime – que la science devrait renoncer à toute tentative d'explication. Ci-dessus, nous avons concédé qu'une interprétation des concepts de la science en termes extra-linguistiques ne peut être effectuée qu'en fonction d'entités visualisables; et que le développement de la physique a progressivement discrédité ce réquisit, du moins pour les notions théoriques. Il en va tout autrement des explications réductionnistes, car il nous semble qu'aucune tentative de réduction ne peut nuire : ou elle échoue, et alors nous pouvons toujours revenir à notre hypothèse de départ; ou elle réussit, auquel cas elle ne peut certainement pas diminuer, mais pourrait au contraire accroître, le contenu empirique des lois réduites. Il se peut qu'une nouvelle prédiction nous conduise à de nouvelles confirmations de la théorie – normalement sous forme de corrections d'anciens résultats expérimentaux – ou à une réfutation empirique. Dans ce dernier cas, nous pouvons nous rabattre sur notre hypothèse initiale, c'est-à-dire non réduite. Mais des doutes devraient alors surgir concernant l'hypothèse explicative, à savoir celle censée opérer la réduction, puisqu'elle aurait été infirmée par le biais de celle-ci. C'est ce qui est en fait arrivé à la mécanique classique en tant que théorie réductrice de l'électromagnétisme, donnant ainsi naissance à la physique relativiste. Nous ne devons enfin jamais perdre de vue le fait que la traduction d'un système dans un autre est presque toujours approximative; d'où la possibilité d'une expérience cruciale entre une hypothèse et son homologue réduit. Comme exemple, citons les lois de Kepler telles que modifiées par l'astronomie newtonienne.

Une autre incohérence dans la position de Duhem découle de sa thèse que les énoncés de base sont "imprégnés de théorie" ("*theory-laden*" en anglais) ; c'est-à-dire que leur sens dépend, d'une manière incontournable, d'hypothèses de haut niveau. La valeur de vérité d'une proposition étant déterminée par son sens, il s'ensuit que les rapports observationnels, tout autant que les hypothèses leur servant de fondement, sont faillibles. De prime abord, ce point de vue ressemble de près à celui de Popper. Mais alors que ce dernier tient les propositions théoriques pour susceptibles d'avoir des valeurs de vérité, Duhem les considère comme des schèmes dont la seule fonction est de classifier les lois expérimentales ; et il n'explique pas comment ces "tiroirs" pourraient insuffler une signification à leurs conséquences empiriques, les rendant ainsi "*theory-laden*". Bien sûr, les mobiles fidéistes de Duhem sont clairs : il veut introduire le faillibilisme à la fois au niveau le plus élevé, c'est-à-dire celui des théories, et tout au bas de l'échelle logique, donc au niveau des faits d'expérience. À l'opposé de Popper pour lequel la science n'est que "du sens commun écrit en gros caractères" ("*commonsense writ large*"), Duhem, tout en acceptant l'incorrigibilité de la connaissance commune, la bannit du discours scientifique. Il y aurait donc une rupture épistémologique lorsque nous passons du domaine du sens commun à celui de la science proprement dite. Nous gagnons alors en précision ce que nous perdons en certitude; et nous avons besoin d'une finesse toute pascalienne pour pouvoir décider quelles théories garder comme hypothèses de travail et quels énoncés de base accepter provisoirement comme vrais. Comme d'habitude, cet appel à l'intuition masque l'absence, ou le refus, d'une solution satisfaisante à un problème fondamental; tout ceci dans le but de limiter les prétentions de la science afin de laisser plus de place à la foi. En dernière analyse, Duhem tient notre capacité à construire des théories se rapprochant d'une classification naturelle – une capacité dont il ne doute pas – pour un miracle divin.

À l'opposé de Duhem, Poincaré n'avait pas de visées apologétiques. Il considérait les énoncés de base comme ayant des valeurs de vérité que nous pouvons découvrir infailliblement, donc indépendamment de toute conjecture scientifique. Que tout prédicat observationnel doive avoir un sens donné antérieurement à toute théorie, c'est là la pièce maîtresse de l'argument de Poincaré contre le conventionnalisme bergsonien d'Édouard Le Roy : bien que disposant d'une grande marge de manœuvre dans la construction des *hypothèses*, nous ne pouvons pas créer à loisir les *faits* scientifiques. Mais nous butons ici sur une ambiguïté grave dans la position de Poincaré. Où se situe le fait brut? Est-ce sur le plan strictement phénoménologique ou dans un domaine physique extérieur à la conscience ? Une reconstruction cohérente, qui se fonde par ailleurs sur certains écrits de Poincaré lui-même, nous mène à regarder les énoncés factuels comme de simples descriptions de l'expérience perceptive et des contenus de pensée de l'expérimentateur. Ces rapports observationnels, qui sont le résultat d'une réduction phénoménologique, constituent la base empirique de toutes les sciences. Portant exclusivement sur des entités *intentionnelles* dont nous avons une appréhension immédiate, ces énoncés immanents sont reconnus incorrigiblement comme vrais ou comme faux; ils peuvent donc servir à réfuter – de manière irréversible – ou à confirmer les systèmes scientifiques (Qu'ils ne puissent pas falsifier les hypothèses prises une à une fut amplement démontré par Duhem dans sa *Théorie physique*). Quant aux processus transcendants, ils sont connus seulement par description, c'est-à-dire par le biais d'hypothèses qui sont elles-mêmes mises à l'épreuve. Selon Poincaré, il n'est donc pas question d'interpréter directement, c'est-à-dire par *ostension*, les termes théoriques; d'où sa thèse quasi-kantienne que nous pouvons connaître non pas la nature profonde des référents de ces termes, mais certains rapports établis entre eux de manière purement hypothétique. Notre connaissance du monde extérieur est donc co-extensive avec celle de la syntaxe, ou plutôt de la structure mathématique des théories corroborées par certains énoncés immanents. En d'autres termes : la syntaxe des théories unifiées, qui devancent l'expérience ou qui établissent des connexions inattendues entre des phénomènes jugés jusque là disparates, reflète l'ordre ontologique. Sans cette supposition, nous serions obligés d'attribuer un rôle trop important à la chance; c'est-à-dire d'accepter la thèse fort improbable qu'une théorie unifiée puisse réussir – *par pur accident* – à expliquer systématiquement tout un réseau de faits.

Nous avons déjà remarqué que l'exigence d'une "interprétation" des hypothèses scientifiques nous conduit à leur imposer un réquisit soit de picturabilité soit de réductibilité. La citation p. 10 montre que Poincaré rejette la première condition, c'est-à-dire celle affirmant la nécessité d'une visualisation des entités physiques. Quant à la seconde, contrairement à Duhem, Poincaré ne s'oppose pas aux stratégies réductionnistes en tant que telles. Une réduction *réussie* devrait en principe réduire le nombre de postulats indépendants d'un sytème scientifique, donc mener vers le genre d'unité qui constitue un réquisit fondamental de la méthodologie de Poincaré. Ce dernier assujettit cependant toute tentative de réduction à deux conditions strictes. Une hypothèse réduite doit premièrement préserver son unité; c'est-à-dire que sa traduction dans le langage d'une théorie de fond ne devrait pas être artificiellement fabriquée de manière à la fois à éviter certaines réfutations et à subsumer des faits connus d'avance. C'est que de tels stratagèmes détruisent très souvent l'unité d'un système théorique. Nous pouvons à ce propos citer, comme exemples, les vaines tentatives faites au XIXe siècle pour déduire les lois de l'électromagnétisme à partir de celles de la mécanique tout en évitant la prévision d'ondes longitudinales, dont on savait empiriquement qu'elles n'existaient pas. Les nouvelles prédictions doivent deuxièmement être testées aussi sévèrement et aussi fréquemment que faire se peut.

En bref : selon la méthodologie de Poincaré, une théorie réduite doit préserver son unité tout en rendant compte de l'expérience. Quant au programme mécaniste, Poincaré lui dénie toute plausibilité intrinsèque, tout en admettant qu'une réduction *réussie* d'une branche de la physique au mécanisme confirmerait ce dernier.

> Si Larmor a à mon sens échoué, cela veut-il dire qu'une explication mécanique est impossible? Loin de là : j'ai dit plus haut que dès qu'un

phénomène obéit aux principes de l'énergie et de la moindre action, il comporte une infinité d'explications mécaniques; il en est donc ainsi des phénomènes optiques et électriques.
Mais cela ne suffit pas; pour qu'une explication mécanique soit bonne, il faut qu'elle soit simple; il faut que pour la choisir entre toutes celles qui sont possibles, on ait d'autrs raisons que la nécessité de faire un choix. Eh bien, une théorie qui satisfasse cette condition et par conséquent qui puisse servir à quelque chose, nous n'en avons pas encore. Devons-nous nous plaindre? Ce serait oublier le but poursuivi; ce n'est pas le mécanisme; le vrai, le seul but, c'est l'unité. (*SH*, p. 186).

3. *Continuité du sens ou continuité de la référence ?*

Poincaré donne donc l'impression d'interpréter les énoncés de base en termes phénoménologiques tout ayant une conception purement syntaxique des théories de haut niveau. Ne s'agit-il pas là de la position néopositiviste adoptée un peu plus tard par le Cercle de Vienne? Et ce point de vue, quelque libéral qu'il puisse paraître, ne reste-t-il pas inconciliable avec le réalisme sous toutes ses formes? Comme nous l'avons déjà expliqué, la continuité syntaxique imposée aux lois par le Principe de Correspondance semble démentie par la discontinuité référentielle qui règne dans le domaine métaphysique. Par exemple: indépendamment de toute question d'existence réelle, l'électron, tel que conçu par Thompson, et son homologue moderne visent deux objets radicalement différents; la particule classique consiste en une distribution de charge et de masse dans un volume bien déterminé, alors que son corrélat quantique est un pseudo-point portant une charge mais dépourvu de toute localisation spatio-temporelle exacte. De même, la masse relativiste est un coefficient d'inertie variant avec la vitesse alors que la masse newtonienne est le contenu de substance d'un corps matériel. Dans ces deux exemples, l'emploi d'un même mot, "électron" ou "masse", ne sert en fait qu'à masquer un grave hiatus référentiel. De telles discontinuités se sont produites tout au long de l'histoire des sciences et se répéteront très probablement à l'avenir. Quant au réalisme scientifique, quelque structurel ou mitigé qu'il puisse paraître, il présuppose toujours un minimum de continuité, non pas terminologique mais réel. C'est pour cela que Laudan et Fine ont cru pouvoir affirmer, sans aucune nuance, que "le réalisme est mort".

Dans de pareilles polémiques, il me semble qu'une contre-attaque est la meilleure forme de défense. Étant fondamentalement empiriste, la pensée anglo-saxonne se méfie des entités éthérées que sont à ses yeux les classes abstraites et les significations frégéennes; elle se sent beaucoup plus à l'aise avec les référents concrets des noms et variables individuels. Comme nous l'avons déjà dit, tant que nous ne quantifions que par rapport aux variables du premier ordre, nous sommes tenus, selon Quine, de croire à l'existence des individus mais non pas à celle des universaux, qui donnent seulement *l'illusion d'être nommés* par les constantes prédicatives. Malheureusement pour ceux qui emploient la discontinuité référentielle comme argument contre le réalisme, des concepts comme ceux d'électron ou de champ dénotent non pas un objet concret, mais le type même d'attribut ou de classe récusé par Quine. En l'absence de tels référents, tout débat concernant la discontinuité *référentielle* des termes théoriques perd son sens. Il est vrai que les extensions des deux notions d'électron – classique et quantique – restent disjoints; mais ceci est tout à fait compatible avec la continuité connotative des termes linguistiques. Nous pouvons tenir le concept d'électron pour un agglomérat, ou plutôt pour un réseau de prédicats. Par conséquent, bien que distinctes en tant qu'objets intentionnés, les deux particules – classique et quantique – partagent un grand nombre de propriétés; par exemple, celles ayant trait à la charge électrique, à la masse d'un corps au repos, à la susceptibilité de donner naissance à un champ électromagnétique, etc. (Il suffit qu'un prédicat figure dans l'un des agglomérats alors que sa négation fait partie de l'autre, pour que les extensions des deux concepts correspondants deviennent disjointes, créant ainsi l'illusion d'une rupture brutale entre deux hypothèses consécutives).

En passant d'un système à l'autre, il nous semble raisonnable d'exiger qu'il y ait au moins un recouvrement partiel entre deux notions qui se correspondent et qui souvent portent le même nom. Comme nous venons de le voir, ce chevauchement est toutefois à rechercher non pas dans les extensions mais dans les connotations des deux concepts en question. Notons que cette continuité est souvent signalée au moyen d'indices numériques accolés à certains prédicats dont ils dénotent le degré d'intensité. Deux propriétés – portant des indices distincts mais dont la différence est négligeable – conservent à peu près le même sens tout en ayant des extensions strictement disjointes. Par exemple : les deux masses, newtonienne et relativiste, ont au moins une propriété en commun : toutes deux mesurent la résistance d'un corps immobile à une force tendant à lui imprimer une accélération; il est vrai que pour des vitesses non nulles, les deux masses représentent des inerties distinctes, donc des degrés de paresse différents; mais cette différence reste négligeable pourvu que $|v/c|$ soit presque nul. Dans le cas relativiste, il s'agit donc de l'expression $m_0/\sqrt{(1-v^2/c^2)}$, qui tend vers la masse classique m_0 quand $|v/c|\rightarrow 0$. P. Feyerabend argua, d'une manière à notre sens illégitime, du fait que la différence entre $m_0/\sqrt{(1-v^2/c^2)}$ et m_0 peut devenir considérable, pour affirmer une prétendue incommensurabilité entre les deux mécaniques, newtonienne et relativiste. L'erreur de Feyerabend découle du caractère purement extensionnel de son analyse.

La discontinuité alléguée par l'anti-réaliste repose donc sur une analyse erronée parce que portant exclusivement sur les dénotations de certains termes, alors que seules leurs connotations devraient entrer en ligne de compte. En fait, l'exigence d'une continuité référentielle est aussi dénuée de fondement que le réquisit qu'une ancienne loi doive non seulement constituer un cas limite d'une nouvelle hypothèse, mais être en outre logiquement compatible avec celle-ci. L'exigence d'un chevauchement entre deux concepts – dont l'un est supposé remplacer l'autre – a pourtant l'air d'une condition de consistance minimale, donc éminemment rationnelle. Ce n'est malheureusement pas de cette manière que la science progresse. En exagérant un peu, nous pouvons même dire que la continuité s'accommode très bien de l'inconsistance. C'est que la limite d'une fonction est en général différente de cette dernière, de sorte que les lois s'avéreront incompatibles avec leurs cas limites. Nous devrions donc exiger d'une suite d'hypothèses qu'elle présente un aspect de continuité par rapport, non pas aux dénotations, mais aux significations frégéennes de ses termes. Par contre, un réquisit de continuité référentielle conduirait à un principe de charité – à notre sens inadmissible – selon lequel Newton, Young, Fresnel, Maxwell et Einstein auraient, sans s'en rendre compte, visé le même objet, à savoir le photon. Ce principe pourrait, à la rigueur, être tenu pour vrai, mais dans un sens sophistique; à savoir que les photons sont les causes – véritables mais cachées – des phénomènes observés par tous ces savants. Cette conception n'explique cependant pas la continuité de l'évolution de l'optique de Newton à Einstein; puisque les scientifiques ont successivement caractérisé cette cause cachée de manières très différentes, voire contradictoires; ils ne pouvaient donc pas tous référer au même objet.

Une question cependant ne peut être éludée; à savoir: y a-t-il un lien logique entre la signification et la syntaxe? Frege y répond affirmativement: le sens d'une expression se reflète dans sa structure syntaxique, et de façon telle que sa connotation globale résulte à la fois du sens et de l'agencement de ses composantes premières. Par exemple: un concept, c'est-à-dire une entité *non-saturée* s'exprime par une suite de symboles comportant des *lacunes*, telle F(). Par le biais d'un réquisit de gradualisme syntaxique, Poincaré et Duhem imposaient en fait une condition de continuité à la structure, donc aussi au sens des théories qui se succèdent. Dans la mesure où cette condition serait remplie par une suite d'hypothèses unifiées et fortement soutenues par des faits bruts, Poincaré jugeait que nous aurions réussi à exprimer des relations vraies entre des choses-en-soi, dont nous ignorions pourtant la nature intime

> … Le but de Fresnel n'était pas de savoir s'il y a réellement un éther, s'il est ou non formé d'atomes, si ces atomes se meuvent réellement dans tel ou tel sens ; c'était de prévoir les phénomènes optiques. Or cela, la théorie de Fresnel le permet toujours, aujourd'hui aussi bien qu'avant Maxwell. Les équations différentielles sont toujours vraies ; on peut toujours les intégrer par les mêmes procédés et les résultats de cette intégration conservent toujours leur valeur…
> Et qu'on ne dise pas que nous réduisons ainsi les théories physiques au rôle de simples recettes pratiques ; ces équations expriment des rapports, et si les équations restent vraies, c'est que ces rapports conservent leur réalité. Elles nous apprennent, après comme avant, qu'il y a tel rapport entre quelque chose et quelqu'autre chose ; seulement ce quelque chose, nous l'appelions autrefois *mouvement*, nous l'appelons maintenant *courant électrique*. Mais ces appellations n'étaient que des images substituées aux objets réels que la nature nous cachera éternellement. Les rapports véritables entre ces objets réels sont la seule réalité que nous puissions atteindre, et la seule condition, c'est qu'il y ait les mêmes rapports entre ces objets qu'entre les images que nous sommes forcés de mettre à leur place. Si ces rapports nous sont connus, qu'importe si nous jugeons commode de remplacer une image par une autre ? (*SH*, p. 173-74).

Ce passage nous semble décrire, en peu de mots, la position intégrale de Poincaré touchant le statut des théories scientifiques. Notons le caractère quasi kantien de la thèse selon laquelle nous sommes incapables de saisir la nature profonde des choses ; car celles-ci sont appréhendées non pas telles qu'elles sont en elles-mêmes, mais comme nous apparaissant à travers la perception et la pensée. Nous savons que le point nodal de l'argument kantien est l'existence présumée de connaissances infaillibles ; plus précisément : de principes synthétiques et d'intuitions a priori. D'une manière logiquement indépendante de l'expérience, nous pouvons anticiper certaines caractéristiques nécessaires des apparences ; par exemple : la causalité et les attributs spatio-temporels sans lesquels l'expérience ne saurait avoir lieu. Kant en conclut que ces intuitions et catégories pures n'appartiennent pas à un monde nouménal extérieur à la pensée ; mais que celle-ci les projette – pour ainsi dire – sur le monde des apparences. Sans cette thèse subjectiviste, nous serions forcés d'admettre que les catégories sont a posteriori et donc contingentes, ce que Kant tenait pour irrecevable. Poincaré s'était rendu compte de l'invalidité de l'argument kantien, ou plutôt de la fausseté de ses prémisses. En conséquence, il affirma que nous n'avions pas d'intuition spécifiquement spatiale et que notre géométrie n'était ni logiquement vraie ni même nécessairement synthétique ou euclidienne; la géométrie est un ensemble de conventions librement choisies, qui peuvent bien sûr être suggérées – mais nullement imposées – par l'expérience.

Cet échec partiel du kantisme permit à Poincaré de mitiger la thèse radicale de l'inaccessibilité de la chose-en-soi : nous pouvons, en principe, connaître non pas les essences des noumènes, mais certaines relations qui les lient. La nature profonde des noumènes nous étant cachée, aucune tentative de visualisation ne saurait être regardée comme un réquisit méthodologique mais, tout au plus, comme une démarche heuristique. Étant donné le point de vue exprimé dans le passage ci-dessus, nous sommes en droit d'avancer la conjecture suivante : Poincaré aurait fait peu de cas de l'équivalence *extensionnelle* de deux hypothèses postulant des relations ou des structures mathématiques différentes; il aurait considéré ces deux théories comme présentant deux explications *alternatives* du monde physique; c'est que d'après lui, les universaux – conçus *intensionnellement* – priment sur les entités qu'ils subsument. De ses commentaires sur l'évolution de la mécanique, il ressort que Poincaré considérait les équations de Hamilton comme constituant une hypothèse différente de celle de Newton : les deux systèmes, newtonien et hamiltonien, bien que matériellement équivalents grâce à une traduction contingente, n'en possèdent pas moins des structures mathématiques aux antipodes l'une de l'autre :

> Pour former ces équations, nous n'avons pas besoin de connaître les relations qui lient les paramètres q aux coordonnées des molécules hypothétiques, ni les masses de ces molécules, ni l'expression de U en fonction des coordonnées de ces molécules. Tout ce que nous avons besoin de connaître, c'est l'expression de U en fonction des q et celle de T en fonction des q et de leurs dérivées, c'est-à-dire les expressions de l'énergie cinétique et de l'énergie potentielle en fonction des données expérimentales. (*SH*, p. 222).

Nous avons donc : U = énergie potentielle, T = énergie cinétique.

Dénotons par p la quantité de mouvement et par L la différence $T-U$. q' étant la dérivée dq/dt de la position q par rapport au temps, L sera une fonction des q, q' et t. Définissons : $p = \partial L/\partial q'$, $H(q, p, t) = (\Sigma p.q')-L$.

Les équations de Newton, de Lagrange et de Hamilton s'écrivent donc :

Newton : $dp/dt = -\nabla U$;
Lagrange : $d(\partial L/\partial q')dt - \partial L/\partial q = 0$;
Hamilton : $\partial H/\partial p = q'$; $\partial H/\partial q = -p'$.

Il nous semble que s'il avait vécu un peu plus longtemps, Poincaré aurait immédiatement compris pourquoi la mécanique ondulatoire ne pouvait tirer son origine que des équations de Hamilton et non pas de celles de Newton. La physique quantique traite les deux quantités complémentaires p et q sur un pied d'égalité ; c'est ce que faisait déjà Hamilton, alors que Newton conçevait p comme la *dérivée mq'* de q par rapport au temps. Il nous semble en outre que Poincaré aurait considéré la théorie ondulatoire de Schrödinger comme inconciliable avec la mécanique matricielle de Heisenberg, ou comme suggérant une toute autre heuristique. Encore une fois, la raison en aurait été que la structure mathématique d'une hypothèse représente son aspect réaliste le plus significatif.

En bref : alors que la continuité référentielle exige que deux hypothèses consécutives fassent référence aux *mêmes* objets, la continuité structurelle requiert que d'une théorie à la suivante, l'on continue de décrire, d'une manière évolutive et graduelle, une chose-en-soi dont la nature profonde pourrait toujours nous échapper.

Il nous semble toutefois que même cette dernière formulation du Principe de Correspondance est trop restrictive. Il suffit d'exiger que d'une révolution scientifique à l'autre, le sens *global* de certaines propositions, par opposition à celui de leurs composantes prises isolément, reste approximativement le même. En d'autres termes : on devrait pouvoir traduire un système dans un autre censé le supplanter, de telle façon que :

> [α] les prédicats et fonctions observationnels restent inchangés, et
> [β] les anciens postulats se transforment soit en des théorèmes soit en des cas limites de théorèmes du nouveau système.

Une telle libéralisation du Principe de Correspondance nous permettrait, par exemple, de comprendre comment l'hypothèse du phlogistique pouvait marquer des succès empiriques au moment même où elle fut dépassée par le programme de Lavoisier; et ceci bien que le concept de phlogistique n'eût aucun référent, c'est-à-dire que son extension fût vide. Pour ce faire, il suffit de suivre la méthode russellienne de traiter les descriptions comme des symboles incomplets : tout contexte dans lequel la présence ou l'absence du phlogistique est assertée en sera remplaçé par un autre dans lequel une perte ou un gain d'oxygène est respectivement constaté ; le phlogistique jouera effectivement le rôle d'un anti-oygène de sorte que l'air déphlogistiqué sera tenu pour de l'air riche en oxygène. Il ne saurait alors nous étonner qu'étant donné leur “logique situationnelle”, comme dit Popper, certains phlogisticiens en fussent réduits à attribuer une masse négative au phlogistique ; ou si cette idée leur répugnait, à se rallier à Lavoisier, ce que la plupart d'entre eux décida finalement de faire.

4. *La structure de l'argument de Poincaré en faveur du réalisme structurel*

Nous avons déjà dit que d'après Poincaré, le succès des sciences ne devait ni ne pouvait être attribué au pur hasard; il s'ensuit que parmi nos théories, il y en a qui cernent des relations vraies entre les choses-en-soi. Poincaré fut l'un des premiers penseurs à avancer cet argument anti-conspirationniste reposant sur le refus d'accepter des coïncidences improbables; et ce afin de mieux défendre la thèse selon laquelle nos lois les mieux corroborées ont de grandes chances de rester empiriquement adéquates. (Comme me l'a fait remarquer Alain Boyer, Cournot peut être tenu pour un précurseur de Poincaré quant à ce "*no miracles argument*" qui, comme le souligne A. Boyer, s'apparente au principe de la non-existence d'un malin génie cartésien).

Pour cela, voyons quel rôle joue dans nos généralisations la croyance à la simplicité. Nous avons vérifié une loi simple dans un assez grand nombre de cas particuliers; nous nous refusons à admettre que cette rencontre, si souvent répétée, soit un simple effet du hasard et nous en concluons que la loi doit être vraie dans le cas général.

> Kepler remarque que les positions d'une planète observées par Tycho sont toutes sur une même ellipse. Il n'a pas un seul instant la pensée que, par un jeu singulier du hasard, Tycho n'a jamais regardé le ciel qu'au moment où la trajectoire véritable de la planète venait couper cette ellipse…
> Qu'importe alors que la simplicité soit réelle ou qu'elle recouvre une vérité complexe? Qu'elle soit due à l'influence des grands nombres qui nivelle les différences individuelles, qu'elle soit due à la grandeur ou à la petitesse de certaines quantités qui permettent de négliger certains termes, dans tous les cas, elle n'est pas due au hasard. Cette simplicité, réelle ou apparente, a toujours une cause. Nous pourrons donc toujours faire le même raisonnement et si une loi simple a été observée dans plusieurs cas particuliers, nous pourrons légitimement supposer qu'elle sera encore vraie dans les cas analogues. Nous y refuser serait attribuer au hasard un rôle inadmissible. (*SH*, p. 164).

Poincaré étendit son raisonnement du cas des lois empiriques à celui des théories du plus haut niveau :

> On dira que la science n'est qu'une classification et qu'une classification ne peut être vraie, mais commode. Mais il est vrai qu'elle est commode, il est vrai qu'elle l'est non seulement pour moi, mais pour tous les hommes; il est vrai qu'elle restera commode pour nos descendants; il est vrai enfin que cela ne peut pas être par hasard. (*VS*, p. 184).

Rappelons que Poincaré juge une hypothèse commode si tout en restant unifiée, elle explique les phénomènes sans recourir à des artifices fabriqués pour les besoins d'une cause prédonnée. Il y a peu de doute que dans la dernière proposition du passage ci-dessus, le degré de commodité d'une théorie est conçu comme un indice de vérisimilitude. Ceci cadre bien avec l'attitude de Poincaré selon laquelle un système corroboré révèle, de par sa structure mathématique, des connections objectives entre certaines entités physiques.

Dans son *Shaky Game,* qui constitue un long commentaire sur l'œuvre d'Einstein, Arthur Fine émit une critique sévère à l'égard de tout argument anti-conspirationniste, c'est-à-dire de tout raisonnement fondé sur le refus d'accepter toute occurrence de série de miracles dans le développement des sciences. Selon Fine, le réalisme scientifique devrait être considéré comme une hypothèse scientifique, dont le rapport avec la réussite empirique des sciences est analogue à celui d'une théorie physique avec sa base expérimentale. Or l'anti-réaliste est précisément quelqu'un qui n'admet aucune “abduction”, c'est-à-dire qui ne conclut jamais d'un ensemble de phénomènes à la vérité de la meilleure explication de ces phénomènes. Par conséquent, même si cet anti-réaliste acceptait le succès des sciences comme un fait acquis, il refuserait d'en inférer la vérité du réalisme ; et ce de la même façon qu'il rejette tout passage de la vérité des énoncés de base à celle d'une hypothèse explicative. Selon Fine, le réaliste se meut dans un cercle vicieux ; il ressemble à un inductiviste qui essaierait de persuader son adversaire d'accepter une conclusion tirée *inductivement* de certaines prémisses.

Afin de démontrer l'invalidité de cet argument, il nous faut introduire des distinctions quelque peu semblables à celles faites par Fine lui-même. Le réalisme a souvent été caractérisé comme la croyance en une réalité indépendante de l'esprit qui la conçoit. Cette définition nous paraît peu satisfaisante parce qu'elle présuppose un schisme entre la conscience d'une part, et ce qu'elle essaie d'appréhender, de l'autre. Par *réalisme métaphysique* nous entendrons la thèse selon laquelle il existe une réalité indivisible possédant une structure objective, dont l'esprit humain fait partie. En outre, loin d'imposer leurs propres principes aux choses, nos opérations mentales obéissent aux lois régissant tous les processus naturels : la conscience ou, en termes quasi-matérialistes, le cerveau humain évolue conformément aux mêmes lois qu'il se propose de capturer. D'après Planck et Popper, cette thèse entraîne qu'une explication totale de l'univers physique sera toujours irréalisable : pour cause de circularité vicieuse, le cerveau est en principe incapable de prédire correctement tous ses états futurs. Loin d'être incompatible avec le réalisme ou même avec le déterminisme métaphysique, ce résultat limitatif pourrait en être considéré comme l'une des conséquences les plus heureuses.

À la thèse qui vient d'être formulée, le *réalisme méthodologique* adjoint la supposition que la structure de l'univers nous est en principe intelligible. Un savant peut donc raisonnablement se fixer pour but non pas simplement de *décrire*, mais aussi *d'expliquer* les phénomènes. Il reste bien sûr libre de renoncer à ce projet et de se contenter d'émettre des lois purement phénoménologiques.

Enfin, le *réalisme scientifique* – désormais dénoté par RS – comporte la thèse supplémentaire que les théories unifiées et capables d'expliquer les phénomènes sans y avoir été adaptées d'avance sont "approximativement vraies". De telles hypothèses simulent donc la réalité; mais même la manière dont elles le font pourrait en principe nous rester cachée. RS n'a donc partie liée ni avec la vérité-correspondance au sens rigoureux de ce terme, ni même avec la notion sémantique de vérité. Comme nous l'avons déjà indiqué, la structure globale d'un système doit pouvoir refléter certains aspects d'une réalité transcendante, et ce sans que ses composantes aient à référer séparément à des éléments individués de cette même réalité. Il s'agit donc de l'attitude réaliste structurelle adoptée à la fois par Poincaré et par Duhem. Pour la défendre contre une position plus strictement tarskienne, nous pouvons faire valoir que la sémantique usuelle s'inspire d'une ontologie naïvement réaliste formée d'objets *perçus* comme étant bien délimités les uns des autres. Une telle ontologie n'est pas nécessairement celle d'un monde extérieur à la conscience. En d'autres termes : le sens commun tend à confondre deux sphères hétérogènes, l'une transcendante, l'autre intentionnelle; donc à postuler des entités discrètes, fixées une fois pour toutes, et subsumées par des prédicats dits naturels. Or la Nature, dont nous ne constituons qu'une partie infime, n'est pas nécessairement ainsi faite. Nous avons déjà dit que les objets transcendants sont connus exclusivement par description, c'est-à-dire par la médiation de certaines théories. Nous ne sommes donc pas en mesure de percevoir directement le type de correspondance qui pourrait lier nos hypothèses au monde extérieur. Seuls des idéalistes comme Berkeley et Husserl, qui ne postulent que des entités immanentes, peuvent prétendre connaître la nature intime de cette correspondance. C'est d'ailleurs pour cette raison qu'ils tiennent tout discours réaliste pour dénué de sens; ce qui n'est évidemment qu'une pétition de principe. La façon dont une théorie réaliste accroche le monde extérieur constitue donc un problème n'admettant que des solutions conjecturales. C'est pour cela que dans son beau livre *La matière dérobée*, Michel Paty parle de programmes *épistémologiques* tout autant que *scientifiques* : chaque programme offre *sa* solution au problème de la référence, la réponse tarskienne n'en étant qu'une parmi bien d'autres. Répétons-le : RS n'a partie liée avec aucune théorie de la vérité fixée d'avance; tout ce que RS asserte, c'est qu'une hypothèse compacte et fortement corroborée par les faits reflète la réalité d'une manière qu'un savant peut choisir – ou même s'abstenir – de spécifier à sa guise. Il n'y a aucune raison pour qu'un scientifique n'adopte pas une attitude faillibiliste à la fois envers la valeur de vérité et le mode de référence de ses conjectures. Dans ce sens, Duhem compare un concept scientifique aux pièces plates composant l'armure qui n'épouse jamais exactement la forme du corps d'un chevalier. Ces concepts ont valeur de symboles ou de métaphores plutôt qu'une fonction strictement référentielle. Mais il nous faut encore une fois rappeler l'injonction catégorique de Poincaré : les termes observationnels doivent recevoir des significations et des référents fixés d'avance.

(Pour le rôle essentiel des métaphores dans les explications scientifiques, voir l'article de E. MacMullin dans : J. Leplin (ed.) : *Scientific Realism*).

Chacune des positions philosophiques esquissées ci-dessus est logiquement plus forte que la précédente, cette gradation étant illustrée par les exemples suivants : Kant et Duhem peuvent être tenus pour des réalistes au sens métaphysique, mais non pas méthodologique de ce terme ; quant à Mach, il n'était pas réaliste du tout, alors que Poincaré souscrivait ouvertement à RS. Ces deux derniers philosophes se trouvent donc aux deux points extrêmes de l'échelle réaliste, qui ne comprend naturellement pas le réalisme naïf, jugé intenable. Enfin, Popper a toujours adhéré au réalisme méthodologique mais son attitude vis-à-vis de RS reste ambiguë. Au cours des années 60, il essaya de fonder RS sur une définition de la *vérisimilitude* reposant sur la notion sémantique de vérité-correspondance. Cette définition fut infirmée par un théorème de David Miller établissant qu'aucune assertion fausse ne peut avoir un degré de vérisimilitude plus élevé que celui de n'importe quelle autre proposition. D. Miller semble en conséquence avoir rejeté RS tout en acceptant le réalisme méthodologique. Quant à Popper, il s'est rabattu sur une notion purement intuitive de la vérisimilitude, indiquant ainsi qu'il adhérait toujours à RS.

Nous avons déjà dit que d'après Fine, tous les arguments anti-conspirationnistes en faveur de RS sont entachées de circularité vicieuse. Tout comme le raisonnement de Fine, ma première réfutation de sa critique sera quelque peu scolastique. Même l'instrumentaliste le plus endurci accepte certaines théories, non pas comme vraies, mais comme rendant compte de l'expérience de la manière jusqu'ici la plus satisfaisante. H étant une proposition quelconque, posons RS("H")≡("H" est approximativement vraie).

Supposons que "H" est une hypothèse systématiquement confirmée par l'expérience. Dans la mesure où il considère le succès empirique de "H"comme un fait soutenant RS("H"), l'instrumentaliste est tenu d'accepter, ne fût-ce qu'à titre provisoire, non pas la *vérité* de RS("H") mais RS("H") tout court; et comme RS("H") asserte la vérité approximative de "H", il devra attribuer un degré de vérisimilitude élevé, non pas à RS("H"), mais à l'hypothèse "H" elle-même. Comme d'habitude, cette séparation entre des niveaux de langage distincts évite toute circularité vicieuse. Il nous faut tout de même concéder que l'anti-réaliste conserve une grande marge de manœuvre : il peut toujours nier soit que le succès empirique de "H" constitue un *fait* dans le sens usuel de ce mot, soit qu'il existe un lien inférentiel valide entre RS("H") et la corroboration de "H".

Il nous faudra bien sûr reconnaître que les "vérifications" de "H", quelque nombreuses qu'elles soient, resteront toujours en nombre fini et qu'elles ne peuvent avoir eu lieu que par le passé. Le succès de "H" n'est donc jamais un fait acquis une fois pour toutes. Il est néanmoins peu probable qu'étant donné sa tendance à croire au schéma inductif, l'instrumentaliste s'oppose à une simple extrapolation étendant la confirmation de "H" à tout un domaine empirique D. Par conséquent, dans la plupart des cas, l'anti-réaliste acceptera la réussite empirique de "H" dans D comme un fait acquis. Quant à la relation inférentielle entre RS ("H") et la corroboration de "H", notons que le raisonnement de Fine repose sur une supposition fort douteuse; à savoir que RS, c'est-à-dire le réalisme *scientifique*, mérite son nom; donc que RS est une hypothèse empirique dont la performance expérimentale des sciences constitue la base factuelle. Contre ce point de vue, nous nous proposons de montrer que RS est une thèse métaphysique au sens de Popper; c'est-à-dire que RS est expérimentalement irréfutable. De ceci il s'ensuivra que toutes les propositions logiquement plus faibles que RS, par exemple les réalismes méthodologique et métaphysique, sont infalsifiables et donc métaphysiques.

Nous suivrons donc Popper en tenant une proposition M pour métaphysique si M n'est pas réfutable par l'expérience; ou plus exactement : si M ne figure comme composante essentielle dans aucune théorie scientifique; c'est-à-dire que M n'intervient dans aucun système Δ tel qu'un rapport observationnel e découle de Δ mais non pas de Δ-{M}. (Notons en passant que pour que cette définition ait un sens, il faut qu'au préalable Δ ait été axiomatisée d'une manière dite « naturelle »).

Notons que RS est en fait la proposition :

> (∀X)(∀Y)[(X est une hypothèse scientifique unifiée et systématiquement corroborée dans le domaine Y)→(X simule la réalité dans Y)];

où nous donnons aux termes descriptifs de cette formule leurs significations intuitives. Pris isolément, RS est évidemment infalsifiable; car pour réfuter RS, il nous faudrait trouver une hypothèse X et un domaine Y tels que :

> [a] X soit à la fois unifiée et corroborée dans Y ; et
> [b] X ne soit même pas approximativement vraie dans Y.

Nous avons déjà traité des difficultés concernant [a]; mais [b] pose des problèmes plus graves encore. D'un point de vue empirique, [b] est clairement indécidable : nous n'avons à notre disposition aucune théorie V dont nous *sachions* qu'elle est *vraie*, et que nous pourrions comparer avec X afin de montrer que X diffère considérablement de V dans le domaine Y. De toute façon, si nous avions une telle V, nous n'aurions besoin d'aucune conjecture telle que X.

Pour défendre leur position, les instrumentalistes ont argué du fait que la théorie de Newton, bien qu'inconciliable avec celle d'Einstein, n'en est pas moins corroborée dans beaucoup de domaines. Les lois newtoniennes ne présentent-elles pas l'exemple d'une hypothèse N qui, tout en étant soutenue par certains faits, n'est même pas approximativement vraie, puisqu'elle peut s'écarter considérablement de sa rivale einsteinienne E ? À ceci nous pouvons répondre d'abord que E est loin d'avoir été rigoureusement *vérifiée;* n'étant pas quantisée, elle est en toute probabilité fausse. E ne peut donc pas jouer le rôle attribué à la théorie *vraie* V mentionnée ci-dessus. De toute façon, là où les lois newtoniennes sont confirmées dans un domaine D, elles forment des cas limites des relations d'Einstein. Par conséquent, même si E est regardée comme étant approximativement vraie dans D, il en sera de même pour N.

Il nous reste à nous demander si RS peut figurer comme prémisse *indispensable* dans la dérivation d'une prévision empirique. De par son contenu, RS ne pourrait jouer ce rôle qu'en nous permettant d'inférer la vérité approximative d'une hypothèse X déjà fortement corroborée par les faits; c'est-à-dire d'affirmer que X reflète la réalité d'une manière plus ou moins exacte. Mais cette assertion, étant plus faible que la proposition X *qui aurait déjà dû être postulée*, s'avère superflue; ce qui prouve que RS, et donc le réalisme sous toutes ses formes, est une thèse strictement métaphysique. Par conséquent, l'argument de Fine est dépourvu de tout fondement. Cette conclusion n'entraîne-t-elle cependant pas que RS ne peut être ni soutenu ni même critiqué par aucun argument rationnel, que le réalisme constitue, somme toute, un article de foi ? Nous espérons pouvoir répondre négativement à cette question.

Examinant de plus près les arguments de Duhem et de Poincaré en faveur de RS, nous nous rendons vite compte qu'ils reposent essentiellement sur une même inférence de type probabiliste. Rappelons que pour Poincaré le réquisit d'unité et d'organicité est un principe – pour ainsi dire transcendantal – auquel toute hypopthèse scientifique devrait être soumise. Soit H une hypothèse dont tous les postulats sont étroitement liés les uns aux autres. Si, dans un domaine D, l'une des composantes de H s'écartait de la vérité d'une manière significative, alors en vertu de la compacité du sytème, une telle erreur aurait des répercussions dans toutes les parties de H, y compris sa base empirique. Nous sommes donc en droit de nous attendre à ce que H se révèle empiriquement inadéquate dans des sous-domaines entiers de D. Supposons, par contre, que H se soit confirmée toutes les fois qu'elle a été mise à l'épreuve dans D. Nous savons bien sûr que seulement un nombre fini de tests a pu être effectué et que même la théorie la plus fausse engendre des conséquences vraies, parmi lesquelles nos résultats expérimentaux pourraient figurer. Dans un tel cas, nous serions cependant acculés à supposer qu'un malin génie – ayant pour seul but de nous tromper – nous aurait fait tester H précisément aux points où cette hypothèse coïncide avec des énoncés de base vrais. Sinon, nous aurions eu de fortes chances de tomber sur certains faits réfutant H. C'est bien là le sens de l'exemple imaginé par Poincaré dans lequel Tycho n'aurait observé Mars qu'aux moments où la trajectoire véritable de cette planète coupait l'ellipse képlérienne. Ce genre d'hypothèse conspirationniste, qui s'apparente à la thèse anti-inductiviste d'une dissociation totale entre la corroboration et la fiabilité, repose sur toute une suite de coïncidences dont la probabilité est presque nulle. Poincaré en infère que H est en toute probabilité approximativement vraie.

Quoi que l'on pense de ce type d'argument, il s'agit là d'un mode de penser qui se situe au cœur même de la recherche scientifique. Donnons quelques exemples. Maxwell refusa d'admettre que la lumière pouvait se propager à une vitesse stictement égale à celle des ondes électromagnétiques tout en restant indépendantes de celles-ci; il en inféra que la lumière est un processus électromagnétique. D'après Poincaré, l'absence d'effets du premier et du second ordre, auxquels le mouvement de la Terre aurait dû donner naissance, ne pouvait pas raisonnablement être attribuée à des facteurs accidentels; il en conclut que le principe de covariance (au sens de Lorentz) s'appliquait à toutes les théories scientifiques. Einstein rejeta l'idée que les processus électomagnétiques, tout en étant causés par des mouvements absolus, donnaient naissance à des phénomènes ne dépendant que des vitesses relatives des corps observables. De même, il tint pour irrecevable la thèse que l'attraction et l'inertie, bien que constituant deux propriétés distinctes et même antagonistes d'un même corps, variaient toujours proportionnellement l'une à l'autre. Il en conclut que le principe de Relativité, restreint puis général, devait s'étendre à toute la physique. Répétons-le : dans tous ces cas, nous refusons l'idée qu'un malin génie ait pu vouloir nous tromper systématiquement quant à ce qui se passe derrière les apparences.

La défense de RS repose donc sur des principes qui, loin d'être importés du dehors, se trouvent au centre de toute activité scientifique. C'est pour cela que nous ne pouvons en aucune façon partager l'opinion d'Arthur Fine lorsqu'il écrit :

> Le réalisme requiert beaucoup plus que la simple vérité de certaines propositions. Il exige que de cette vérité émane quelque chose qui accède à la réalité elle-même. Puisque cette émanation réaliste ne se trouve pas dans la vérité – tout court – de ces propositions existentielles, je me suis demandé si l'on ne pouvait pas la trouver rattachée à ces propositions par les pratiques scientifiques qui en fondent la vérité. Mais bien que ces pratiques soient quelque peu insaisissables, elles restent assez bien définies pour que l'on puissent voir qu'elles ne comportent pas ces émanations subtiles du réalisme. J'en conclus que lorsque le réaliste rattache l'aura de son réalisme à la science, il va bien au-delà de ce qui est garanti par la vérité des propositions spécifiquement scientifiques, ou bien des pratiques qui sont au fondement de ces propositions...
> Cette “externalité”, ce mouvement d'accès vers les propriétés d'une structure universelle bien déterminée, ne se trouvent pas dans la science elle-même. C'est une sorte de revêtement surajouté au texte même de la science. (*The Shaky Game*, p. 154. Ma traduction).

En accordant une valeur de vérité bien déterminée à certaines propositions existentielles, Fine fait plus de concessions au réalisme structurel que celui-ci ne s'y attendait. Quant aux thèses négatives émises par Fine, nous pensons avoir apporté la preuve que le réalisme est enraciné dans la pratique même de la science : RS se fonde sur le même genre d'argument incontournable qui nous habilite à passer inductivement – mais de manière faillible – de la corroboration d'une loi à sa fiabilité future.

5. *Le réalisme a-t-il un contenu cognitif ou un caractère purement psychologique, voire émotif ?*

Il nous faut maintenant poser quelques questions concernant l'attitude minimaliste mise en avant par Fine sous le nom de NOA (Natural Ontological Attitude). Celle-ci semble consister en certaines injonctions tout à fait acceptables ; par exemple : ne soyez ni réaliste ni anti-réaliste, de sorte à n'avoir besoin d'aucune notion de vérité approximative ; par contre, si vous tenez à une théorie *scientifique*, engagez-vous à croire à l'existence des référents de ses termes et à la vérité – au sens strictement sémantique – de toutes ses conséquences logiques ; n'allez surtout pas au-delà des limites prescrites par la pratique scientifique, sinon vous risqueriez d'entraver le progrès de la science.

Il me semble que malgré leur caractère en apparence anodin, ces maximes condamnent les savants à mener des vies d'amnésiques, ou alors à ne croire ni à la vérité ni même à la vérisimilitude d'aucune hypothèse, quelle qu'elle soit. Pourvu que le savant connaisse tant soit peu l'histoire de sa science, il se rendra compte que ses prédécesseurs ont successivement cru à des hypothèses dont chacune fut rejetée au profit de l'une de ses contraires. En outre, à moins d'ignorer la condition de covariance, aucun physicien ne peut tenir la mécanique quantique non relativiste pour strictement vraie ; et à moins d'oublier les principes quantiques, il ne pourra pas non plus croire aux théories classiques ou relativistes des champs unifiés. Comme l'hypothèse quantique des champs est loin d'avoir assumé sa forme définitive et vu qu'on interdit au savant toute notion de vérité approchée, ce dernier ne peut souscrire à aucune proposition transcendant l'expérience. Il en est réduit à user de "modèles" théoriques dans le seul but d'obtenir des résultats observationnels ; et il pourrait tout aussi bien s'avouer n'être qu'un instrumentaliste. L'instrumentalisme est en effet une position cohérente, mais étant *anti-réaliste* plutôt qu'agnostique, elle est rejetée par Fine.

On pourrait bien sûr maintenir que NOA est un principe méthodologique n'ayant rien à voir avec l'histoire des sciences. Lakatos a toutefois proposé une méthode de mise à l'épreuve des méthodologies qui nous permet d'échapper à un apriorisme arbitraire et, somme toute, banal : on commence par attribuer une version intuitive d'une méthodologie N à un chercheur que tout le monde s'accorde à considérer comme un grand homme de science ; puis l'on tente de rendre compte, en fonction de N, des décisions prises par le savant ; N sera d'autant plus corroborée qu'elle nous permet de réduire au minimum les recours aux facteurs "externes", c'est-à-dire psychologiques, politiques ou sociologiques, qui ne sont pas *indépendamment soutenus* par d'autres faits, par exemple par des documents historiques. (Notons que, par définition, "externe" signifie "non subsumé par N"). Fine lui-même applique cette méthode au cas d'Einstein. Ayant imputé à ce dernier une adhésion intuitive à NOA, Fine se trouve confronté à un problème qui nous semble insoluble ; celui de rendre compte des déclarations d'Einstein soutenant une version forte de RS. C'est ainsi que

Fine est acculé à voir dans le réalisme du grand savant une attitude non pas cognitive mais psychologique, voire émotive.

Mon argument consiste en ceci, que si nous comprenons Einstein de la façon dont il voulait lui-même que nous le fassions, alors son discours en apparence réaliste décrit une position se rapprochant du constructivisme empiriste plutôt que du réalisme métaphysique ou scientifique…

Car, relisant son allocution à Columbia, nous voyons qu'alors qu'il se distancie du contenu cognitif de ses remarques, il accepte totalement la force motivationnelle de ce réalisme, surtout en opposition au programme positiviste…

> Le concept spécifiquement psychanalytique qui me semble le mieux cerner le réalisme einsteinien est celui de "l'imago" – l'idéal parental complexe ayant sa source dans le subconscient, s'élaborant au moyen des fantasmes de l'enfance et s'associant à l'affectivité de cette période infantile. "L'imago" est au fondement de certains aspects de notre comportement; et ce de la même manière que, selon Einstein, le réalisme se cache derrière nos œuvres scientifiques tout en les dirigeant. Il me semble, dans le cas d'Einstein, que les éléments fantasmatiques liés à son "imago" réaliste s'expriment par l'intermédiaire de son vocabulaire réaliste. Je crois qu'Einstein savait fort bien qu'en relatant ses contes "réalistes", il ne faisait que donner libre cours aux fantasmes de son enfance.(*The Shaky Game*, p. 108-111).

Concédons à Fine le droit d'affirmer, comme il l'a souvent fait, que les réalistes de notre espèce ressentent une envie irrésistible de piétiner de colère ("*to stamp their feet*"), de crier au scandale et même d'avoir recours aux armes lorsqu'ils lisent des passages semblables à ceux qui viennent d'être cités. Non pas qu'une explication psychanalytique ne puisse en elle-même être juste, voire éclairante. Elle ne devrait pourtant pas être invoquée dans le seul but de sauver – à tout prix – une méthodologie préconçue telle que la NOA. Comme nous l'avons déjà dit, toute supposition extrinsèque à une méthodologie doit être testée sévèrement, c'est-à-dire indépendamment des résultats auxquels elle aurait pu être ajustée. Fine est conscient de l'importance de ce réquisit, mais il ne met en avant qu'un seul fait pour étayer sa supposition que le réalisme d'Einstein avait un caractère purement psychologique; à savoir: la prétendue répugnance d'Einstein à parler directement de la *vérité des hypothèses de haut niveau.* Fine appuie sa thèse sur la citation suivante :

> Il est même difficile d'assigner un sens précis à l'expression de "vérité scientifique". Le sens du mot "vérité" variera suivant que nous traitons

des faits d'expérience, d'une proposition mathématique ou d'une théorie physique. Une "vérité religieuse" ne me suggère rien de précis du tout. (A. Einstein : *Ideas and Opinions* (1954), p. 261 ; cité par A. Fine : *The Shaky Game*, p. 90. Ma traduction).

Notons en premier lieu qu'Einstein est surtout concerné par la *précision* du concept de vérité ; deuxièmement, qu'il oppose la notion d'une vérité de religion avec toutes les autres. Il nous semble que seulement la première avait pour Einstein une signification purement émotive. Il y avait en outre des raisons objectives pour lesquelles Einstein, comme d'ailleurs la plupart de ses contemporains, hésitait à faire une allusion directe à un concept *précis* de vérité. C'est que celui-ci non seulement n'existait pas encore, mais qu'il était de surcroît tenu pour ineffable. Par exemple : Frege, un réaliste plaonicien s'il en fût, tenait la notion de vérité pour l'essence même de la logique, mais une essence indéfinissable sans circularité vicieuse. ("p" est vrai s'il est vrai que "p" correspond à un état de choses). Popper, qui allait devenir l'un des défenseurs les plus éloquents du réalisme, écrivit sa *Logique de la découverte scientifique* sans user d'une notion explicite de vérité. Russell fut vraiment exceptionnel en ce qu'il proposa autant de concepts précis qu'il y avait d'ordres de propositions signifiantes ; à savoir :

$(\forall p)(T_{n[n-1]}(p) \leftrightarrow p)$, (n-1) étant l'ordre de p, et n[n-1] le type logique de $T_{n[n-1]}$.

Il est donc peu étonnant que dans son Introduction au *Tractatus* de Wittgenstein, Russell ait été le premier à proposer la distinction entre métalangage et langue-objet, dont Tarski allait user dans sa définition sémantique de la vérité ; puisque cette distinction suit de très près la différenciation russellienne par type et ordre. D'un point de vue philosophique, le rôle principal de l'œuvre tarskienne a consisté, non pas à formuler la seule définition possible de la notion de vérité, mais à en avoir rendu l'emploi irréprochable. Autant que l'on sache, Einstein et ses collègues n'étaient au courant ni de ces débats entre logiciens ni des théorèmes établis par Tarski ; ce qui explique pourquoi les savants préféraient ne pas faire mention directe de la vérité des théories, du moins de celles de haut niveau. Mais le passage suivant montre que loin d'adhérer à NOA, Einstein croyait en un réalisme structurel qui, sans avoir partie liée avec un concept particulier de vérité, n'en possédait pas moins un contenu cognitif considérable :

Alors, s'il est certain que le fondement axiomatique de la physique théorique ne se déduit pas de l'expérience, mais doit s'établir spontanément, librement, pouvons-nous penser avoir découvert la bonne piste ? Plus grave encore ! Cette bonne piste n'existe-t-elle pas chimériquement

> seulement en notre imaginaire? ...À cette objection je déclare en toute certitude qu'à mon avis la bonne piste existe et que nous pouvons la découvrir. D'après notre recherche expérimentale jusqu'à ce jour, nous avons le droit d'être persuadés que la nature représente ce que nous pouvons imaginer en mathématiques de plus simple...Les concepts mathématiques utilisables peuvent être suggérés par l'expérience, mais jamais, en aucun cas, en être déduits. L'expérience s'impose, naturellement, comme unique critère d'utilisation d'une construction mathématique pour la physique. Mais le principe fondamentalement créateur se trouve dans la mathématique. Par conséquent, en un certain sens, j'estime vrai et possible pour la pensée d'appréhender la réalité comme le révéraient les Anciens. (A. Einstein : *Comment je vois le monde* (1979), p. 134).

De tels passages ne peuvent évidemment pas être réinterprétés en termes purement psychologiques ou émotifs; et il nous semble clair qu'Einstein souscrivait à un réalisme structurel ayant un contenu à la fois objectif et heuristique très important; plus particulièrement, à la thèse selon laquelle la forme mathématique des théories corroborées révèle la structure d'un univers inaccessible à notre perception immédiate. En spéculant sur la structure mathématique des lois confirmées par l'expérience, nous pouvons ériger des stratégies heuristiques fructueuses. Celles-ci consistent, par exemple, en l'application systématique de certains méta-principes comme ceux de la Relativité, de la Correspondance et de la moindre action. Poincaré en avait déjà dit autant.

II

INTENTIONNALITÉ OU PLATONISME?

Résumé

Dans la philosophie cartésienne, Dieu assurait une correspondance exacte entre une pensée claire et distincte d'une part, et la réalité extérieure de l'autre; d'où un schisme très grave dans les fondements de la science moderne, occasionné par l'invalidation des preuves de l'existence divine. Nous examinons un projet idéaliste, le plus cohérent de son genre, proposé par Husserl pour remédier à ce schisme, et qui consiste à construire la réalité tout entière à partir des actes intentionnels de l'*ego*. Nous montrons dans quel sens Husserl mena son projet à bien aux deux points extrêmes du domaine de la connaissance : dans les fondements de la logique du premier ordre, et dans la base empirique des sciences de la nature. Husserl ne pouvait, par contre, qu'échouer dans sa reconstruction des mathématiques et de la physique théorique. Nous en déduisons que le réalisme, tout autant qu'un platonisme minimal, constituent des présupposés à la fois heuristiques et métaphysiques de toute activité scientifique.

Ce qui nous frappe à propos des fondements de la science moderne, c'est que deux philosophes de tempéraments très différents, pour ne pas dire antagonistes, à savoir Emile Meyerson et Edmund Husserl, sont spontanément tombés d'accord quant à la «faille» fondamentale qui, d'après eux, parcourt la science tout au long de son développement. Plutôt que de définir cette faille d'une manière générale et donc forcément superficielle, nous essaierons d'en tracer les origines dans la pensée cartésienne. C'est, après tout, la méthode suivie par Husserl lui-même dans sa *Crise des sciences européennes et la phénoménologie transcendantale*. La philosophie cartésienne est dualiste; et ce dans plusieurs sens qui, tout en étant distincts, n'en restent pas moins étroitement liés. D'un côté, Descartes est le fondateur d'un programme, ou plutôt d'un hyperprogramme de recherche qui a amplement fait ses preuves; à savoir le programme matérialiste qui vise à réduire l'étude de la nature à celle de la cinématique, c'est-à-dire d'une géométrie unique de l'espace-temps. Cette dernière avait d'ailleurs été réduite au calcul algébrique; elle avait été arithmétisée, perdant ainsi son aspect qualitatif. L'instrument heuristique de ce programme était la science des grandeurs continues qui devint, grâce aux travaux de Newton et de Leibniz, l'analyse mathématique. Appelons ce programme proposé par Descartes la composante réaliste, ou objectiviste, de sa philosophie. D'un autre côté, l'aspect épistémologique de tout ce savoir objectif était fondé sur la seule évidence subjective du *cogito :* opérant ce que Husserl appellera une réduction phénoménologique ou *épochè*, c'est-à-dire s'abstenant de toute supposition quant à l'existence d'objets transcendants, l'*ego* cartésien se replie sur lui-même et atteint ainsi la certitude du *cogito*. D'après Descartes, il nous est plus facile de saisir, par un acte réflexif, le contenu de notre pensée que de connaître les propriétés du monde extérieur; et ce, même si nous étions sûrs de l'existence de ce dernier. L'*ego* possède donc une connaissance à la fois plus directe, plus intelligible et plus certaine de lui-même que de tout objet transcendant. Nous avons là le second aspect de la pensée de Descartes, que nous appellerons la composante idéaliste ou transcendantale de son programme. Comme nous venons d'y faire allusion, ces deux aspects, réaliste et transcendantal, n'étaient pas censés rester étanches l'un par rapport à l'autre. Dieu assurait la médiation entre les deux composantes de cette philosophie. Plus précisément : ayant établi l'existence de Dieu, Descartes démontre que les opérations claires et distinctes de la conscience, donc de la composante idéaliste de son système, reflètent, grâce à la véracité divine, ce qui se passe dans la composante physique. L'indubitabilité qui a cours dans le domaine transcendantal peut ainsi s'étendre à toute la connaissance. Dieu est donc loin d'être une composante inutile, parce que métaphysique, du système cartésien, une sorte de luxe dont la science et l'épistémologie auraient pu se passer. Malheureusement, même les contemporains de Descartes, dont Pascal, se rendirent compte qu'aucune des démonstrations de l'existence de Dieu n'était valide. Dans la preuve ontologique, Descartes n'avait pas seulement traité de l'existence comme d'un prédicat; ce qui, nous le savons depuis Kant, constitue une erreur catégorielle; en passant du monde subjectif à l'existence divine, il avait aussi fait un bond que seule la foi pouvait justifier. En termes plus modernes : il avait usé d'une « logique » ampliative, non déductive et donc invalide. Enfin, et c'est là le point le plus important, l'argument cartésien enveloppe un cercle vicieux, bien que camouflé. Vu l'omnipotence divine, Dieu aurait pu, d'après Descartes, décréter des vérités éternelles différentes, donc une logique différente de celle qui s'impose à notre esprit. Et pourtant, Descartes eut par la suite besoin de cette même logique « classique » pour conclure du *cogito* à l'existence divine. Cette circularité, soulignée par Leibniz, fut le point de départ de la phénoménologie husserlienne de la logique.

Dans la mesure où la phénoménologie initiée par Descartes se proposait d'éviter tout cercle vicieux et de se suffire à elle-même, elle avait pour tâche essentielle de créer, de « constituer » la logique à partir des évidences du *cogito*. Nous reviendrons sur ce point dans notre examen de la logique husserlienne.

Considérons, pour le moment, les conséquences entraînées par l'invalidation de la preuve de l'existence de Dieu. En premier lieu, les deux composantes de la philosophie cartésienne se séparèrent; elles se rendirent indépendantes, ou plutôt étanches l'une par rapport à l'autre. En second lieu, ce divorce devait avoir des suites fâcheuses pour le progrès de la science et surtout pour ses fondements. Il y eut d'abord un dualisme basé sur un schisme plus ou moins total entre la matière et la pensée. Un clivage encore plus inquiétant pour la méthodologie eut lieu entre une heuristique puissante fondée sur les mathématiques d'une part, et une certitude absolue issue de la réflexion phénoménologique, de l'autre. Corrélativement, nous pouvons dire que l'efficience prédictive des théories croissait en sens inverse de leur intelligibilité; ou encore, pour parler comme mon collègue John Watkins : l'indubitabilité et la profondeur, cette dernière étant prise au sens de la portée et de l'ampleur d'une théorie explicative, s'avéraient être deux buts inconciliables appartenant à deux camps antagonistes. Ce qui est significatif, c'est que tous ces clivages furent occasionnés par un schisme unique au sein de l'héritage cartésien: on ne pouvait plus compter sur l'existence certaine de Dieu pour garantir une correspondance entre la pensée et le monde transcendant. Le problème aurait été moins grave, ou plutôt il se serait agi d'un mystère et non pas d'un problème, si le divorce avait été total. Mais il existe une sphère dans laquelle les deux aspects, subjectif et réaliste, semblent devoir interagir; à savoir le domaine de l'observation. En observant les faits empiriques, nous comptons sur certains éléments perceptifs, soit pour tester nos hypothèses, soit pour induire une loi physique à partir de l'expérience. Etant donné ce point de contact ténu entre la conscience et le monde extérieur, il était naturel que certains successeurs de Descartes aient essayé soit de réduire intégralement l'une des composantes à l'autre, soit de démontrer que le schisme était, malgré les apparences, absolu. Il y eut d'une part les tentatives d'annexion : idéaliste, physicaliste ou carrément matérialiste; d'autre part, la thèse poppérienne selon laquelle, en dépit du dualisme interactionniste, la base empirique des sciences n'a rien à voir avec l'expérience subjective, c'est-à-dire avec l'observation au sens usuel du mot, mais avec certaines procédures régies par des conventions sociales.

Il faut avouer que beaucoup de philosophes ont éprouvé une certaine attirance pour l'idéalisme. C'est que la conscience, même si l'on arrivait à en faire le produit ou la propriété d'une matière sous-jacente, constitue un fait incontournable. D'où la tentation, pour tout moniste, de s'en tenir à la seule conscience et à ses actes intentionnels; c'est-à-dire d'adopter une position idéaliste.

Examinons ce qui constitue probablement la tentative la plus cohérente et la plus globale d'appropriation du systéme cartésien d'un point de vue subjectif-transcendantal; à savoir la phénoménologie husserlienne. En montrant comment et pourquoi Husserl a, en fin de compte, échoué, nous espérons faire la preuve qu'aucun idéalisme radical ne peut réussir.

Nous savons que Husserl reprit à son compte le *cogito* cartésien, tout en reprochant à Descartes de n'être pas resté fidèle à sa propre *épochè*. Descartes avait en effet pris l'*ego* transcendantal pour une entité transcendante: l'âme humaine. Ce faisant, il oublia que l'âme elle-même, comme objet pour la conscience, devait être créée et constituée par celle-ci. En outre, tout en professant un agnosticisme total concernant la logique et les vérités éternelles, Descartes avait non seulement pris les règles de cette même logique pour accordées, mais il leur avait adjoint des principes métaphysiques lui permettant d'établir l'existence de Dieu, puis, par le biais de ce dernier, celle d'un monde objectif indépendant de la conscience.

D'après Husserl, Kant ne réussit pas mieux que Descartes. Au contraire: le kantisme signifie l'abandon du radicalisme inconditionnel professé par Descartes. Malgré son idéalisme épistémologique, Kant, en postulant arbitrairement la chose-en-soi, s'en était tenu à la métaphysique réaliste de la vieille école. Rappelons la raison pour laquelle Kant avait accepté l'existence des noumènes: pour qu'il y ait des apparences, il faut bien que quelque chose apparaisse; et ce quelque chose n'est autre que la chose-en-soi. Ce pseudo-argument ne pouvait être, aux yeux de Husserl, que le résultat d'une naïveté impardonnable due, en dernière analyse, à l'ignorance de Kant concernant la nature de l'intentionnalité. D'après Kant, l'expérience comprend un moment réceptif à travers lequel les objets se donnent passivement à nous, soit dans le temps, soit dans l'espace-temps; et un moment spontané et actif grâce auquel l'entendement transforme ce donné passif en expérience objective par l'imposition d'un ordre émanant de l'*ego* transcendantal. D'après Husserl, la thèse kantienne implique que l'aspect dit passif de l'expérience a son origine dans un noumène tout à fait indépendant de la conscience, et tel que nous sommes en principe incapables de décoder ce donné pour appréhender la chose-en-soi. Dans *Erfahrung und Urteil*, Husserl lui-même en vint à accepter le caractère passif de l'expérience antéprédicative. Mais il s'agissait pour lui d'une passivité relative; c'est-à-dire d'une activité semi-consciente, moins franchement volontariste que celle des opérations proprement logiques. A part la subjectivité transcendantale qui seule jouit d'une existence absolue, toute entité se ramène à certains actes constitutifs de l'*ego*. Husserl devait donc tenir pour absurde la thèse kantienne d'un monde-en-soi absolument indépendant de la conscience. De par sa nature, celle-ci est intentionnelle, c'est-à-dire qu'elle est conscience de quelque chose. Plus précisément : la conscience est toujours dirigée sur un objet qu'elle engendre elle-même et qui peut être soit réel, *i.e.* spatio-temporel, soit idéal, *i.e.* catégoriel. Dans ce sens, une constante logique, une proposition, un état-de-choses et un être mathématique sont des entités idéales. Tout objet, quel qu'il soit, est à la fois créé, constitué et visé par l'activité consciente, tout en restant strictement distinct de celle-ci. Selon Husserl, le psychologisme et le phénoménisme d'un Berkeley, d'un Mach ou d'un Mill commettent l'erreur de confondre l'objet intentionnel avec certains moments réels de la noèse, c'est-à-dire de l'activité consciente créatrice. (Il ne faut cependant pas s'y tromper : l'anti-psychologisme de Husserl est en fait un subjectivisme idéaliste absolu). Dans la perception, nous observons des objets spatio-temporels pourvus de certaines qualités et non pas, comme Mach le prétendait, des éléments de sensation. Bien sûr, nous pouvons faire de l'activité perceptive elle-même l'objet d'un nouvel acte réflexif ; ce dernier reste à son tour non thématisé tout en ayant pour thème la perception primaire d'un objet spatio-temporel qui, jusqu'ici, avait été irréfléchie. (On peut en fait identifier l'*épochè*, ou réduction phénoménologique, avec ce passage à un type plus élevé d'activité consciente, c'est-à-dire à la réflexion.) Tout objet est donc à la fois immanent et transcendant : immanent puisqu'il est créé par et dans une subjectivité dirigée sur lui ; transcendant, ou plutôt irréel, en ce qu'il ne forme pas une partie réelle de l'activité égologique génératrice. (Notons que l'objet physique est transcendant dans un sens supplémentaire : cet objet se donne, d'une façon nécessairement inadéquate, à travers la suite potentiellement infinie de ses facettes [*Abschattungen*]. Mais dans ce qui suit, nous n'aurons pas à traiter de ce nouveau genre de transcendance.)

Répétons, l'*ego* mis à part, aucune entité n'est transcendante dans le sens absolu que d'avoir toujours été présente sans l'intervention d'aucune activité consciente créatrice. Selon Husserl, cette transcendance absolue, postulée comme allant de soi par les sciences naïves, même si elle paraît formellement cohérente, est en fait une notion absurde.

A la lumière de sa notion d'intentionnalité, Husserl fait une critique, à mon sens justifiée, d'un aspect important du kantisme. Dans la déduction transcendantale, Kant avait accepté toutes les formes du jugement telles que déterminées par Aristote. Il avait ainsi perdu de vue une découverte très profonde faite par Descartes ; à savoir que la logique constitue un problème plutôt qu'une simple donnée, et ce dans la mesure où Dieu aurait pu créer des vérités éternelles différentes de celles qui nous sont familières. Kant se contente de déduire la liste, présumée complète, de ses catégories à partir des formes aristotéliciennes du jugement; alors qu'il aurait dû, au préalable, tirer ces dernières de la spontanéité de l'*ego*. De ce point de vue, la déduction transcendantale n'est qu'une longue pétition de principe.

Il me semble non seulement que cette critique de Husserl est tout à fait justifiée, mais aussi que son approche intentionnelle des fondements de la logique constitue sa contribution majeure à la philosophie contemporaine. Cette dernière témoigne d'une sorte de pudeur métaphysique, peut-être d'un préjugé, contre les prétendues extravagances du platonisme. C'est que certains philosophes pensent avoir une raison valable de croire à l'existence d'un objet transcendant seulement au cas où celui-ci pourrait exercer sur nous une action causale; c'est-à-dire seulement s'il peut révéler sa présence de façon plus ou moins directe. Il me semble qu'il s'agit là d'un préjugé empiriste. Quoi qu'il en soit, les constantes logiques et les êtres mathématiques ne paraissent pas satisfaire à cette condition d'efficacité causale. Avec Husserl et Popper, nous voudrions en principe pouvoir dire, d'une part, que les particules logiques: la négation, la conjonction et le quantificateur universel ne préexistent pas à nos opérations mentales ou tout au moins à l'insertion de la conscience dans l'évolution de l'espèce; d'autre part, que ces fonctions logiques sont des entités objectives toujours identiques à elles-mêmes et accessibles, dans cette identité, à tout être pensant. De même, des mathématiciens comme Poincaré adoptent une attitude à la fois constructiviste et conceptualiste vis-à-vis des êtres mathématiques. L'intentionnalité semble donc être le moyen indiqué pour résoudre les problèmes de fondements de la logique et des mathématiques. Répétons-le: d'une part, les objets intentionnels, ou noèmes, sont créés *(erzeugt)* et constitués *(konstituiert)* par des actes de conscience *(Bewusstseinsakte);* ils ne peuvent donc pas préexister à ces derniers; d'autre part, ces objets n'entrent pas comme parties réelles dans l'activité consciente elle-même, c'est-à-dire dans la noèse; ils sont ce que cette activité engendre et ce sur quoi elle se dirige, cette genèse et ce dépassement directionnel étant d'ailleurs, sinon confondus, du moins simultanés. Par conséquent, dans un sens husserlien strict, nous avons affaire à des entités non psychologiques, bien que pouvant être abstraites. Nous sommes en droit d'espérer qu'une fois créées, ces objectivités deviendraient un bien commun dont tout le monde pourrait débattre, comme on débattrait de l'existence et des qualités des objets concrets; à cette différence près, que les entités abstraites seraient, sinon atemporelles, du moins supra- ou omni-temporelles. Il faut admettre que la thèse husserlienne selon laquelle la conscience crée, dans le temps, des entités dépourvues de déterminations temporelles est tout à fait cohérente.

De même, d'après Popper, c'est l'esprit humain qui crée les propositions – comme contenus de certaines expressions linguistiques – et aussi la suite des nombres naturels. Cependant, une fois créés, les propositions et les nombres manifestent des propriétés et des relations insoupçonnées, parfois surprenantes, et acquièrent ainsi une sorte d'autonomie. Certaines propositions entraînent des conséquences dont nous n'étions pas conscients au départ. Par exemple, après avoir construit les entiers et formulé les axiomes de Peano, nous constatons, par démonstration, que tout nombre peut être décomposé en un produit de facteurs premiers ; qu'il existe une infinité d'entiers irréductibles, etc. Popper rejoint ainsi Husserl ; mais c'est Husserl qui, dans *Erfahrung und Urteil,* avait fait un travail d'arrache-pied pour extraire la logique de l'expérience antéprédicative, donc prélinguistique. Son style mis à part, *Erfahrung und Urteil* est un véritable chef-d'œuvre ; et Husserl y a, dans une très large mesure, gagné son pari. Il faut néanmoins commencer par admettre qu'il n'a pas réussi à définir la relation copulative, c'est-à-dire la connexion entre un substrat S et l'une de ses propriétés *p*, en fonction d'opérations phénoménologiques plus élémentaires. Husserl décrit la relation copulative comme un glissement, parfois comme un recouvrement ou une identité partielle entre S et *p*. Il nous semble que parler en ces termes, c'est ou faire une pétition de principe ou commettre une erreur catégorielle. Un glissement, un recouvrement ou une identité, même partielle, ne peut avoir lieu qu'entre deux entités du même type logique ; ce qui n'est pas le cas de S et de *p*. Rappelons que sur le plan logique, et même pour le stade prélinguistique, Frege avait déjà fait une distinction fondamentale entre un S saturé et un *p* qui ne l'est pas ; il se peut bien sûr que les expressions utilisées par Husserl ne servent qu'à désigner, qu'à montrer la copule du doigt, plutôt qu'à en élucider le sens phénoménologique. En fait, la copule prédicative, ou plutôt son homologue antéprédicatif, est présupposée par toute perception et ne peut donc pas être analysée en fonction de celle-ci. Bien au contraire : en termes kantiens, nous pouvons dire que l'expérience est rendue possible par la catégorie de-la-substance-et-de-l'accident ; celle-ci ne peut donc pas être tirée de celle-là.

Passons maintenant aux constantes logiques proprement dites : la négation, la conjonction et les quantificateurs, que Husserl réussit à fonder sur l'expérience antéprédicative. Il les ramena en fait à la dimension temporelle inhérente à la perception des entités concrètes. C'est cette dimension qui nous permet d'anticiper, de manière faillible, certaines déterminations de l'objet perçu. En d'autres termes : la perception n'est jamais la saisie instantanée d'un substrat S pris isolément ; tout un monde est co-donné à l'arrière-plan, et S est appréhendé avec deux horizons d'attente : interne et externe. L'horizon externe pré-indique un ensemble de rapports possibles avec des objets appartenant à un arrière-plan implicitement enregistré mais non-thématisé. L'horizon interne trace d'avance une série de propriétés de S, donnant ainsi naissance à des attentes concernant ces déterminations possibles. Dans la plupart des cas, ces attentes se trouvent remplies, précisant ainsi l'esquisse que nous nous étions faite de S. Mais il arrive aussi qu'une attente soit déçue, frustrée, empêchée. (Nous évitons d'employer l'adjectif « réfutée » qui entraînerait un cercle vicieux, et qui ne traduit d'ailleurs pas correctement notre expérience prélinguistique.) Cette déception et cet empêchement servent de fondement à l'opération logique de la négation, *i.e.* à une constante catégorielle; celle-ci s'élabore donc à un niveau supérieur, à savoir le niveau prédicatif, qui présuppose le stade réceptif. Husserl donne l'exemple suivant : je m'attends à ce que la face arrière d'un objet soit rouge ; à la suite d'une inspection, elle s'avère être verte, et cette expérience me déçoit. Soulignons que ma déception est occasionnée, non pas par la présence du vert, mais par l'absence du rouge ou par l'empêchement d'une expérience anticipée d'un certain rouge. C'est cette absence, cette déception et cet empêchement qui se trouvent codifiés, au niveau logico-linguistique, par la négation. Notons aussi le rôle fondamental de la notion de temps dans la constitution de cette première particule logique.

Il en va de même pour la conjonction « et ». Le substrat S se déploie dans le temps en ses déterminations successives : *a, b, c*... Nous avons là le fondement antéprédicatif de la conjonction qui se présente d'abord comme une agglomération de prédicats : S est (*a* et *b* et...) Ce n'est qu'au stade proprement prédicatif que nous constituons, par une sorte de transfert, la conjonction comme une opération reliant deux ou plusieurs propositions : nous ne passons plus directement de S à la série de ses déterminations : *a, b, c*... chaque fois qu'une propriété est saisie, nous faisons un retour sur S comme l'objet auquel échoit chacune des déterminations successives. Nous constituons ainsi, sur le plan prédicatif, la conjonction proprement dite, c'est-à-dire une particule reliant une proposition à une autre : (S est *a*) et (S est *b*) et (S est *c*) et... Quant à la quantification universelle, elle peut être conçue comme une conjonction indéfinie, ou potentiellement infinie, de prédicats ou de jugements.

Nous sommes maintenant en mesure de passer à un niveau supérieur d'activité consciente et de thématiser le sens global d'un jugement ou d'une formule bien formée, *i.e.* d'une entité linguistique. Par substantification, nous obtenons la proposition proprement dite, c'est-à-dire le sens [*Sinn*] d'un jugement donné. Ce sens peut à son tour faire fonction de substrat dans des jugements de niveau plus élevé. Enfin, pour toute proposition q, nous constituons une nouvelle entité qui est signifiée par q et qui se fonde sur certains objets de la perception, sur leurs déterminations et sur les relations qu'ils entretiennent avec d'autres substrats. Il s'agit de la notion d'un état-de-choses qui vérifie, ou qui correspond à q. Soulignons encore une fois le rôle primordial que joue la notion de temps, ou la conscience protentionnelle d'un horizon co-donné avec l'objet, dans la constitution subjective des constantes logiques. Ceci ne veut en aucune façon dire que ces dernières, en tant que noèmes, font référence au temps ; seulement que les noèses créatrices ne sont pas instantanées mais s'étalent sur des intervalles de temps finis. Les objets de l'entendement sont donc constitués dans le temps, mais ce dernier n'y figure pas comme détermination. Par exemple, une proposition, en tant qu'objet intentionnel, n'est pas constituée et visée comme possédant une localisation spatio-temporelle. A deux instants distincts, nous pouvons penser une seule et même proposition, alors qu'il est impossible de constater le même événement deux fois de suite. D'après Husserl, une proposition, conçue comme sens d'un jugement, est omni-temporelle plutôt qu'atemporelle. Au lieu de dire que q est signifiante ou valable tout court, Husserl préfère affirmer la validité de q à tout moment.

Ce point de vue donne naissance à des difficultés métaphysiques, qui sont à notre sens insurmontables. Soit q une proposition décrivant, toutes dates comprises, des événements ayant lieu après une certaine date t_0. A en croire Husserl, q, étant vraie, l'est à tout moment et en particulier à tout instant antérieur à t_0. Par conséquent, une description des conditions initiales à l'instant t_0, donc de toutes les propositions qui sont vraies jusqu'à t_0 et parmi lesquelles q figure nécessairement, détermine le cours de l'histoire après t_0. Nous obtenons ainsi une variante du déterminisme logique, qui est absurde parce qu'elle découle d'une simple convention. Ce raisonnement cesse d'être valide dès que nous considérons q comme étant tout simplement vraie plutôt que vraie à tout instant. La vérité de q n'est pas liée à toutes les dates de l'histoire puisqu'elle est atemporelle plutôt qu'éternelle ; en conséquence, q cesse d'exprimer une condition initiale à t_0. Si nous remplaçons la prétendue omnitemporalité des propositions par leur caractère atemporel, nous pourrons affirmer que Husserl a réussi à fonder la logique des prédicats du premier ordre sur l'expérience antéprédicative. Mais sa réussite ne tient pas seulement à l'acuité de ses analyses phénoménologiques, aussi impressionnantes soient-elles ; elle s'explique aussi par le fait que le calcul du premier ordre satisfait à un réquisit formulé par Husserl lui-même dans *Ideen...* : pour pouvoir déterminer un champ d'objets catégoriels et plus particulièrement un domaine d'êtres mathématiques, un système axiomatique doit être autosuffisant : toute question formulée en des termes circonscrits par le langage formel doit trouver une réponse à l'intérieur du système. Ce dernier doit donc être complet. (Husserl aurait dû mentionner une condition connexe de celle de la complétude, à savoir la catégoricité : toute théorie formelle devrait déterminer son domaine à un isomorphisme près. Mais nous pourrons, dans ce qui suit, nous en tenir à la complétude.) Gödel venait justement de démontrer la complétude du calcul des prédicats du premier ordre : la notion de conséquence logique y est syntactiquement capturée, de sorte que toute vérité analytique peut être formellement déduite des axiomes. C'est pour cette raison profonde que l'on est en droit de soutenir que la conscience crée la logique, du moins celle du premier ordre. Si, suivant l'exemple de Quine, nous tenons cette dernière pour la seule logique digne de ce nom, nous voyons dans quel sens Husserl a gagné son pari dans *Erfahrung und Urteil*. Mais il avait aussi supposé, comme allant de soi, que tout système mathématique formel est complet. Or, Gödel allait démontrer que l'une des théories mathématiques les plus élémentaires, à savoir l'arithmétique, est formellement indécidable, et donc incomplète. Si l'on peut excuser Husserl de n'avoir pas mesuré la portée du théorème de Gödel qui était à l'époque assez mal compris, on s'étonne d'entendre des philosophes comme Popper et Tragesser affirmer que tous les êtres mathématiques sont créés par l'esprit de l'homme. Vu la complétude de la logique et l'indécidabilité formelle des mathématiques, tout ce que nous sommes en droit d'affirmer, c'est que nous construisons des discours syntactiques logiquement adéquats. Ces systèmes formels, peuvent à la rigueur, être considérés comme déterminant, non pas un domaine unique, mais toute une classe de modèles. Mais la théorie des modèles s'appuie sur celle des ensembles, cette dernière étant conçue comme un système interprété et non pas comme un langage purement formel. Or la théorie des ensembles est elle-même très incomplète; elle ne détermine pas son domaine et doit par conséquent être considérée comme un système formel; le même problème se repose donc, mais à un niveau plus élevé. C'est pour cette raison que la plupart des mathématiciens adoptent l'une ou l'autre de deux attitudes en apparence antagonistes : le formalisme pur ou le platonisme intégral. On peut dire que les formalistes, tout en pratiquant le platonisme en cachette, éludent le problème des fondements. En ce qui concerne le platonisme honnête, ce n'est pas par pur hasard que le discours d'un Gödel est platonisant plutôt que husserlien. C'est que le conceptualisme de Husserl, comme d'ailleurs celui de Popper, souffre des inconvénients à la fois du formalisme et du platonisme, et ce sans en posséder les avantages. Ce conceptualisme affirme l'existence d'entités intentionnelles abstraites, par exemple celles des nombres et des fonctions, mais il n'est pas à même d'attribuer une valeur de vérité à certaines propositions indécidables; celles-ci doivent donc être décrétées vraies ou fausses; elles, ou leurs négations, doivent être adjointes au système pour serrer les objets intentionnés de plus près. Mais ce processus n'est jamais clos, de sorte qu'on n'arrive pas à créer les êtres mathematiques dont on a besoin. Il vaut donc mieux postuler l'existence de ceux-ci, c'est-à-dire opter pour le platonisme, ne serait-ce que pour donner un sens à la pratique et au discours des mathématiciens. En d'autres termes : si l'on veut prendre des risques philosophiques en allant au-delà du formalisme pur, il vaut mieux pousser jusqu'au platonisme intégral que s'arrêter à mi-chemin. Gödel parle d'un univers d'ensembles préexistants et pense que notre aptitude à l'intuitionner est semblable à notre pouvoir de perception des objets concrets. La théorie de Zermelo-Fraenkel, ou celle de Gödel-Bernays, n'engendre donc pas les ensembles ni ne les constitue, mais essaie de les cerner de près. En toute probabilité, Gödel tenait l'axiome du choix pour vrai et l'hypothèse du continu pour fausse, bien que ces propositions soient toutes deux formellement indécidables.

Même un philosophe empiriste comme Quine adopte, vis-à-vis des mathématiques, une attitude platonicienne. C'est qu'il prend au serieux la quantification par rapport aux variables ayant des ensembles pour valeurs. Il pense qu'une telle quantification révèle, que nous le voulions ou non, notre adhésion à l'existence des ensembles. Il est vrai que Quine tient la logique et les mathématiques pour révisables : à l'en croire, nos théories physiques, qui comportent des postulats logico-mathématiques, affrontent le verdict de l'expérience globalement; en cas de réfutation, nous pouvons en principe décider de modifier, donc de considérer comme réfutés, les axiomes des mathématiques et même ceux de la logique. Il nous semble qu'en rendant les mathématiques justiciables des résultats de l'expérience, Quine n'en est que plus réaliste à leur égard. (Notons, en passant, que les objets mathématiques ne peuvent pas tous être interprétés en fonction de grandeurs physiques; d'où la nécessité du platonisme.) La position de Quine est en somme faillibiliste tout en étant platonisante. Par conséquent, même de nos jours, le choix fondamental reste le même : formalisme ou platonisme (dans la pratique : platonisme mathématique et formalisme philosophique, d'où une attitude essentiellement schizophrène). En bref : nous espérons avoir démontré que même dans la philosophie des mathématiques où le conceptualisme semble être de mise, des pressions dans le sens d'un réalisme plus franc, plus platonicien, se font déjà sentir.

Lorsque nous passons à la philosophie des sciences physiques, il devient beaucoup plus évident que l'idéalisme subjectiviste ne pouvait qu'y échouer complêtement. Bien sûr, une position métaphysique comme celle de Husserl ne peut, à moins de succomber à des contradictions internes, être réfutée *a posteriori;* mais elle est susceptible d'être rendue infiniment improbable. Répétons que du point de vue phénoménologique, tout objet présuppose une activité subjective constituante; parler d'un objet en termes absolus, *i.e.* d'une entité complètement indépendante de tout *ego* transcendantal, est une absurdité. Le réalisme objectiviste professé par les sciences n'est ni vrai ni faux, mais dénué de sens. Il semble donc qu'entre les deux positions, phénoménologique et réaliste, aucun débat rationnel ne puisse avoir lieu. On pourrait essayer de faire valoir, contre Husserl, que les critères de signification, c'est-à-dire de ce qui a un sens et de ce qui n'en a pas, dépendent des langages considérés; ce que Husserl aurait certainement nié, de sorte que le débat aurait, encore une fois, tourné court. Mais il existe une méthode immanente pour critiquer la phénoménologie et aussi, incidemment, le positivisme de Berkeley et de Mach. Vu l'influence que Mach est supposé avoir exercé sur Einstein, Heisenberg et Born, cette critique promet d'être intéressante du point de vue de la science moderne. Il s'agit d'une méthode qui s'attaque à ces philosophies, pour ainsi dire de l'intérieur, en montrant qu'elles sont incapables de résoudre des problèmes qu'elles se posent elles-mêmes. Mach et Husserl ne voulaient remettre en question ni le succès de la science, ni les procédures empiriques qui y sont employées. Husserl proposa en fait de rendre ce succès intelligible en faisant retour à une subjectivité transcendantale censée engendrer les objets de la *Lebenswelt* et des sciences empiriques tout autant que les hypothèses émises par ces dernières. De même, Mach avait voulu éliminer les concepts métaphysiques qui obscurcissaient, d'après lui, le sens véritable des lois physiques. La position de Husserl est cependant bien plus cohérente que celles de Mach ou de Berkeley; de sorte que, si nous arrivons à infirmer la phénoménologie husserlienne, les positivismes de Berkeley et de Hume en seront tout au moins aussi ébranlés.

Pour Mach comme pour Berkeley, les corps matériels consistent en des complexes plus ou moins stables d'éléments de sensation; et le seul but légitime de la science est d'établir des relations fonctionnelles entre certains vécus. Husserl, quant à lui, s'était mis à l'école de Brentano. Celui-ci avait reconnu que les sensations constituent des éléments réels et changeants du flux de la conscience, alors que les objets de la *Lebenswelt*, et aussi ceux des sciences, sont des entités permanentes visées à travers ce flux. Comme nous l'avons déjà dit, la conscience est intentionnelle; ses vécus engendrent, puis se dirigent sur des objets qualifiés précisément d'intentionnels; ceux-ci peuvent à tout moment être recréés, parfois sur des modes différents : en imagination, dans le souvenir, etc. On peut donc dire de la conscience qu'elle fait un retour aux mêmes entités. Husserl pouvait ainsi rendre compte de la constance, ou plutôt de l'identité dans le temps, des objets dont la science et le sens commun ont besoin. Cette approche, qui avait déjà fait ses preuves dans la philosophie de la logique, s'avérait bien supérieure à celles de Berkeley et de Mach. Mais tous ces idéalismes, y compris celui de Husserl, ont en commun certains traits qui les exposent à des critiques incontournables. Tous supposent que les objets, quelles que soient leurs définitions, doivent être subjectivement constitués ; et aussi que les grandeurs postulées par les sciences ne font qu'idéaliser certaines entités de l'expérience pré-scientifique, c'est-à-dire de la *Lebenswelt* ou monde de la vie. Husserl qualifie les théories physiques de manteaux d'idées jetés sur la *Lebenswelt* et dont le seul but serait une efficacité accrue de prédiction des faits de l'expérience usuelle. Le sens et la validité des hypothèses les plus sophistiquées doivent donc se fonder sur ceux de la *Lebenswelt*. Husserl accuse les scientifiques d'avoir pris pour une ontologie ce qui n'était, au fond, qu'une méthode. On voit bien que cette position n'est pas loin d'être instrumentaliste.

Déjà à ce stade, nous pouvons faire une critique sévère de la philosophie des sciences husserlienne. Les physiciens font une distinction très nette entre une situation dans laquelle ils idéalisent un phénomène, et une autre où ils postulent certains processus physiques tenus pour réels et reliés de manière causale aux apparences. L'optique géométrique traite de rayons rectilignes qui constituent une idéalisation, c'est-à-dire une représentation approximative des phénomènes, et qui sont strictement inconciliables avec la théorie ondulatoire de la lumière. Seule cette dernière reçoit, ou plutôt recevait, une interprétation réaliste. Ce cas est très différent de celui où la mécanique quantique postule un ensemble de particules élémentaires donnant naissance à la perception d'un objet macroscopique. Ce dernier est une entité intentionnelle authentique dont la création au sein de la conscience est en partie causée par des processus microscopiques. Ceux-ci ne constituent en aucune façon une idéalisation de l'objet perçu, c'est-à-dire intentionné. Parce qu'il n'a pas su ou pas voulu distinguer entre ces deux cas très différents, Husserl n'était pas à même de rendre compte du succès des sciences, un succès qui présuppose cette distinction. Selon certains phénoménologues, parler, comme le fait la physique, d'entités à la fois réelles et cachées, que l'on ne pourrait décrire qu'en termes mathématiques et qui causeraient des actes de conscience, par exemple la perception d'un objet de la *Lebenswelt,* constitue un non-sens ; car tout objet, quel qu'il soit, doit au préalable avoir été subjectivement créé. Ce prétendu argument est évidemment une pétition de principe ; et nous pouvons le contrer en rappelant que Husserl – tout comme Mach – avait voulu rendre les sciences intelligibles par l'élimination des contresens inhérents à l'interprétation réaliste. Or, nous pouvons facilement montrer que le succès de la physique a partie liée avec ces prétendus contresens. Dans un chapitre intitulé « Modèle mathématique et réalité physique » de son livre *La matière dérobée*, Michel Paty nous raconte comment le neutrino a commencé par être une quantité mathématique ou une sorte de « manque » ; c'est-à-dire une entité introduite pour combler une lacune, en l'occurrence pour rétablir la loi de la conservation de l'énergie. Aux husserliens qui voudraient voir en cette particule une idéalisation faisant partie du revêtement de la *Lebenswelt*, on peut objecter que le neutrino finit par être « directement » observé. Un idéaliste serait peut-être tenté de se rabattre sur une thèse proposée dans *Ideen...;* à savoir que le neutrino se réduit à la série de ses apparences ; que l'expérience qui l'aurait soi-disant révélé n'en aurait livré qu'une facette. Une telle expérience ne dure, en général, qu'un intervalle de temps très court ; elle révèle une partie infime des propriétés de la particule qui ne peuvent donc être définies que par un nexus purement théorique. D'ailleurs, le but principal de l'expérience est de tester une hypothèse existentielle et non pas de la vérifier. Il faut finalement préciser qu'on n'observe pas directement une particule quantique, mais qu'on la détecte. Ce que l'observateur perçoit, c'est un objet macroscopique, c'est-à-dire une entité intentionnelle créée par des actes de conscience. (Pour cette raison, la phénoménologie joue un rôle fondamental dans les tests expérimentaux des hypothèses scientifiques, mais non pas dans leur constitution.) Quant à la particule, elle n'est que causalement, et donc indirectement liée à la perception de l'objet intentionnel. Cette notion de causalité appliquée à des actes de conscience a suscité des objections de la part de bon nombre de philosophes et de philosophies. Il faudra donc que je m'explique plus clairement : des objets physiques, par exemple certaines particules élémentaires, peuvent, par l'intermédiaire d'une longue chaîne causale, agir sur les processus cérébraux, donc sur d'autres entités purement physiques. Il se produit alors une corrélation entre ces dernières et certaines activités qualifiées de mentales. On a souvent ressenti ce genre de corrélation comme quelque chose d'incompréhensible ; ou, pour employer le langage de Meyerson, comme un hiatus irrationnel. Mais il me semble tout à fait irrationnel de douter de l'existence de telles corrélations. Si nous ne faisons dans ce cas que répéter Descartes, c'est que les conclusions cartésiennes sont à la fois pertinentes et imparables. Il existe donc entre les processus physiques d'une part, et les entités intentionnelles de l'autre, une relation non pas d'idéalisation, mais de causalité entendue dans le sens que nous venons d'exposer. Ce fut pour cette raison que Brentano fit une distinction fondamentale entre deux sortes de psychologie : purement descriptive d'une part, et génétique ou étiologique de l'autre. La première est tout à fait autonome et devrait en fait coïncider avec la phénoménologie ;

la seconde doit faire appel aux sciences physiques, en particulier à la physiologie, pour expliquer le déroulement dans le temps des actes de conscience. La psychologie génétique présuppose la psychologie descriptive, ou plutôt elle repose sur celle-ci comme sur une base de données premières indubitables. Un peu comme Husserl, Mach avait, nous l'avons déjà dit, essayé de réformer la physique en la débarrassant des notions métaphysiques, c'est-à-dire de celles portant sur des entités inobservables, donc non subjectivement constituées. Ce faisant, il avait néanmoins voulu préserver le contenu empirique de la mécanique newtonienne; mais son élimination des concepts, d'après lui monstrueux, de l'espace et du temps absolus donna lieu à un problème, toujours connu sous le nom de problème de Mach, mais que Mach lui-même n'arriva jamais à résoudre. Newton avait expliqué la forme étirée du globe terrestre au moyen de sa rotation dans l'espace absolu. Pour Mach, il ne pouvait s'agir que d'un mouvement par rapport aux étoiles. Mais alors, que se passerait-il si ces dernières venaient à disparaître l'une après l'autre? Plus précisément: que prédit la théorie classique au cas où une condition aux limites, à savoir le nombre et les masses des étoiles, varierait d'un modèle à l'autre? D'après Newton, la Terre garde la même forme puisque celle-ci est déterminée par son accélération absolue et non pas par une rotation relative à d'autres corps observables. Tant qu'il reste au moins un corps céleste fixant un repère inertiel, Mach est d'accord avec Newton; mais avec la disparition de la dernière étoile, le mouvement de la Terre perd son sens, du moins pour un positiviste, puisque la Terre définit maintenant le seul repère possible dans lequel elle est évidemment au repos; ayant perdu son mouvement, elle devrait – instantanément – redevenir parfaitement sphérique. Cette discontinuité nous apparaît, comme elle était apparue à Mach, tout à fait inadmissible. L'hypothèse d'un répère absolu semble donc inévitable. Ceci n'empêcha pas Mach d'affirmer, dans sa *Mécanique*, qu'il répugnait à accepter un non-sens métaphysique, en l'occurrence le mouvement absolu de la Terre, même pour résoudre un problème qu'il savait très grave. Cet exemple illustre, à notre sens, la stérilité de tout purisme idéalistico-positiviste.

Il est vrai que dans d'autres œuvres, par exemple dans sa *Conservation de l'énergie*, Mach avait fait remarquer la nécessité de créer une physique dans laquelle les lois auraient la même forme dans tous les repères et telle que les effets inertiels, croissant continûment avec les masses des étoiles, s'annuleraient avec ces dernières. Mais ce nouveau projet qui fut, d'une certaine manière, réalisé par Einstein s'avéra inconciliable avec les postulats newtoniens. On ne peut donc pas vider ces derniers de leur teneur « métaphysique » sans en amoindrir simultanément le contenu empirique.

Par conséquent, tout comme Husserl après lui, Mach, ayant rejeté certaines notions dites métaphysiques, n'était plus en mesure de rendre compte de la science classique qu'il proposait pourtant de sauver.

Si nous nous acharnons contre l'idéalisme, c'est qu'il est toujours d'actualité. Par exemple, certains physiciens ont été frappés par le caractère insolite de la mécanique quantique, et surtout des fonctions d'ondes probabilistes qui semblent requérir une interprétation subjectiviste ; et aussi par certaines propositions, comme le principe anthropique, selon lesquelles le monde aurait été spécialement créé pour que la conscience puisse y surgir. Certains en ont conclu qu'avant l'émergence de l'activité consciente, le monde physique, à supposer qu'il existât, était complètement indifférencié. C'est le surgissement de la pensée de l'homme qui aurait, rétrospectivement et pour tout l'avenir, imposé une structure à ce monde resté jusqu'alors amorphe, *i.e.* au fond inexistant. Ces philosophes reprennent donc à leur compte les thèses de Husserl. Répétons-le : selon l'idéalisme husserlien, la conscience, après avoir constitué la *Lebenswelt* ou monde de la vie, crée des objets physico-mathématiques pour faciliter la prédiction d'événements ayant lieu dans ce même monde; les entités théoriques forment un simple tissu d'idées jeté sur notre *Lebenswelt*. Si tel est vraiment le cas, si l'en-soi n'est qu'une création du pour-soi, on s'étonne que la conscience se plaise, s'ingénie même, à construire les théories les plus inintelligibles pour rendre compte d'une expérience prosaïque censée, elle aussi, être engendrée par la conscience. Nos problèmes sont aujourd'hui l'inverse de ceux qu'affrontait Descartes. Il s'agissait alors de savoir comment et pourquoi des concepts clairs et distincts, c'est-à-dire des idées qui nous paraissaient intelligibles, décrivaient néanmoins la structure d'un monde extérieur à la pensée. D'après Descartes, la véracité divine garantissait cette correspondance. Renonçant à toute « preuve » d'existence transcendante, Husserl expliquait cette même correspondance par le fait que le monde dit extérieur est, lui aussi, constitué par la pensée. Il n'est donc pas surprenant que l'en-soi, étant une projection du pour-soi, nous paraisse intelligible, puisque c'est précisément nous qui le constituons. Mais Husserl ne prit pas acte du renversement de cette problématique qui avait eu lieu entre 1905 et 1925. Dans *Ideen...*, dans *Formale und transzendentale Logik* et même dans *Erfahrung und Urteil*, il parle toujours de géométrie euclidienne vraie *a priori*, d'objets exactement localisés dans un espace et un temps absolus et de systèmes axiomatiques complets. Einstein était, il est vrai, revenu à la notion d'une action gravitationnelle contiguë que Descartes tenait pour la seule admissible ; mais il avait aussi renoncé au concept de temps absolu et aux axiomes euclidiens jusqu'alors considérés comme allant de soi. Entre-temps, la mécanique quantique abandonnait l'exigence d'une localisation spatio-temporelle exacte, tout en introduisant des notions qui n'ont pas d'équivalents classiques, et qui vont à l'encontre de présupposés liés à la perception des objets macroscopiques. Dans *La matière dérobée*, Michel Paty fait une analyse approfondie de deux de ces notions spécifiquement quantiques : l'indiscernabilité et l'inséparabilité. A l'opposé des corps macroscopiques, les particules quantiques ne sont pas individuées ; deux d'entre elles, prétendument identiques mais numériquement distinctes, ne sont même pas en principe discernables ; on n'est plus en droit de supposer que leur permutation donnerait naissance à un second couple distinct, bien qu'équivalent au premier. Quant à l'inséparabilité, certains systèmes quantiques, par exemple deux particules issues d'une même source mais spatialement séparées, sont tels que l'on ne peut même plus parler de façon signifiante des propriétes d'un sous-système sans faire référence au tout. La séparation en sous-systèmes est en fait dépourvue de sens. Grâce à l'inégalité de Bell et aux expériences d'Aspect, cette conséquence de la mécanique quantique est devenue testable. Cette inégalité est déduite, indépendamment de la mécanique quantique, de suppositions minimales qui semblent sous-tendre l'expérience la plus familière de notre *Lebenswelt*. Les résultats obtenus par Aspect ont pourtant réfuté l'inégalité de Bell tout en confirmant la mécanique quantique. Remarquons en passant qu'une double réfutation, par opposition à une double confirmation, était *a priori* possible. Il y a donc eu coup double : réfutation d'une supposition en apparence évidente et soutien pour une proposition quantique contre-intuitive. En conséquence, bien qu'il semble ne plus y avoir d'action physique à distance, il existe, par contre, des corrélations à des distances considérables entre des particules quantiques ; celles-ci peuvent former des touts indivisibles, c'est-à-dire qu'elles deviennent conceptuellement, et en principe, inséparables. Michel Paty a très bien montré que cette inséparabilité conceptuelle, mise en évidence par les expériences d'Aspect, était dès le départ inhérente au formalisme quantique : certaines fonctions d'onde, ayant pour arguments les coordonnées de toutes les particules d'un système, ne se scindent pas en deux fonctions juxtaposées.

Le caractère contre-intuitif de la physique moderne infirme l'hypothèse que tous les objets sans exception sont créés par la conscience. Il semble au contraire indiquer, comme Eddington l'a fait remarquer il y a longtemps, qu'il existe des faits bruts, opiniâtres et irréductibles, qui nous obligent à construire, à notre corps défendant, des hypothèses difficilement intelligibles. Le réalisme s'impose donc à nous de manière irrésistible.

Nous devons mentionner une dernière objection, à notre sens imparable, à tout idéalisme, que ce soit soit celui de Schopenhauer, de Mach ou de Husserl. Schopenhauer formule cette objection sous la forme d'une antinomie à laquelle toute explication causale et idéaliste – plus précisément : toute explication en fonction du Principe de Raison Suffisante – s'expose. Pour Schopenhauer comme pour Husserl, il ne peut y avoir d'objet sans sujet. D'après Schopenhauer, l'étude de la nature nous pousse à la conclusion que la conscience – humaine et animale – est apparue très tard dans le cours de l'histoire naturelle. Avant cette date tardive et pendant des millénaires, seule une matière dite inanimée a existé. Pourtant, l'idéalisme transcendantal implique que tout objet présuppose la présence d'une subjectivité constituante. D'où l'antinomie que Schopenhauer essaye d'éluder en affirmant que le Principe de Raison Suffisante, ayant cours dans le domaine des apparences, n'est en fait qu'une fiction utile. Quant à la chose-en-soi, c'est-à-dire la Volonté, elle peut être appréhendée par une contemplation passive d'Idées platoniciennes n'invoquant pas le Principe de Causalité. Sur ce point, ni Husserl ni les physiciens idéalistes modernes ne peuvent être d'accord avec Schopenhauer, puisque leur tâche essentielle est de rendre compte du succès global de la science et donc de celui de la Raison Suffisante. Ils ne peuvent donc pas ignorer l'antinomie que nous venons de décrire. De toute façon, Husserl considère la thèse des noumènes comme trop naïve pour être acceptable, puisqu'elle postule l'existence absolue de la chose-en-soi, c'est-à-dire d'une entité non constituée dans le temps subjectif; ce qu'il tenait pour une contradiction en termes. Husserl distingue, il est vrai, entre un temps subjectif et immanent dans lequel tout objet est constitué, et le temps objectif dans lequel ce même objet peut être intentionnellement placé par la conscience. Cette distinction n'élimine cependant pas l'antinomie citée plus haut, puisque la nature tout entière se trouve inscrite dans un temps objectif unique qui englobe les temps subjectifs de tous les *ego* constituants. Le même paradoxe refait surface parce qu'il doit y avoir, dans le temps objectif, une origine t_0 avant laquelle ni les phénomènes de vie, donc ni l'*ego* psychologique ni, par conséquent, l'*ego* transcendantal, n'existaient; aucun autre objet ne pouvait exister non plus puisque sa constitution est due à l'activité de l'*ego*. Pourtant, à en croire les sciences physiques, tout un monde d'objets inanimés était déjà là, bien avant t_0. Mais il y a encore pire que ce paradoxe : d'après certaines hypothèses scientifiques, la formation de la cellule vivante constitue un événement peu probable, de sorte qu'un univers sans conscience nous semble physiquement possible.

Encore une fois, il y a un parallèle frappant entre la position de Husserl et celle de Mach. Dans *Erkenntnis und Irrtum,* ce dernier propose une théorie évolutionniste de la genèse de la perception : sous la pression de forces biologiques, certaines espèces commencent à discerner de nouvelles couleurs et donc de nouvelles fréquences, *i.e.* à grouper les objets suivant une couleur liée, de manière contingente, aux besoins nutritifs de l'espèce. En d'autres termes : certains concepts empiriques se forment en fonction des besoins de l'observateur plutôt que d'une essence commune aux objets tombant sous le concept en question. L'évolution peut modifier et même faire surgir des sensations, donc certaines formes de conscience. Et pourtant, les organismes et les structures qui interagissent pour donner naissance à ces nouveaux modes de conscience ne sont, d'après Mach, que des complexes de sensations. La circularité vicieuse inhérente à cette approche de l'ontologie nous semble évidente.

L'idéalisme en est donc réduit à accepter la thèse que l'émergence de la conscience a fait surgir soit la matière conçue, après coup, comme préexistante, soit la structure d'une matière qui était jusque-là restée tout à fait amorphe. Cette thèse nous paraît déjà absurde, mais il y a plus grave que cela : le surgissement de la matière, ou tout au moins de la structure soudaine qu'elle revêt, doit être tel que nous puissions expliquer, au moyen d'hypothèses scientifiques, certains faits actuels à partir de conditions aux limites antérieures à l'apparition de la conscience, donc valables à un moment où le monde physique était censé être ou inexistant ou dépourvu de toute structure. On pense à ce biologiste victorien anglais du nom de Gosse qui, adepte à la fois du transformisme et de l'intégrisme de l'époque, maintenait que les fossiles, tout comme les nombrils d'Adam et d'Eve, avaient été créés d'emblée par Dieu pour que nous ayons des raisons valables de croire impunément à l'évolutionnisme. Autant dire que l'idéalisme a la vie dure puisqu'il est strictement irréfutable.

Il est temps que nous nous tournions vers la composante objectiviste de l'héritage cartésien. Nous en avons déjà parlé comme d'un hyperprogramme de recherche scientifique. Il ne s'agit de rien de moins que de toute la science occidentale depuis la fin du XVIe siècle. Vu le caractère global d'un tel programme, ses principes directeurs pourraient s'avérer superficiels au point de ne pas valoir la peine d'être formulés. Ceci ne nous semble pourtant pas être le cas. Une présupposition sous-tendant tout le programme objectiviste – son noyau dur, si l'on veut – est une thèse métaphysique : à savoir qu'il existe une réalité transcendante possédant une structure indépendante de la conscience qui, tout en faisant partie intégrante de cette même réalité, essaie d'en capturer certains aspects. (Cette thèse, qui a l'air d'être triviale, est pourtant loin d'être une vérité de La Palisse ; elle est, nous venons de le voir, niée par l'idéalisme transcendantal.) La plupart des scientifiques adoptent instinctivement cette position réaliste, surtout lorsqu'ils ne font pas de philosophie de manière explicite. Après tout, Husserl qualifia une telle attitude de naïve précisément parce qu'elle fut implicitement et automatiquement, adoptée par la plupart des savants au cours de leurs recherches. Comme nous l'avons déjà dit, même Mach, lorsqu'il faisait de la physique, ne traitait pas des objets matériels comme de complexes de sensations. A y regarder de plus près, ni sa *Mécanique*, ni son *Optique*, ni sa *Théorie de la chaleur* ne dépendent d'une prétendue réduction des lois scientifiques à des relations fonctionnelles entre des éléments de perception.

Examinons maintenant le problème de savoir si, à part les méthodes de l'analyse mathématique communes à toutes les recherches physiques, l'hyperprogramme cartésien possède une heuristique qui lui est propre. A mon avis, nous pouvons répondre affirmativement à cette question : Emile Meyerson a en effet énoncé un principe qui a servi de fil d'Ariane à l'évolution de la science. Nous avons déjà souligné qu'un tel principe, vu son caractère global, ne peut pas être très spécifique; il n'en demeure pas moins qu'il s'agit là d'une méthode heuristique très fructueuse.

D'après Meyerson, toute connaissance, qu'elle soit scientifique ou qu'elle vienne du sens commun, découle d'une même tendance de l'esprit humain, à savoir celle qui consiste à nier tout changement et à affirmer l'identité dans le temps et à travers l'espace. Si, d'une manière ou d'une autre, cette tendance n'était pas enrayée, elle proposerait l'existence d'une sphère parménidienne unique, indifférenciée dans l'espace et sans évolution dans le temps; de sorte que tous les phénomèmes se réduiraient à des apparences illusoires. On peut regarder le développement de la science comme une suite de tentatives ayant pour but de préserver le maximum de cette conception parménidienne, face à la diversité indéniable des phénomènes. Par exemple, l'atomisme grec postule à la fois le vide absolu et une multitude de particules dont chacune peut être assimilée à une sphère parménidienne. Le vide et les atomes sont en eux-mêmes immuables. Quant au flux des apparences, il s'explique par les différentes configurations des mêmes atomes dans le même espace. Soient A et K deux états de choses consécutifs qui, suivant la terminologie de Meyerson, seront respectivement appelés l'antécédent et le conséquent. Comme nous venons de le dire, selon les vues atomistes, la différence entre A et K doit être attribuée à deux distributions différentes des mêmes particules dans le même vide. La mécanique classique accentue cette parité entre A et K en montrant que le processus menant de A à K est réversible : l'inversion de toutes les vitesses dans le système K nous ramènerait à A.

Toute réduction du nombre des atomes, toute théorie affirmant que les particules ne diffèrent les unes des autres que par la charge et la masse, sont accueillies comme de grands pas en avant. C'est que chacune de ces démarches entraîne une diminution de la diversité, c'est-à-dire un accroissement du degré d'homogénéité dans l'univers physique. Dans le même esprit, Einstein avait proposé de définir la simplicité d'une théorie en fonction du nombre d'éléments premiers qui y interviennent. Dans le langage de Meyerson, le nombre d'éléments irréductibles est une mesure de leur degré d'hétérogénéité. En termes quelque peu manichéens, Meyerson voit donc le développement de la science comme une lutte perpétuelle entre l'esprit humain qui essaie d'imposer son principe d'identité aux choses, et une nature différenciée qui résiste à cette violence. La conscience ne peut jamais réussir à éliminer toute diversité, puisque ce serait nier la réalité en tant que telle; mais certains aspects de cette réalité, que seule une connaissance *a posteriori* peut déterminer, sont susceptibles d'être subsumés par le Principe d'Identité. Sous sa forme la plus générale, ce dernier reste néanmoins *a priori* et s'applique à deux niveaux distincts : au niveau, du premier ordre, des choses, et à celui, du second ordre, des lois. Cela donne respectivement naissance aux explications causales et légales. La légalité signifie que la même loi est valable en tout point de l'espace-temps, c'est-à-dire qu'elle possède une forme aspatiale et atemporelle. Il s'ensuit une permanence de la forme : plusieurs phénomènes illustrent la même loi sous-jacente, qui exprime pour ainsi dire leur forme platonique. Par exemple, la chute des corps, la révolution de la Lune autour de la Terre et le passager projeté en avant dans un train qui décélère manifestent tous la présence d'une seule entité physique, à savoir le champ gravitationnel régi par les mêmes équations dans tous les repères. Cette permanence du règne de la loi nous permet de prédire, donc de mieux survivre. D'après Meyerson, toute espèce animale a besoin de cette capacité d'anticiper certains faits dans son environnement immédiat. Meyerson donne donc une explication évolutionniste du Principe d'Identité, du moins sous sa forme légale. Ce dernier est *a priori* au sens où il serait inné au sein d'une espèce qui en a besoin pour pouvoir survivre.

L'esprit humain ne se contente cependant pas de la simple permanence des lois nomologiques; il essaie de construire des explications authentiquement causales, définies par Meyerson comme étant des hypothèses comprenant des lois de conservation. En d'autres termes : la quantité totale de certaines substances doit rester constante. Les lois de conservation découlent donc du Principe d'Identité en tant que négation de la diversité dans le temps. Nous avons déjà dit que Meyerson appelle cette version de son principe la variante causale : l'effet est dit être égal en substance à sa cause.

Meyerson doute que le principe causal ait une valeur quelconque pour la survie de l'espèce; il pense que l'homme et l'animal n'ont besoin que de lois phénoménologiques pour maîtriser les forces de la nature. La tendance causale serait donc une sorte de luxe que seul l'esprit humain se paierait, et qui ne pourrait en aucune façon être expliquée en termes évolutionnistes. Nous pouvons cependant faire valoir que postuler des substances invariables nous permet de garder une emprise sur certains processus physiques, donc de prédire leurs effets sur notre expérience perceptive. Pour reprendre un exemple de Berkeley, supposer que l'arbre continue d'exister même lorsque je ne l'observe pas me permet d'expliquer, donc aussi de prédire, ce que je verrai dès que je me retournerai pour faire face au « même » objet. Il est vrai que, d'après Mach, la notion d'objet matériel peut être éliminée au profit de celle de relation fonctionnelle entre certains éléments perceptifs ; mais même Mach se vit obligé d'admettre qu'un concept comme celui d'électron, c'est-à-dire d'une particule ayant une masse et une charge constantes, opère une « grande économie de pensée » et possède par conséquent une valeur pragmatique considérable. En outre, les relations fonctionnelles, même si elles pouvaient en principe se substituer à certaines substances physiques, sont des notions peu commodes introduites par simple purisme philosophique. Elles restent très éloignées à la fois du sens commun et du réalisme scientifique, qui sont nos meilleurs guides pour l'action. Il s'ensuit que les deux Principes d'Identité : légal et causal, possèdent l'un et l'autre une grande valeur de survie.

Les lois de conservation sont construites par substantification : l'esprit se fixe sur certains processus qu'il hypostasie, c'est-à-dire qu'il les transforme en des « choses » dont la quantité totale est déclarée constante. Par exemple, le sens commun attribue nos sensations à des objets matériels permanents ; cette hypothèse sert ensuite de base à la loi classique de la conservation de la masse. Un autre exemple est celui de la découverte du Principe d'Inertie. Pour Aristote, tout mouvement signifiait un changement exprimé par une vitesse conçue comme un simple rapport. Multipliant celle-ci par la masse, Descartes en fit une quantité de mouvement dont la somme est conservée. Cette constance fut, nous le savons bien, déduite de l'immutabilité divine. De même, l'énergie est pour ainsi dire une combinaison hypostasiée de masse, de mouvement et de position. Elle donna lieu à une nouvelle loi de conservation, celle précisément de l'énergie. De même, la théorie électromagnétique postule la conservation de la charge électrique. Enfin, la Relativité, traitant la masse sur le même pied que l'énergie, adjoint l'une à l'autre et affirme la constance de leur somme.

En bref : nous appliquons le Principe d'Identité à l'évolution dans le temps en isolant un processus commun à l'antécédent A et au conséquent K ; ce processus se trouve ensuite substantifié et désigné par $j(A)$ et $j(K)$ dans les cas respectifs de A et de K ; nous postulons enfin $j(A) = j(K)$, affirmant ainsi la loi de la conservation de j. $j(A)$ pourrait, par exemple, désigner la quantité totale de mouvement, de masse, ou d'énergie du système A. Nous avons déjà dit que la pensée a tendance à nier le changement sous toutes ses formes; si on la laissait faire, elle identifierait tout simplement A avec K, c'est-à-dire qu'elle abolirait la notion même du temps, dans la mesure où celui-ci est conçu comme l'indice du changement. Cette identification étant inopérable, l'esprit recourt à la meilleure solution possible, *i.e.* à la thèse que A et K sont équivalents sous certains aspects. L'équation $j(A) = j(K)$ représente en effet une relation d'équivalence entre A et K. Cette méthode de substantification est également employée en mathématiques. Pendant longtemps, les fonctions furent considérées comme des processus ou comme des procédés de calcul menant d'une variable indépendante x à la variable dépendante $y = f(x)$ correspondant à x. Ce sens est clairement indiqué par le mot « transformation », souvent utilisé comme synonyme de « fonction ». Définissant les fonctions comme des classes de couples, la théorie des ensembles réifie ces processus. D'après Hermann Weyl, « nous arrivons ainsi à subordonner une construction génétique à l'être statique des relations ». Il est évident que le caractère atemporel des mathématiques les rend aptes à servir de langage à des théories fondées sur le Principe d'Identité.

Jusqu'ici, nous n'avons considéré que l'application de ce principe au changement dans le temps. Il faudra maintenant l'examiner par rapport à la diversité dans l'espace ou, plus généralement, dans un domaine d'événements simultanés. Prenons comme exemple les perceptions simultanées de deux qualités distinctes. A l'opposé de deux fréquences mathématiques, deux propriétes dites secondaires, par exemple une couleur et un son, nous apparaissent comme irréductibles l'une à l'autre. Il y a cependant continuité entre les phénomènes ondulatoires donnant naissance à ces deux sensations qui semblent être séparées par un fossé infranchissable. C'est pour cela que la pensée, se donnant pour but l'élimination de toutes les diversités, essaie de réduire les qualités secondaires aux essences primaires : à la masse, la charge, l'espace et le temps. Même cette réduction s'avère insuffisante car seuls les attributs spatio-temporels sont tenus pour entièrement intelligibles. Quant à la masse et à la charge, elles sont en définitive considérées comme occultes ou plutôt comme hétérogènes par rapport à l'espace-temps. D'où la tentative cartésienne d'une réduction de la matière à l'extension, et de l'explication de tous les phénomènes physiques en fonction de la figure et du mouvement, donc de la cinématique pure. Cette première tentative cartésienne, on le sait bien, échoua et fut remplacée par un système newtonien postulant l'espace, le temps, la masse et la force comme entités primaires. L'électromagnétisme adjoignit l'éther et la charge électrique à cette liste.

L'émergence et le développement du programme relativiste s'expliquent facilement à partir du point de vue meyersonien. La Relativité générale et les théories unifiées du champ réalisent, en tant qu'hypothèses mais non pas nécessairement en tant qu'explications réussies des faits empiriques, l'ancien idéal cartésien. D'après les relativistes, le projet de Descartes échoua non pas parce qu'il était sur la mauvaise voie, mais parce que la géométrie euclidienne lui servant de base était trop pauvre pour rendre compte de la diversité des phénomènes. Par un recours à des géométries sous-jacentes de plus en plus complexes, Einstein, Weyl, Eddington et Schrödinger proposèrent d'expliquer tous les phénomènes physiques en fonction de la cinématique pure. Quant à la philosophie des sciences de Meyerson, elle nous fait comprendre pourquoi les mathématiques, c'est-à-dire la méthode cartésienne par excellence, jouèrent un rôle primordial dans le développement de ces systèmes globalistes ; de même pourquoi les relativistes tentèrent, à plusieurs reprises, d'accommoder toutes les sciences dans le cadre d'une géométrie unique : ils essayaient de dissoudre la diversité, ou plutôt l'hétérogénéité qualitative des phénomènes dans l'homogénéité d'une mathématique unifiée. Ceci ne veut naturellement pas dire que les éléments premiers d'une telle géométrie, par exemple les valeurs des connexions affines, restent constants d'un point de l'espace à l'autre ; mais qu'une variation numérique continue est le changement faisant le moins de violence à une pensée voulant nier toute diversité.

A part cette propriété qu'ont les mathématiques d'éliminer les hétérogénéités qualitatives, elles en possèdent une autre, tout aussi importante : la fécondité heuristique. Elles apportent un surplus de structure à des lois physiques qui, au départ, ne sont souvent que des hypothèses qualitatives issues d'une intuition primaire. Ce surplus de contenu, dont les physiciens ne sont parfois qu'à moitié conscients, commence par être un aspect purement formel d'une théorie ; se trouvant par la suite interprété de manière réaliste, il enrichit le contenu physique de l'hypothèse et pourrait donc en augmenter les applications aux phénomènes observables. De cette façon, de nouveaux tests sont rendus possibles qui peuvent en principe réfuter la théorie ainsi renforcée. Citons comme exemple l'inégalité de Bell qui, comme Michel Paty l'a bien montré, mit les physiciens à même de tester l'inséparabilité inhérente au formalisme quantique. En cas de réfutation, ce conflit inattendu peut donner naissance à de nouveaux besoins mathématiques ; et les mathématiques se trouvent à leur tour poussées en avant ; ce même processus peut alors recommencer et se répéter indéfiniment. Le rapport des mathématiques à la physique possède donc un caractère dialectique, les faits empiriques étant la force motrice du progrès le long d'une même spirale ascendante. (Cela ne veut en aucune façon dire que les résultats d'expérience, à eux seuls, c'est-à-dire sans le secours de la métaphysique et des mathématiques, peuvent opérer ce progrès.)

L'Identité n'est pas la seule idée directrice du programme cartésien. Le principe d'unité dont Einstein et Poincaré firent usage s'apparente à l'idée d'Identité : d'après ce principe, la nature ne devrait pas se scinder en des domaines disjoints obéissant à des lois différentes. En cas d'un tel schisme qui d'ailleurs ne saurait être qu'apparent, il faut essayer de faire découler toutes les lois d'une hypothèse unique ; une première solution serait que l'une des théories annexe toutes les autres, c'est-à-dire que les lois régissant l'un des domaines s'étendent aux autres. Par exemple, Maxwell étendit les lois de l'électromagnétisme à l'optique ; et Einstein obtint la Relativité restreinte en étendant à l'électromagnétisme une covariance qui n'était jusqu'alors valable que pour la seule mécanique. Nous pouvons mentionner un autre principe : celui de la proportionnalité de l'effet à la cause. Meyerson, nous venons de le voir, va jusqu'à affirmer l'identité de la cause et de l'effet ; cette identité, pour inadmissible qu'elle soit, peut être remplacée par une relation d'équivalence qui conduit aux lois de conservation. Il y a aussi le principe de raison suffisante, clairement énoncé par Leibniz, et dont Anaximandre, Archimède et Stevin avaient implicitement fait usage pour expliquer certains équilibres physiques. Nous rencontrons enfin des raisonnements reposant sur une notion intuitive de probabilité ; par exemple, le postulat que dans la nature les coïncidences fortuites, étant très improbables, n'ont pas lieu. S'il y a une concordance inattendue entre des phénomènes en apparence indépendants, c'est que ceux-ci découlent très probablement de la même source. Il s'ensuit un refus des théories dites de conspiration : une hypothèse qui postule des causes profondes, mais aussi des facteurs compensatoires empêchant systématiquement ces causes d'affleurer au niveau des phénomènes, est à rejeter : une compensation soutenue et exacte nous paraît intuitivement implausible, parce que très improbable. C'est cette même notion d'improbabilité qui nous pousse à considérer une théorie comme fortement appuyée par les faits inattendus qu'elle entraîne, c'est-à-dire par les faits dont nous n'avons pas tenu compte en construisant la théorie ; il nous semble implausible que cette confirmation soit l'effet du pur hasard et ne dépende pas du contenu de vérité de la théorie en question.

Dans le même ordre d'idées, il nous faut aussi mentionner le Principe de Correspondance d'après lequel toute nouvelle hypothèse doit expliquer la marge de succès des théories antérieures. Le Principe de Correspondance fournit donc une méthode pour préserver la structure mathématique des hypothèses révolues et, par ce biais, leurs acquis empiriques aussi. A l'opposé des présuppositions métaphysiques qui se trouvent désavouées les unes après les autres, certaines relations mathématiques restent valables, souvent sous une forme légèrement modifiée; elles sont pour ainsi dire résorbées dans de nouvelles structures. Le Principe de Correspondance rend donc compte du développement “inductif”, ou quasi cumulatif, de la science; et ce sur deux plans distincts dont l’un explique d’ailleurs l’autre : le plan de la structure abstraite, et celui des phénomènes observables. L’exemple le plus frappant en est offert par le parallèle entre la formulation hamiltonienne de la mécanique classique et celle, dans une toute autre interprétation, de la théorie quantique; celle-ci remplace les quantités classiques par des opérateurs hermitiques linéaires, de telle façon que la mécanique classique constitue un cas limite de la nouvelle physique.

Arrêtons-nous maintenant pour réexaminer l’ampleur, mais aussi les défauts, de l’entreprise cartésienne dans son ensemble. Descartes nous présente une image dualiste de la métaphysique et, corrélativement, de la science aussi. Nous avons d’un côté une substance pensante avec ses deux modes : la volonté et l’entendement; de l’autre une substance étendue dont les deux modes, la figure et le mouvement, sont réductibles à la cinématique, c’est-à-dire à la géométrie de l’espace-temps. La certitude épistémologique est l’apanage de la conscience transcendantale dans la mesure où celle-ci s’en tient à la réflexion pure, c’est-à-dire dans la mesure où elle opère une réduction phénoménologique. Mais toute la puissance des mathématiques se trouve de l’autre côté, c’est-à-dire du côté réaliste-objectiviste. Cependant, grâce à la véracité divine, notre connaissance de l’univers physique devient, elle aussi, indubitable. Enfin, les deux substances cartésiennes interagissent d’une manière que Dieu seul peut pénétrer. Vu la cohérence de ce système, on peut se demander pourquoi tant de penseurs ont fait objection au dualisme au point de considérer la relation entre la pensée et la matière comme le problème le plus important, bien qu’essentiellement insoluble, de la philosophie. On a prétendu qu’une interaction entre deux substances aussi dissemblables que le sont l’âme et le corps était inintelligible. Mais, alors que le dualisme n’a jamais cessé d’être perçu comme un grave défaut philosophique, la notion d’intelligibilité est restée essentiellement relative; c’est-à-dire qu’elle s’est continuellement modifiée au cours des siècles. Il nous semble que si le dualisme est ressenti par beaucoup de penseurs comme une erreur fondamentale, c’est parce qu’il contredit de la façon la plus flagrante les principes d’unité et d’identité sur lesquels se fonde toute explication rationnelle. Par exemple, pour expliquer le comportement d’une personne P, nous devons prendre en considération ses propriétés physiques et mentales. A en croire les cartésiens, les attributs physiques de P, tels sa force corporelle, la couleur de ses yeux, le son de sa voix et la physiologie de son cerveau, bien qu’en apparence très différents les uns des autres, découlent d'une même géométrie dont le corps de P représente une région spatio-temporelle. Par contre, l'état d'esprit de P, *i.e.* sa physionomie mentale, bien qu'imbriquée dans la structure de son cerveau, est quelque chose d'autonome que l'explication physique n'arrivera jamais à subsumer. Cette discontinuité est d'autant plus mal acceptée que l'explication physique devient de plus en plus unifiée. Notons qu'il y a, en quelque sorte, deux violations du Principe d'Identité. Non seulement il existe deux substances irréductibles dans l'univers; mais ce dernier n'est même pas uniformément varié : il n'y a qu'une apparence de diversité dans le monde physique, mais il y a une rupture soudaine et brutale, une sorte de bond, lorsqu'on passe au domaine de la pensée. Par conséquent, au point de vue de l'identité, l'existence de plusieurs substances physiques, donc d'une diversité authentique rendant l'ontologie uniformément variée dans son ensemble, serait préférable au dualisme cartésien. Un bref examen du progrès de la science confirme cette conclusion. Nous savons que la physique cartésienne, en tant qu'hypothèse empirique, échoua preque partout. Pour sauver les phénomènes, Newton eut recours à de nouvelles essences, comme l'inertie et l'impénétrabilité, qui allaient au-delà des notions purement géométriques. Même l'espace fut considéré comme une substance indépendante des objets corporels. Enfin, l'action gravitationnelle, bien qu'elle ne constituât pas aux yeux de Newton une qualité essentielle de la matière, dut être postulée pour expliquer le mouvement des planètes. Au cours du XVIIIe siècle, l'action à distance, tenue au départ pour occulte, en vint à être regardée comme le paradigme de toute explication scientifique. (Notons, encore une fois, le caractère historique et relatif de la notion d'intelligibilité.) De nouvelles substances, comme le calorique, le phlogistique, la charge et tous les éléments chimiques, furent introduites. Au XIXe siècle, un milieu luminifère, puis l'éther et. le champ électromagnétiques furent ajoutés à cette liste. Même le champ, quoique considéré au départ comme un état mécanique de l'éther, acquit une existence indépendante. Cette prolifération ne signifiait en aucune façon l'abandon pur et simple du Principe d'Identité; mais on ne peut se payer que le luxe d'une identité compatible avec les faits de l'expérience. Quoi qu'il en soit, avec cette diversification au niveau de l'ontologie physique, le problème du simple dualisme entre la matière et la pensée perdait de son acuité. Après tout, si deux entités aussi différentes l'une de l'autre que le sont une particule et un champ peuvent interagir, pourquoi n'en serait-il pas de même pour l'âme et le corps ?

Le Principe d'Identité ne tarda pourtant pas à regagner le terrain perdu. Le phlogistique, puis le calorique, furent éliminés, la chaleur étant devenue de la simple matière en mouvement. L'optique fut réduite à l'électromagnétisme, de sorte que leurs éthers n'en firent plus qu'un. Grâce aux travaux de Lorentz, ce milieu résiduel devint lui-même indiscernable de l'espace absolu. Il ne restait donc que le temps, l'espace, les particules et les charges électriques. Lorentz proposa alors d'éliminer la masse matérielle, ne retenant ainsi que l'espace-temps, la charge électrique et le champ créé par cette dernière. La théorie classique du proton et de l'électron promettait donc de restaurer l'unité de la matière. Celle-ci consisterait en une combinaison de particules élémentaires dont chacune ne serait, en dernière analyse, qu'une distribution de charge en mouvement dans l'espace absolu. Restait cependant le dualisme entre la particule et le champ; et il est significatif qu'Einstein choisit précisément de critiquer cet aspect de l'hypothèse de Lorentz, montrant combien tout dualisme est ressenti comme incompatible avec la notion même d'explication. Nous savons que cette critique de l'approche classique amena Einstein à mettre en avant la Relativité restreinte, puis la théorie générale. La gravitation fut ainsi résorbée dans la cinématique. Par la suite, Weyl, Eddington, Schrödinger et Einstein lui-même essayèrent d'inscrire à la fois l'électromagnétisme et la gravitation dans une géométrie plus générale que celle de Riemann. Dans une telle théorie unifiée, même la charge électrique, découlant de la structure mathématique sous-jacente, perdrait son autonomie. Il est vrai que ces stades ultérieurs du programme d'Einstein ne connurent pas de grands succès empiriques; mais l'idée d'une seule hypothèse unifiant tous les champs de force continue à faire son chemin, même si c'est sous un nouvel angle. Avec l'avènement de la Relativité générale, la pensée scientifique semblait, pour ainsi dire, avoir retrouvé ses origines dans le cartésianisme. Le vieil idéal d'une géométrie unique subsumant tous les phénomènes physiques paraissait près d'être réalisé. Descartes aurait donc eu raison dans son choix de programme, son échec étant dû uniquement à l'adoption d'une géométrie trop uniforme, à savoir celle d'Euclide. Cependant, cette unification réalisée dans une science quasi cartésienne devait immanquablement reposer le problème du dualisme de l'esprit et du corps. Il n'est donc pas étonnant que Husserl ait fait un retour aux *Méditations* pour découvrir la faille qui avait donné naissance à ce problème. Il conclut que Descartes n'avait pas été assez radical, ou plutôt qu'il avait trahi le radicalisme de son point de départ: soucieux d'établir des bases solides pour une science naïve qui lui semblait aller de soi, il avait, nous l'avons déjà dit, usé de l'existence de Dieu pour arriver à une certitude absolue concernant le monde transcendant. En vue d'éliminer ce dualisme qui lui paraissait inacceptable, Husserl décida de rester en deçà de la sphère transcendantale circonscrite par l'*ego* cartésien. Il déclara impensable, donc absurde, l'idée d'un monde extérieur à la pensée, c'est-à-dire d'une réalité tout à fait indépendante de l'*ego*. Quant à Dieu, on savait depuis fort longtemps qu'aucune des preuves présumées de son existence n'était valide; en outre, toutes ces prétendues démonstrations étaient fondées sur une logique qu'il s'agissait précisément de constituer à partir des activités de l'*ego*.

En toute honnêteté, il faut reconnaître que l'idéalisme est le seul moyen satisfaisant d'éliminer le dualisme. Au moyen du *cogito*, Descartes a montré, une fois pour toutes, que nous pouvons être sûrs, non seulement de l'existence de notre pensée, mais aussi de son contenu intentionnel. Même le physicalisme doit rendre compte du fait que je peux, sur le plan réflexif, appréhender de manière infaillible mes actes de conscience tout en ignorant les processus physiologiques sous-jacents et l'existence du monde extérieur. C'est pour cela que beaucoup de scientifiques sont des épiphénoménalistes intuitifs; ils concèdent l'existence de l'activité consciente mais la considèrent comme un reflet passif de certains états du cortex cérébral.

Contre cette attitude, Popper a fait valoir, de façon convaincante, que l'épiphénoménalisme est inconciliable avec la thèse évolutionniste : un attribut aussi répandu dans le monde que l'est la conscience ne saurait être un appendice superflu, donc dépourvu de toute valeur de survie. Quoi qu'il en soit, l'épiphénoménalisme reste une variante du dualisme, même s'il s'agit d'un dualisme entre deux partenaires inégaux. (Une autre position, à la fois moniste et réaliste, mérite, il nous semble, plus d'attention qu'on ne lui en a jusqu'ici prêtée; à savoir le panpsychisme. Celui-ci maintient que les particules physiques entretiennent les unes avec les autres des relations – dont certaines restent peut-être à découvrir – telles que certains systèmes matériels complexes possèdent des propriétés n'appartenant à aucun de leurs éléments. On pourrait donc dire que certaines propriétés d'un système sont émergentes tout en restant explicables en fonction de leurs constituants et des relations qui les unissent. La conscience serait l'une de ces qualités émergentes de l'organisme animal. Il nous semble que beaucoup de savants sont implicitement « panpsychistes » plutôt qu'épiphénoménalistes.)

De toute façon, on comprend pourquoi l'idéalisme a séduit beaucoup de philosophes : expliquer, c'est appliquer le schème d'identité, donc adopter, ou être tenté d'adopter, une forme de monisme; et nous venons de voir que le réalisme semble avoir partie liée avec le dualisme, quelque atténué qu'il puisse être, par exemple sous forme d'épiphénoménalisme. Les sciences physiques elles-mêmes, pour naïves qu'elles soient, emploient le Principe d'Identité; mais elles laissent l'activité de l'*ego* à l'arrière-plan, c'est-à-dire qu'elles oublient de l'inclure dans leurs schèmes unificateurs. Grâce à cet oubli, beaucoup de scientifiques s'imaginent à tort avoir réussi à construire des théories strictement monistes. Husserl avait donc droit à notre sympathie lorsqu'il crut, par le biais de la notion d'intentionnalité, pouvoir adhérer à la fois au subjectivisme transcendantal et à un objectivisme conçu dans un sens nouveau. Brentano n'avait-il pas déjà fait remarquer que la conscience intentionne des objets distincts des actes de conscience, bien qu'engendrés par ceux-ci? Comme nous l'avons dit plus haut, même un philosophe réaliste doit accepter qu'au cours d'un rêve la conscience est dirigée sur des objets qui, bien que fictifs, n'en diffèrent pas moins des processus conscients qui les intentionnent. C'est à ce stade que l'on est tenté de se poser la question suivante : pourquoi ne pas se contenter de ces entités purement intentionnelles tout en affirmant qu'un monde expérieur, donc étranger à la pensée, est impensable, c'est-à-dire absurde? Les objets dits transcendants pourraient alors être définis en fonction de certaines qualités intrinsèques, c'est-à-dire immanentes à la conscience, donc ne nécessitant pas la présence d'un univers indépendant de celle-ci. Cette approche idéaliste offre trois avantages. Elle est, en premier lieu, moniste. En deuxième lieu, elle ne souffre pas d'un défaut majeur du positivisme traditionnel qui, ne pouvant parler que de complexes de sensations, est incapable de reconstruire le langage de la science ou même celui du sens commun; tous deux sont des langages portant sur des objets permanents plutôt que sur des processus psychologiques (bien que ces derniers fassent l'objet d'une science particulière, à savoir la psychologie empirique). Une fois constitué, l'objet intentionnel peut être gardé en prise ou retenu dans la mémoire; et l'on peut s'y référer comme à une entité indépendante du flux de la conscience. En outre, cet objet peut en principe être recréé à tout moment par une répétition de l'activité consciente qui lui a donné naissance. Finalement, en limitant son ontologie à l'*ego* transcendantal, Husserl pouvait espérer que l'apodicticité propre aux opérations réflexives s'étendrait à toutes les sciences. Tout en admettant que Husserl a, grosso modo, échoué, nous ferons bien d'examiner les trois aspects mentionnés ci-dessus pour voir si nous pouvons en tirer quelques conséquences valables.

(1) Malgré ses aspects prometteurs, le monisme idéaliste échoue, non pas pour des raisons intrinsèques, mais parce qu'il n'arrive pas à rendre compte du succès des sciences positives. Comme nous l'avons déjà expliqué, les sciences de la nature font usage de l'idée d'une réalité transcendante que l'idéalisme, même sous sa forme transcendantale, n'arrive ni à éliminer ni à réinterpréter à sa façon.

(2) La tentative, faite par Husserl, de fournir aux sciences des fondements indubitables aboutit à un échec total. Non seulement Husserl ne

résout pas le problème de Hume, mais il ne s'y intéresse même pas. Le problème de l'induction se repose au sein de l'immanence tout comme pour le monde extérieur: même si, par la réflexion pure, j'appréhende de manière infaillible le contenu actuel de ma pensée, il n'en va pas de même pour l'évolution de mes activités conscientes dans le temps subjectif. Il est impossible d'étendre l'indubitabilité du *cogito* à toute la connaissance, même celle d'ordre psychologique. Il s'avère en fait que plus je me restreins à l'immanence pure et simple, moins je suis capable de prédire mon expérience future; car celle-ci pourrait dépendre de certains faits physiologiques ou sociaux faisant l'objet de sciences irréductibles à l'immanence pure. La certitude épistémologique et la puissance prédictive tirent dans deux sens opposés. Ici, la méthodologie poppérienne reprend tous ses droits: au lieu de faire de la certitude subjective leur point de départ, les scientifiques commencent, ou devraient commencer, par émettre des hypothèses concernant le monde extérieur, des hypothèses suffisamment audacieuses pour être réfutables par des énoncés de base.

(3) Nous avons dit que tout réalisme s'expose à un dualisme minimal; par exemple, celui qui distingue les processus physiques de ceux, intentionnels, de la conscience. La question est de savoir si l'on peut garder ces deux domaines, objectif et psychologique, disjoints. Plus précisément : pouvons-nous faire de la science une discipline indépendante de toute considération subjective ?

Par définition, les théories physiques ne font aucune référence aux états d'âme de qui que ce soit, de sorte qu'on peut les interpréter en termes purement réalistes. Mais les lois empiriques ne sont testables que par des énoncés de base décrivant des faits observables. L'observation ne possède-t-elle pas un aspect nécessairement subjectif ? Pour débarrasser la science de tout résidu psychologiste, Popper mit en avant une thèse conventionaliste concernant les énoncés de base : ceux-ci sont acceptés dans la mesure où il y a un consensus concernant leur valeur de vérité. Cette solution poppérienne nous a déjà semblé fort douteuse : en premier lieu, au psychologisme elle substitue un sociologisme encore moins acceptable ; en second lieu, elle mène inévitablement au scepticisme. La « réfutation » d'une théorie ne signifie rien d'autre qu'une incompatibilité entre cette dernière et une proposition sur laquelle les scientifiques sont tombés d'accord. En lui-même, ce consensus n'a rien à voir avec la valeur de vérité d'un énoncé de base que l'on décide d'accepter. On devrait en fait essayer d'expliquer les accords intersubjectifs en fonction des valeurs de vérité de certaines propositions et non pas l'inverse. Sinon, le succès soutenu des sciences et de la technologie, surtout depuis qu'elles se sont soumises aux tests de l'expérience, devient inexplicable, pour ne pas dire miraculeux.

La thèse phénoménologique, d'après laquelle les énoncés de base sont des propositions immanentes portant sur les contenus de conscience de l'observateur, nous semble plus correcte que le point de vue conventionnaliste de Popper. Vu l'indubitabilité du *cogito*, de telles propositions sont décidables, c'est-à-dire qu'elles peuvent être infailliblement vérifiées ou réfutées. Ceci nous fournit une raison valable de rejeter, comme fausse, une hypothèse inconciliable avec un énoncé de base qui est reconnu comme vrai, et non pas comme tout simplement accepté par la communauté scientifique. Dans cette démarche empirique, la notion d'intentionnalité joue un rôle essentiel. Comme les énoncés de base font le plus souvent référence à des objets et non pas à de simples sensations, l'empirisme traditionnel avait du mal à les interpréter en termes strictement phénoménistes. Brentano et Husserl, nous l'avons déjà dit, ont fait valoir que la conscience est en général dirigée sur des entités intentionnelles qu'elle crée; même les propositions obtenues par réduction phénoménologique font référence à des objets constitués par l'activité consciente. Par conséquent, dans les sciences physiques, la phénoménologie husserlienne sert de fondement non pas à des théories de haut niveau, mais aux résultats de l'expérience. Cela ne devrait avoir rien d'étonnant: par définition, la phénoménologie s'occupe des phénomènes et, dès le début, les sciences de la nature étaient censées être soutenues ou récusées par les faits observables. Ce qui est tout de même surprenant, c'est que la phénoménologie puisse jouer un rôle primordial aux deux pôles opposés du domaine de nos connaissances; à savoir la logique et le domaine de l'observation.

Il faut reconnaître que la thèse phénoménologique de la base empirique entraîne certaines conséquences indésirables. Comme les théories de haut niveau n'affirment rien concernant les entités intentionnelles, il faut leur adjoindre des principes reliant des processus purement physiques à certains actes de conscience. Bien que Meyerson accepte ces « liaisons » entre l'objectif et le mental comme des faits incontournables, il ne les en tient pas moins pour des bonds irrationnels, donc incompréhensibles. Quel que soit le progrès de la science, nous ne pouvons même pas imaginer qu'une connaissance de plus en plus précise du cerveau, donc d'une sorte de machine biologique, nous permette de comprendre comment des processus purement physiques se transmuent en certaines pensées, perceptions, émotions, etc. Il nous faut tout simplement accepter le fait brutal et inexplicable d'un tel parallélisme. Husserl est d'accord avec Meyerson quant à ce verdict d'irrationalité mais il essaie, dans une direction tout à fait opposée à celle prise par Meyerson, d'éliminer ces connexions causales impensables entre le physique et le mental ; il abolit tout simplement le premier au profit du second. En tant qu'adepte d'une variante du dualisme interactionniste cartésien, Popper accepte ces liaisons causales comme n'étant pas plus mystérieuses que les interactions entre champs et particules ; et il est intéressant de faire remarquer que la thèse phénoménologique de l'observation, exploitant l'interaction entre l'esprit et le corps, s'accorde très bien avec la philosophie poppérienne, puisqu'elle sert de fondement à un falsificationnisme pur et dur.

RÉFÉRENCES

BARROW, J.D. & TIPLER, F.J., *The Anthropic Cosmological Principle*, Oxford University Press, 1986.

BENACERRAF, P. & PUTNAM, H., *Philosophy of Mathematics*, Cambridge University Press, 1983.

BRENTANO, F., *Psychologie vom empirischen Standpunkt*, Hamburg, Felix Meiner, 1934.

BRENTANO, F., *Descriptive Psychologie*, Hamburg, Felix Meiner, 1982.

DESCARTES, R., *Méditations métaphysiques,* Paris, PUF, 1970.

EDDINGTON, A.S., *The Philosophy of Physical Science,* Ann Arbor, Michigan, 1958.

EINSTEIN, A., *Mein Weltbild*, Ullstein, 1934.

EINSTEIN, A. *et al., The Principle of Relativity*, Dover, 1923.

HUSSERL, E., *Ideen zu einer reinen Phänomenologie und phänomenologischen Philosophie*, Tübingen, Niemeyer, 1922.

HUSSERL, E., *Erfahrung und Urteil*, Hamburg, Felix Meiner, 1939.

HUSSERL, E., *Cartesianische Meditationen*, Hamburg, Felix Meiner, 1969.

HUSSERL, E., *Die Krisis der europäischen Wissenschaften und die transzendentale Phänomenologie,* Hamburg, Felix Meiner, 1969.

KANT, I., *Kritik der reinen Vernunft*, Hamburg, Felix Meiner, 1787.

MACH, E., *Die Analyse der Empfindungen*, Darmstadt, Wissenschaftliche Buchgesellschaft, 1922.

MACH, E., *Die Mechanik*, Darmstadt, Wissenschaftliche Buchgesellschaft, 1933.

MEYERSON, E., *Identité et Réalité,* Paris, Payot, 1907.

MEYERSON, E., *De l'explication dans les sciences*, Paris, Payot, 1921.

MEYERSON, E., *La Déduction relativiste*, Paris, Payot, 1925.

PATY, M., *La Matière dérobée*, Paris, Editions des Archives contemporaines, 1988.

POPPER, K.R., *The Logic of Scientific Discovery*, London, Hutchinson, 1959.

POPPER, K.R., *Objective Knowledge*, Oxford University Press, 1972.

QUINE, W.V.O., *From A Logical Point of View*, Harvard University Press, 1980.

REDHEAD, M., *Incompleteness, Nonlocality and Realism*, Oxford University Press, 1987.

SCHRÖDINGER, E., *Space-Time Structure*, Cambridge University Press, 1954.
WATKINS, J.W.N., *Science and Scepticism*, Princeton University Press, 1984.
WEYL, H., *Philosophie der Mathematik und Naturwissenschaft*, München, Oldenburg Verlag, 1976.
ZAHAR, E., *Einstein's Revolution, A Study in Heuristic*, Open Court, Illinois, 1989.

BIBLIOGRAPHIE

AYER Alfred : *The Problem of Knowledge*, Penguin, 1956.

BOYER Alain : « Cela va sans le dire. Eloge de l'enthymème », *Hermès,* 15, *Argumentation et rhétorique*, 1995.

BOYER Alain : « Microcosme et Malin Génie », in *Le formalisme en question*, Nef et Vernant éds., Vrin, 1998.

BRENTANO Franz : *Psychologie du point de vue empirique* [1874-1911], tr. fr. M. de Gandillac, Aubier, 1944.

DUHEM Pierre : *La Théorie physique* [1906], Vrin, 1981.

EINSTEIN Albert : *Comment je vois le monde*, Flammarion, 1979.

EINSTEIN Albert : *Science, éthique et philosophie*, Seuil, 1991.

FEYERABEND Paul : *Contre la méthode*, Seuil, 1979.

KRIPKE Saül : *La Logique des noms propres*, Minuit, 1982.

KUHN Thomas : *La Structure des révolutions scientifiques* [1962], Flammarion, 1973.

LAKATOS Imre : *Histoire et Méthodologie des sciences* [1974], tr. ss dir. L. Giard, PUF, 1994.

MEYERSON Emile : *Identité et réalité* [1908], Vrin, 1951.

POINCARÉ Henri : *La Science et l'hypothèse* [1902], Flammarion, 1968.

POPPER Karl : *Die beiden Grunprobleme der Erkenntnistheorie*, Mohr, Tübingen, 1979 [1931-32], tr. fr. C. Bonnet, *Les deux problèmes fondamentaux de la théorie de la connaissance*, Hermann, 1999.

POPPER Karl : *Logik der Forschung*, Vienne, 1934, tr. fr. *La Logique de la découverte scientifique*, Payot, 1973.

QUINE W.V.O. : *Theories and things*, Harvard, 1981.

QUINE W.V.O. : « Deux dogmes de l'empirisme » [1951], in *De Vienne à Cambridge*, P. Jacob ed., Gallimard, 1981.

SCHILPP P. A. ed. : *The Philosophy of Karl Popper*, II vols., The Library of the Living Philosophers, La Salle, Illinois, 1974.

WATKINS J. : *Science and Scepticism*, Princeton, 1984.

ZAHAR Elie : « La controverse Lakatos-Popper », in *Karl Popper et la science d'aujourd'hui*, R. Bouveresse ed., Aubier, 1989, pp. 173-198.

ZAHAR Elie : *Einstein's Revolution. A Study in Heuristics*, Open Court, 1989.

ZAHAR Elie : « Base empirique et corroboration », in *Les Cahiers du CREA*, n° 14, 1990, A. Boyer ed., pp. 35-57.

ZAHAR Elie : « Contenu empirique et axiomatisation naturelle », in *Les Cahiers du CREA*, n° 15, 1995, A. Boyer ed., pp. 271-291.

TABLE DES MATIÈRES

ACHEVÉ D'IMPRIMER
EN DÉCEMBRE 2000
PAR L'IMPRIMERIE
DE LA MANUTENTION
A MAYENNE
N° 401-00

Dépôt légal : 4e trimestre 2000